Michael Birkenbihl

Karriere und innere Harmonie

sind möglich

Michael Birkenbihl

Karriere und innere Harmonie

sind möglich

mvg verlag

Die Deutsche Bibliothek – CIP-Einheitsaufnahme

Birkenbihl, Michael:
Karriere und innere Harmonie sind möglich / Michael Birkenbihl. –
München : mvg-Verl., 1991
(Business-Training ; 1121)
ISBN 3-478-81121-X
NE: GT

Titel der im Verlag Orell Füssli erschienenen Originalausgabe:
»Karriere und innere Harmonie«

Veröffentlicht mit freundlicher Genehmigung des Orell Füssli Verlages, Zürich, in der Reihe Business-Training der
Modernen Verlagsgesellschaft mbH, München

Umschlaggestaltung: Gruber & König, Augsburg
Druck- und Bindearbeiten: Presse-Druck Augsburg
Printed in Germany 081121/791802
ISBN 3-478-81121-X

Meiner Tochter und Partnerin
Vera Felicitas
als Dank für Anregung, Kritik
und Unterstützung

Inhalt

Vorwort zur 3. Auflage

Dieses Buch erlebte einen Werdegang, der sich nicht an die übliche Produktionsregel hielt. Ich schrieb mir meine Gedanken über Karrierestreben und Ethik von der Seele und legte schließlich das »mit Herzblut verfaßte Manuskript« unter dem Arbeitstitel »Vom Manager zum Mystiker« mehreren Verlagen vor. Die beiden ersten Auflagen erbrachten ein erstaunliches Feedback von Lesern aus dem deutschsprachigen Raum: Ich hatte ihre Probleme exakt erkannt und beschrieben! Und etliche Leser empfanden meinen Text als das, was er sein wollte: als einen Spiegel, der ihnen ihren »Persönlichkeits-Schatten« zurückwarf – ohne jede Wertung! Mit anderen Worten: Der vorliegende Text erlaubt es einem dazu bereiten Leser, etwas über sich und seine verdrängten Eigenschaften zu erfahren. Dies ist aber die Voraussetzung für jede Art von »Selbstverwirklichung«!

Nunmehr erscheint dieses Buch als Lizenzausgabe in Neuauflage bei meinem »Stammverlag« mvg, in der Reihe BUSINESS-TRAINING. Ich halte dies für eine glückliche Fügung zum richtigen Zeitpunkt, da die Diskussionen über »Selbstverwirklichung durch Arbeit« und über »Ethik im Management« nicht abreißen. Zu eben jenen Themen kann dieser Text, den ich (als 70jähriger Autor) gerne als »mein Testament« bezeichne, entscheidend zur Klärung des Denkens und zur modifizierten Zielsetzung eines Managerlebens beitragen.

Nun gibt es unter den Wissenden keinen Zweifel darüber, daß jeder Mensch sein Schicksal selbst bestimmt. Deshalb muß jeder einzelne, der dem Denken nicht aus dem Wege geht, für sich folgende Kardinalfragen abklären: Will ich, im Rahmen unserer Gesellschaft, »Hammer oder Amboß« sein? Und: Wer bin ich? Was ist der Sinn meines Lebens? Mit anderen Worten: Engagierte Elitemenschen, die sich über die träge Masse der manipulierten Lauen erheben, bestimmen den Sinn ihres Lebens selbst und lassen sich diesen nicht von anderen vorschreiben! Diesen Sinn und Weg zu finden leistet der vorliegende Text wertvolle Hilfe. Oder, anders formuliert: *Dieses Buch liefert suchenden Menschen jenen philosophischen Hintergrund, ohne den es kein erfülltes Leben geben kann.*

Was den »Weg nach oben« in unserer Gesellschaft betrifft, so gibt es ein »Erfolgsrezept«, das außergewöhnliche Menschen aller Zeiten befolgt haben – bewußt oder unbewußt. Dieses Erfolgsrezept wird in diesem Buch schrittweise dargelegt: selbstverständlich psychologisch fundiert, aber vor allem praxisbezogen. So werden detaillierte Hinweise gegeben, wie man sich die wichtigsten Grundlagen erarbeitet, um ein nach psychologischen Kriterien erfolgreicher Mensch zu werden: Selbstfindung, Zielsetzung, Entspannung, Autosuggestion und Meditation. Denn was nützt gesellschaftlicher Erfolg, wenn man diesen mit einer Neurose bezahlen muß?

Die Frage nach dem sinnerfüllten Leben impliziert das Thema des Todes. Denn mit dem Tod schließt sich der Kreis unserer Erfahrungen, und vom Tode her erhält das Leben erst seinen tieferen Sinn. Deshalb setzt sich dieses Buch in seinem letzten Abschnitt mit den Erfahrungen der Mystiker auseinander – wobei der Einstieg von den Erkenntnissen der modernen Physik her erfolgt. Physik und Mystik schließen sich nicht aus, sondern ergänzen einander in geradezu wunderbarer Weise! Wer einmal erkannt und akzeptiert hat, daß wir kraft Geistes mit dem unendlichen kosmischen Geist verbunden sind, dem fällt es auch nicht schwer einzusehen, daß das Universum »Geist« ist, an dem wir teilhaben, und daß unser körperliches Ende keinen Abschluß, sondern eine Wiedergeburt im Sinne einer Befreiung bedeutet. Deshalb meinen Esoteriker zu Recht: Nur Unwissende fürchten den Tod!

Dieses Buch hinterläßt seine Spuren bei den Lesern, besonders bei jenen, die bisher geglaubt haben, das Karrieremachen im Sinne unserer Gesellschaft sei ein ausreichender Zweck unseres Lebens. Karriere und innere Harmonie, als Zweiheit in der Ganz-

heit unseres Seins – das ist das Leitbild für einen erfolgreichen Menschen!

Dieses Buch ist eine Huldigung an die alte Weisheit der indischen Veden: Strebe zuerst nach Erkenntnis und dann nach Wohlstand. Möge dies zahlreichen meiner Leser gelingen!

Odelzhausen *Michael Birkenbihl*

Erster Teil:
Der Homo oeconomicus – oder das menschliche Streben nach wirtschaftlichem und gesellschaftlichem Erfolg

»Ahmt nicht andere nach. Findet euer eigenes Ich und handelt ihm gemäß, denn Nachahmung ist Selbstmord.«
DALE CARNEGIE

KAPITEL 1

Die Engagierten und die Lauen

Sie selbst entscheiden, was Sie sind: Hammer oder Amboß

In der Bibel findet sich eine Aussage des Herrn, die da lautet: »Aber da du lau bist, will ich dich ausspucken aus meinem Munde!« Für das Schicksal der Menschheit ist das Verhalten der »Lauen« jedoch von entscheidender Bedeutung; denn sie bilden die gewaltige, manipulierbare Masse, die von *jedem* politischen System, von »links« bis »rechts« gleichermaßen, gegängelt wird – von den religiösen Institutionen einmal ganz zu schweigen.

GOETHE zufolge stehen wir alle vor der Entscheidung, entweder »Hammer oder Amboß« zu sein. Das ist in der Tat die »Gretchenfrage«.

Es gibt einen Punkt, in dem sich die meisten mit menschlichem Verhalten befaßten Experten, von den Psychologen bis zu den Mystikern, einig sind: *Jeder Mensch bestimmt sein Schicksal selbst!*

Leider handelt jedoch nur ein sehr geringer Teil der Menschheit im Bewußtsein dieser Wahrheit, und in dieser Minderheit verkörpert sich die »Elite«. Wodurch die Mitglieder dieser Elite sich dabei im einzelnen auszeichnen, wollen wir zunächst unberücksichtigt lassen, entscheidend ist allein die Tatsache, daß sie mit großem Engagement auf ein selbstgewähltes Ziel zusteuern – wobei die Skala vom erfolgreichen Manager bis zum demütigen Gottessucher reicht.

TEILHARD DE CHARDIN, der berühmte französische Philosoph und Theologe (115)*, sah die Aufgabe des Menschen im Rahmen der

* Die in Klammern gesetzten Zahlen verweisen auf das Literaturverzeichnis am Ende des Buches.

Evolution darin, einen »Punkt Omega« zu erreichen – also gottähnlich zu werden und schließlich mit Gott zu verschmelzen.

Von welchem Standpunkt aus wir den Menschen auch immer betrachten, es scheint festzustehen, daß »leben« nichts anderes bedeutet als »sich weiterzuentwickeln«. Und diese Entwicklung ist mit Anstrengung verbunden. Präziser gesagt: mit Leistung. Denn Leistung bedeutet »Arbeit pro Zeiteinheit«. Das heißt, die »Lebensleistung« eines Menschen ist begrenzt durch seine Endlichkeit. Da wir alle eines Tages sterben müssen und nicht wissen, wann, sollten wir uns beizeiten darüber klarwerden, was wir mit dieser begrenzten Zeitspanne anfangen wollen.

Warum sterben die meisten Menschen so schwer? – Nicht, weil sie Angst vor dem Tod als solchem haben oder vor dem, »was danach kommt«. Den meisten fällt das Sterben schwer, weil sie in der Stunde ihres Todes erkennen müssen, daß sie ein *ungelebtes Leben* hinter sich haben. Deshalb würden viele gerne von vorne beginnen – allerdings erst, wenn es zu spät ist.

Der Mensch der Elite hat zu allen Zeiten aus dieser eindeutigen menschlichen Situation die Entscheidung abgeleitet, sein Leben als einmalige Chance aufzufassen, etwas »daraus zu machen« und Wirkungen zu erzielen, die ihn nach Möglichkeit überdauern.

Das Sein bestimmt das Bewußtsein

Nun wird das Schicksal eines Menschen weitgehend davon bestimmt, in welchen Kulturkreis er hineingeboren wird und welches politische System in jenem Lande herrscht, in dem er »daheim« ist.

Vergleichen wir beispielsweise zwei Deutsche, von denen der eine in der Bundesrepublik Deutschland und der andere in der Deutschen Demokratischen Republik lebt, so ist jeder der beiden mit bestimmten Bedingungen konfrontiert, die ihm entweder zum Vor- oder zum Nachteil gereichen. Das »Sein« wird hier wie dort durch die Gesellschaft mit ihren Erwartungen und Zwängen bestimmt. Dies zu erkennen, zu akzeptieren und nach »Nischen« für die persönliche Selbstverwirklichung zu suchen, steht am Anfang jeder »Karriere«.

Es ist hier nicht der Ort, noch ist es meine Absicht, politische Systeme miteinander zu vergleichen oder sie zu bewerten. Fest steht für mich als Bürger der Bundesrepublik Deutschland, daß ich in einer »parlamentarischen Demokratie« lebe, die – in meinen Augen – einen entscheidenden Nachteil und einen entscheidenden Vorteil aufweist. Der Nachteil: Die wichtigsten Entscheidungen werden durch Mehrheiten herbeigeführt, die dazu nicht qualifiziert sind. Der Vorteil: Kaum ein anderes politisches System räumt dem einzelnen soviel persönliche Freiheit ein, um in Richtung Selbstverwirklichung oder Selbstentfaltung an sich zu arbeiten. Und bei einem Vergleich der zur Zeit auf der Welt bestehenden demokratisch-parlamentarischen Regierungssysteme steht die Bundesrepublik Deutschland, was den Freiheitsspielraum des einzelnen Bürgers betrifft, gewiß an der Spitze. Die Frage ist allerdings, was der einzelne mit diesen Möglichkeiten anfängt. Die Erfahrungen der letzten Jahrzehnte zeigen jedenfalls, daß viele Menschen in unserer Wohlstandsgesellschaft geistig und seelisch veröden. Denn der Umgang mit Freiheit und Geld muß von Kindesbeinen an erlernt werden – wie im übrigen auch der Umgang mit der Sexualität. Doch in dieser Richtung hapert es bei uns gewaltig. Und deshalb nimmt die Zahl der Neurotiker von Generation zu Generation zu.

Zum Erfolg verdammt

Wir leben hier im »goldenen« Westen in einer kapitalistischen Leistungsgesellschaft, die von Profitstreben, Machtgier und Statushascherei bestimmt ist. Diese Tatsache wird zwar durch eine euphemistische Darstellung in den Massenmedien verschleiert, aber jeder, der die »Szene« kennt, beispielsweise als Unternehmensberater wie ich, weiß aus »bitterer« Erfahrung, daß dem so ist. Ob allerdings diese Erfahrung als »bitter« oder »süß« eingestuft wird – das hängt vom Wertsystem des Beurteilers ab.

Das A und O im Leben eines Menschen ist sein Wertsystem, das heißt, die ethischen Kategorien, von denen er sich in seinem Verhalten leiten läßt. Wer keine Moral hat, tut sich zuweilen leichter – vor allem in einer Gesellschaft wie der unseren, in der Moral eher als ein Handikap gilt. Wer sich beispielsweise einer christlichen Moral – im Sinne der Bergpredigt, nicht der Amtskirche – verpflichtet fühlt, kann in unserer kapitalistischen Gesellschaft kaum einen Beruf ausüben, ohne ständig mit seinem Gewissen in Konflikt zu geraten, es sei denn, er ist Therapeut, Seelsorger, Schriftsteller oder Kabarettist.

Nun erscheint das moralfreie Erfolgsstreben jedoch nur auf den ersten Blick von Vorteil. Schon der römische Dichter OVID warnte deshalb: »Quidquid agis, prudenter agas et respice finem!« Zu deutsch: »Was immer du tust, tue es mit Besonnenheit, *und berücksichtige das Ende*!« Gerade dieses Bewußtsein fehlt indessen vielen unserer »Erfolgsmenschen«. Niemand, auch kein »Intellektueller«, der stolz darauf ist, atheistisch, areligiös oder amoralisch zu sein, kann sich letztlich dem Einfluß jener »ewigen« Werte entziehen, die der Menschheit seit dem Beginn ihrer Geschichte als Leitsterne des Verhaltens und Handelns gedient haben. Und deshalb trifft man gerade unter erfolgreichen Unternehmern, Topmanagern und Politikern so viele an, die ihr schlechtes Gewissen – mit Hilfe ihres mehr oder weniger temporären Erfolges – zu verdrängen suchen. Alles im Leben hat seinen Preis, und der »Erfolg« in einer kapitalistischen Leistungsgesellschaft muß oft mit Neurosen und psychosomatischen Krankheiten hoch bezahlt werden, so daß das Leben eines solchen Erfolgsmenschen im Endeffekt nur einen Pyrrhussieg darstellt. Daran können auch die beschönigenden Nachrufe und der imposante Marmorgrabstein nichts mehr ändern.

Das Problem der »Aussteiger«

Ziehen wir also eine erste Zwischenbilanz: Ein Mensch in unserer kapitalistischen Leistungsgesellschaft hat nur zwei Möglichkeiten: er kann mitmachen oder »aussteigen«. Nun muß man allerdings die »Aussteiger« nochmals in zwei Gruppen einteilen: in die »echten Aussteiger« und die »Nicht-Einsteiger«.

Die Nicht-Einsteiger, deren Zahl unbestritten wächst, zerfallen nun wiederum in drei Gruppen. Erstens in jene, die für »small is beautiful« schwärmen und – mehr oder weniger anklagend – fragen: Müssen wir denn um jeden Preis stets zu den »Größten« gehören, im eigenen Haus wohnen und ein PS-starkes Auto fahren und darüber vergessen zu leben?

Dann gibt es vor allem unter den Jüngeren die »Demokratieverdrossenen«. Sie kritisieren zu Recht gewisse Auswüchse unseres Systems, wie zum Beispiel die Bildungsmisere und die Umweltzerstörung, und haben jede Hoffnung aufgegeben, daß sich in diesem von Lobbyisten aus dem Hintergrund gegängelten Staat jemals etwas zum Besseren wenden wird. Und so ziehen sie sich in den Schmollwinkel zurück und versuchen, als »Alternative« (im weitesten Sinne) ein ihnen sinnvoll erscheinendes Leben zu führen – ohne jede Verpflichtung der Allgemeinheit gegenüber.

Schließlich gibt es noch eine dritte Gruppe von Nicht-Einsteigern, die einfach von vornherein zu schwach sind, den Lebenskampf erfolgreich zu bestehen. Entweder mangelt es ihnen an dem dazu notwendigen Energiepotential, oder sie sind im Elternhaus »falsch programmiert« worden; man hat sie zum »Versager« erzogen, und deshalb werden sie, im Grunde ihrer Seele todunglücklich, zu Verweigerern.

Gemessen an der Forderung ALFRED ADLERS, daß jeder Mensch drei Lebensaufgaben zu bewältigen hat, nämlich die Arbeit, die Liebe und die Gemeinschaft – sind die meisten Nicht-Einsteiger »psychologische Versager«. Da sie sich weigern, etwas zu leisten oder Karriere zu machen, begnügen sie sich oft mit einem x-beliebigen »Job«, um halt irgendwo ihre Brötchen zu verdienen. Da ihnen Erfolge aus der Arbeit versagt bleiben, leidet auf die Dauer ihr Selbstwertgefühl. Weil sie sich weigern, etwas für die Gemeinschaft zu tun, sind sie im Prinzip »Nassauer«, die alle mit Selbstverständlichkeit jene öffentlichen Einrichtungen benützen, zu deren Aufbau oder Bestand sie (fast) nichts beitragen. Und da sie trotz einer gewissen Meisterschaft im Verdrängen im Grunde ihrer Seele unzufrieden, unglücklich und damit zwangsläufig mehr oder weniger neurotisch sind, sind die meisten dieser Nicht-Einsteiger auch noch miserable Liebhaber und ungeduldige Väter, die im übrigen nicht selten ihre Kinder zu schulischen Höchstleistungen und anschließend in jenen Beruf zwingen, den sie selbst nicht ergreifen konnten. ALICE MILLER (66) hat diese Art von

»Erziehung« so realistisch beschrieben, daß einen bei der Lektüre die Verzweiflung packen kann.

Bleiben schließlich noch die »echten Aussteiger«. Das sind jene Menschen, die ganz im Sinne unserer kapitalistischen Gesellschaft jahrzehntelang Höchstleistungen erbracht haben. Sie sind irgendwo auf der »Prokuristen-Ebene« angelangt, haben gut verdient und ihr Geld geschickt arbeiten lassen; nun sollen sie zum Direktor befördert werden und lehnen ab!

Die Zahl dieser »echten« Aussteiger wächst. Diese Menschen stellen in der Tat eine gewisse Bedrohung für unsere Leistungsgesellschaft dar, und ihr Verhalten wird daher, je nach Zusammensetzung der Geschäftsleitung, mit Unverständnis oder als persönliche Beleidigung betrachtet. Ausschlaggebend für das Verhalten dieser Menschen sind zwei Hauptmotive: Die einen kommen irgendwann, oft infolge einer Krankheit oder Ehekrise, zur Besinnung und denken (zum erstenmal in ihrem Leben) über sich selbst nach. Und sie ziehen Bilanz: Einerseits sind da die beruflichen Erfolge mit ihren angenehmen Konsequenzen (hoher Status, Macht, Geld). Andererseits ist da in der Regel eine nach außen hin mühsam aufrechterhaltene, gescheiterte Ehe und ein gestörtes Verhältnis zu den Kindern, die ihren Vater nicht nur nicht bewundern, sondern ihn oftmals offen verachten: Der Alte macht sich für die Firma kaputt und hat für Mutti und uns nie Zeit! Und jetzt steht eine Beförderung ins Haus, die noch mehr Verantwortung, mehr Arbeit und mehr Abwesenheit von der Familie erfordern wird. Angesichts solcher Erwägungen zieht dann doch so mancher die »Notbremse« und steigt aus.

Es gibt indessen noch ein anderes Motiv für das »Aussteigen«. Man nennt diese Art der Leistungsverweigerung neuerdings die »innere Kündigung« – und daran ist im allgemeinen allein die Geschäftsleitung schuld! Vor einigen Monaten telefonierte ich mit einem Abteilungsleiter eines Konzerns, den ich aus beruflicher Zusammenarbeit schon viele Jahre kenne. Er war früher das Musterbild eines »dynamischen« Managers. Als ich ihn fragte, wie es ihm gehe, antwortete er lakonisch: »Na ja, heute ist Donnerstag, und den Freitag werde ich schon auch noch überstehen!«

Ein Punkt, der in der gegenwärtigen Diskussion um die besten Methoden der Betriebsleitung meist schamhaft ausgespart wird, ist die völlig unzureichende Menschenführung in den meisten unserer Betriebe. Und die Tatsache, daß wir zur Zeit in der Bundesrepublik Deutschland 2,2 Millionen Arbeitslose haben, deren Zahl mit Sicherheit sogar noch ansteigen wird, macht viele Unternehmer und Geschäftsführer noch rücksichtsloser gegenüber den persönlichen Bedürfnissen ihrer Mitarbeiter.

Zur Zeit wird ja in den deutschen Chefetagen der Weltbestseller *Auf der Suche nach Spitzenleistungen* der Herren THOMAS J. PETERS und ROBERT H. WATERMAN (83) über den grünen Klee gelobt – weil es Mode ist, von diesem Buch zu reden. Mein persönlicher Eindruck ist, daß jene Führungskräfte, die von diesem Buch immer wieder in den höchsten Tönen schwärmen, es entweder nicht gelesen oder nicht verstanden haben! Nichts als Lippenbekenntnisse ... Ich darf deshalb feststellen: Einen großen Teil jener »Aussteiger«, über deren Undankbarkeit Geschäftsleitungen klagen, haben diese selbst produziert!

Ich habe einen Abschnitt mit »Zum Erfolg verdammt« überschrieben, und ich bleibe dabei, daß diese Bezeichnung ihre Berechtigung hat. Wenn wir unterstellen (weil dies ein Glaubenssatz ist), daß sich der Mensch immer weiter nach »oben«, auf den Teilhardschen »Punkt Omega« hin entwickeln muß – dann sind wir alle zum Erfolg »verdammt«. Wir können dann nur noch den Rahmen wählen, innerhalb dessen wir den »langen Marsch« antreten wollen.

Da der erste Teil des vorliegenden Buches dem Homo oeconomicus, also dem auf wirtschaftlichen und gesellschaftlichen Erfolg programmierten Menschen gewidmet ist, werde ich mich im folgenden darauf beschränken, jene Voraussetzungen zu schildern, die man – ob als Mann oder Frau – in unserer kapitalistischen Industriegesellschaft erfüllen muß, um Erfolg zu haben. Erfolg beruht nämlich auf der Einhaltung bestimmter »Spielregeln« – und wer die nicht beachtet, ist von vornherein zum Scheitern verurteilt. Anders formuliert: *Alle* bedeutenden und erfolgreichen Männer und Frauen haben von jeher, egal auf welchem Gebiet sie tätig waren, bewußt oder unbewußt nach dem gleichen Rezept gehandelt. Dieses »Rezept« soll im folgenden analysiert und so »aufbereitet« werden, daß es jeder Leser auf sich und seine spezielle Situation übertragen kann.

KAPITEL 2

Der Aufbau der Persönlichkeit

Charakter und Verhalten

Um das erwähnte »Erfolgsrezept« zu verstehen, muß man sich über einige psychologische Grundtatsachen im klaren sein. Jedes menschliche Verhalten verläuft ohne Ausnahme nach dem folgenden Schema:*

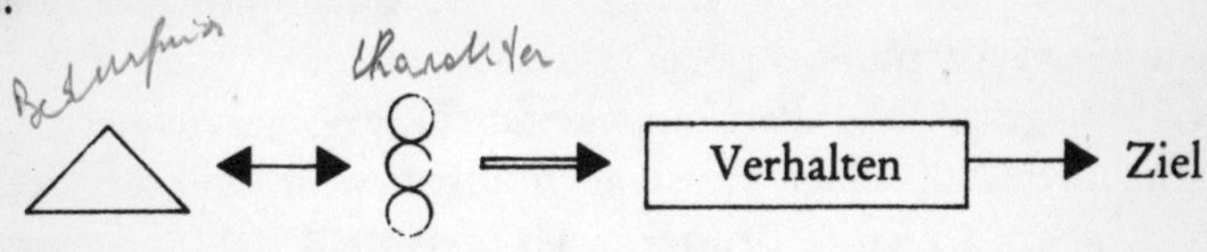

Man kann also ganz generell feststellen: Das Verhalten eines Menschen ist stets zielorientiert. Grundlage des Verhaltens (und Handelns) ist die im Augenblick des Handelns vorliegende Bedürfnissituation. Mit anderen Worten: *In erster Linie bestimmen die Bedürfnisse eines Menschen sein Verhalten.* Allerdings ist es uns nur selten möglich, Bedürfnisse spontan zu befriedigen. Sehr häufig müssen wir daher die Befriedigung eines Bedürfnisses auf einen späteren Zeitpunkt verschieben. Das heißt, es gibt eine Instanz in uns, die bestimmt, ob wir ein Bedürfnis zu einem gegebenen Zeitpunkt befriedigen dürfen oder nicht. Diese regulierende Instanz ist unser *Charakter.*

Wenn wir uns also über unser eigenes oder das Verhalten anderer klarwerden wollen, müssen wir immer zwei Tatsachen berücksichtigen: die Bedürfnissituation und den Charakter.

* Die im folgenden Schaubild benutzten Symbole bedeuten: Dreieck = Bedürfnissituation, Kreise = Charakterstruktur.

ABRAHAM MASLOW hat in seinem berühmten Buch *Motivation und Persönlichkeit* (63) eine sogenannte Bedürfnispyramide aufgestellt. Demnach sind die wichtigsten menschlichen Bedürfnisse (oder Motive) in einer Hierarchie von fünf Stufen angeordnet. Von der Basis der Pyramide her aufsteigend sind es die folgenden Bedürfnisse:

1. Grundbedürfnisse (Hunger, Durst, Schlaf, Sexualität);
2. Sicherheitsbedürfnisse;
3. Bedürfnis nach Zugehörigkeit und Liebe;
4. Ich-Bedürfnisse (Status, Macht);
5. Bedürfnis nach Selbstverwirklichung.

An dieser Stelle müssen wir uns mit dieser schematischen Darstellung begnügen. Der psychologische Laie findet in jedem psychologischen Lehrbuch nähere Auskunft über die Maslowsche Bedürfnispyramide. Der Begriff der »Selbstverwirklichung« wird an anderer Stelle im vorliegenden Buch (siehe Seiten 199 ff.) noch ausführlich erläutert.

Wenden wir uns nunmehr dem Charakter zu, der von den Psychologen auch gerne als »Persönlichkeitsstruktur« bezeichnet wird. Während GOETHE seinen Faust noch ausrufen ließ: »Zwei Seelen wohnen, ach, in meiner Brust!«, wies SIGMUND FREUD als erster nach, daß wir sogar drei »Seelen« in der Brust haben. Er nannte sie »Über-Ich«, »Ich« und »Es«.

Das Über-Ich enthält die Summe aller Ge- und Verbote, die ein Individuum verinnerlicht hat, oder, im Sprachgebrauch des Psychologen ERIC BERNE, die »Programme«, die wir im Elternhaus mitbekommen haben.

In seinem Buch *Spiele der Erwachsenen* (6) spricht Berne von den sogenannten Ich-Zuständen, die er als »Eltern-Ich«, »Erwachsenen-Ich« und »Kindheits-Ich« bezeichnet. Das Erwachsenen-Ich, das – weitgehend – dem Über-Ich Freuds entspricht, enthält also die schon erwähnten »Programme«. Die wichtigsten dieser Programme sind:

1. ein Wertsystem, das die Basis unseres Gewissens darstellt;
2. soziale Normen und Konventionen;
3. Vorurteile;
4. der Wunsch zu helfen.

Ganz eindeutig werden die meisten Menschen im Elternhaus so nachdrücklich programmiert, daß sie sich von dieser Konditionierung im Laufe ihres weiteren Lebens nie mehr ganz befreien können. Deshalb ist das »Grundgerüst« unserer Persönlichkeitsstruktur bereits mit Abschluß des fünften Lebensjahres weitgehend festgelegt und im Unterbewußtsein verankert. Geringfügige Modifikationen können noch in der Pubertät erfolgen. Doch mit dem Ende der Pubertät, also mit etwa achtzehn Jahren, ist der Mensch als Persönlichkeit fertig. Danach verändert er sich normalerweise nicht mehr grundlegend, es sei denn, es erfolgen vehemente Anstöße von außen, wie zum Beispiel Kriegsereignisse oder Auseinandersetzungen mit Liebespartnern, Freunden oder Idolen.

Wenn wir also etwas für uns selber tun wollen, sei es um einer Karriere willen oder im Hinblick auf wahre Selbstverwirklichung, dann müssen wir versuchen, auf die Kardinalfrage allen Menschseins eine ehrliche Antwort zu finden, und diese Frage lautet: »Wer bin ich?«

Die verheerenden Folgen seelischer »Fehlprogrammierungen«

Unserem »Ich«, also dem Wesenskern unserer Individualität, wird es von Geburt an furchtbar schwergemacht, sich überhaupt zu entwikkeln. Während seiner Entstehung und Ausformung wird es von zwei Instanzen unterdrückt und behindert: von den im Über-Ich verinnerlichten Normen der »Gesellschaft« und von den unbewußten Triebkräften des »Es«.

Das »Es« will uns ständig dazu verführen, etwas zu tun, das uns »Spaß« macht, etwa zu sexueller Betätigung. Das Über-Ich hingegen sagt meistens: »Das darfst du nicht!«, und das Ich, das als Kombination von Intelligenz, Wissen und Erfahrung zwischen diesen »feindlichen Brüdern« in der Klemme sitzt, muß immerfort Entscheidungen treffen: Gebe ich dem Es nach, lebe also nach dem Lustprinzip – oder folge ich den Verboten des Über-Ich, um Schuldgefühle zu vermeiden?

Darüber hinaus tut die Gesellschaft ein übriges, um uns immer wieder an unsere »Pflicht« zur Konformität zu erinnern. Mit Hilfe der Massenmedien, beispielsweise einschlägiger Produkte der Boulevardpresse, kulturell beschämend niedriger TV-Programme und mit Unterstützung von Schulbüchern und Curricula von anachronistischer Erziehungstendenz werden wir zu »Staatsbürgern« geformt, die sich sehen lassen können: zu Menschen also, die jede Obrigkeit als schicksalhaft akzeptieren und jede Art von »Autorität« respektieren; Menschen, die in Schule und Hochschule das Denken nicht wirklich lernen und deshalb nicht urteilen können; Menschen, die mit Hilfe nationaler, religiöser und rassistischer Vorurteile gegängelt und deshalb an der Einsicht gehindert werden, daß die Menschheit mit ihrer beängstigenden Wachstumsrate nur überleben kann, wenn wir uns *alle* mit Toleranz und Wohlwollen begegnen.

Die schlimmsten Schädigungen in Form von Entfaltungsbehinderungen und Fehlprogrammierungen muß das werdende Ich jedoch in der Familie hinnehmen, dem ersten »Schlachtfeld des Lebens«. Von autoritären Vätern (oder Müttern) unter dem Deckmantel der »Liebe« zu Wesen verformt, die den Wunschprojektionen der Eltern entsprechen, ohne hinreichende Zuwendung, werden Kinder oft in Verhaltensweisen hineingezwungen, die weder mit ihren Anlagen noch mit ihren Bedürfnissen korrelieren. So verpfuscht, werden sie »in das Leben entlassen«, um dort »ihren Mann zu stehen« – natürlich im Sinne unserer kapitalistischen Leistungsgesellschaft.

Der Grund dafür, daß wir alle – mehr oder weniger – diesem Schicksal so unentrinnbar ausgeliefert sind, liegt darin, daß wir auf zwischenmenschliche Beziehungen angewiesen sind. Wer sich nicht anpaßt, wird isoliert und zum Außenseiter gestempelt. Und so stehen wir dann nach der Pubertät als ein »erwachsener« Mensch da, der immer noch zutiefst in familiäre und gesellschaftliche Konflikte verstrickt ist und wie eine Marionette funktioniert und ein von Anfang an geschwächtes Ich aufweist, das sich in einem erniedrigten Selbstwertgefühl manifestiert. Wie kann ein solcher Mensch unter solchen Umständen noch »Karriere« machen? Er kann es trotzdem!

Der erste Schritt zum Erfolg: die Selbstanalyse

Wer sich weiterentwickeln, das heißt, wer zunächst einmal die Fesseln seiner schädlichen Programmierungen sprengen will, der muß sich als erstes daranmachen, »ohne Zorn und falschen Eifer« festzustellen, wer er eigentlich ist. Das Rätsel »Mensch« wird ein solcher Suchender natürlich nie ganz ergründen – aber es genügt ja schon, wenn er sich über seine eigene »Grundstruktur« Klarheit verschafft.

Die erste Voraussetzung für eine ehrliche Selbstanalyse ist der Verzicht auf jegliche Schuldzuweisung, und zwar sowohl den Eltern als auch der eigenen Person gegenüber. Was nützt es, ständig darüber zu jammern, daß man von den Eltern »verpfuscht« worden ist? Oder darüber, daß man Fehlentscheidungen getroffen hat, für die man bezahlen muß? Der zeitgenössische englische Esoteriker GEORGE TREVELYAN gibt in seinem Buch *Eine Vision des Wassermannzeitalters* (118) die folgende Empfehlung:

»Bereue nichts, auch nicht Sünde und Versagen. Der Mensch ist so beschaffen, daß er das Gewicht von vierundzwanzig Stunden zu tragen vermag – nicht mehr. Sobald er sich von den vergangenen Jahren und den bevorstehenden Tagen niederdrücken läßt, bricht sein Rükken. Ich habe versprochen, euch nur mit der Last des heutigen Tages behilflich zu sein; die Vergangenheit habe ich von euch genommen, und wenn es euch, törichte Herzen, beliebt, diese Last nochmals aufzunehmen und zu tragen, dann spottet ihr meiner in der Tat, wenn ihr erwartet, daß ich sie mittrage. Auf Wohl oder Wehe ist jeder Tag zu Ende. Was noch zu leben ist, die nächsten vierundzwanzig Stunden, denen müßt ihr beim Aufwachen entgegensehen.

Wer eine Wanderung macht, trägt nur das bei sich, was er für den Marsch braucht. Hättet ihr nicht Mitleid mit ihm, wenn ihr sähet, wie er auch noch das erdrückende Gewicht der abgetragenen Stiefel und Kleider vergangener Wanderungen und Jahre trägt? Und dennoch, im mentalen und spirituellen Leben tut der Mensch so etwas. Kein Wunder, daß meine arme Welt betrübt und erschöpft ist. So dürft ihr nicht handeln.«

Also, vergessen Sie, was war! Versuchen Sie es wenigstens! Leisten Sie sich kein negatives Denken, indem Sie immer wieder klagend in die Vergangenheit zurückkehren! Nehmen Sie lieber ein Stück Papier, unterteilen Sie es in zwei senkrechte Spalten, über die Sie »plus« und »minus« schreiben, und dann fangen Sie an, unter »plus« aufzulisten: Wo war ich immer gut? Wo liegen meine Begabungen? Auf welchen Gebieten hatte ich bisher im Leben Erfolg? In der Minus-Spalte listen Sie Ihre Schwächen auf. Fangen Sie mit der Schulzeit an, und lassen Sie Ihr Leben bis heute vor Ihrem geistigen Auge Revue passieren. Wann war ich gut und warum? Vielleicht haben Sie ein extrem gutes Gedächtnis; ein rhetorisches Talent; eine ausgesprochene mathematische Begabung; künstlerische oder handwerkliche Fähigkeiten. Vielleicht sind Sie besonders musikalisch, kreativ, kommunikationsfähig. Vielleicht verfügen Sie über Enthusiasmus und können andere mitreißen und so weiter.

Da jeder von uns dazu neigt, sich mehr oder weniger verzerrt zu sehen, entweder zu »gut« oder zu »schlecht«, so empfehle ich Ihnen, im Anschluß an diese Selbstanalyse zu einem Menschen zu gehen, der Sie genau kennt und der es gut mit Ihnen meint: Ein Ehe- oder Liebespartner, ein Freund. Überraschen Sie ihn zunächst mit der Frage: »Was hältst du für meine größte Stärke, was für meine größte Schwäche?« Er wird nicht lange nachdenken müssen, um diese Frage zu beantworten. Und dann geben Sie ihm Ihre schriftlich fixierte Selbstanalyse zur Überprüfung. Möglicherweise wird er in den beiden Spalten Korrekturen anbringen: Da siehst du dich zu stark beziehungsweise schwach!

Im Anschluß an diese kritische Selbstprüfung sollten Sie eine zusätzliche Überlegung anstellen: Was waren immer schon meine (geheimen) Wünsche hinsichtlich des Berufes? Gibt es vielleicht einen Beruf, der mir *wirklich* Spaß und Befriedigung verschaffen würde? Bietet sich jetzt noch vielleicht eine Gelegenheit zum Wechsel? (Diese Frage ist natürlich nur relevant, falls Sie zur Zeit im »falschen« Beruf sind oder gerade am Beginn einer Laufbahn stehen.)

Entscheidend ist es, ein Ziel ins Auge zu fassen

Ein Mensch ohne Ziel gleicht einem Stück Treibholz im offenen Meer. Eine möglichst konkrete Zielsetzung ist eine unerläßliche Vorbedingung jeglichen Erfolgs. Zugleich gilt jedoch auch der Grundsatz: »Der Weg ist das Ziel«, wie ihn der Zenbuddhismus vertritt. Was bedeutet nun dieses Motto?

Es will uns daran erinnern, daß das Entscheidende an unserem Bemühen um Erfolg die *Anstrengung* ist, die wir aufwenden, um ein Ziel zu erreichen. Deshalb geben Zenmeister ihren Schülern gerne Aufgaben, die jene nicht meistern können. Aber diese Grundauffassung des Zenbuddhismus gilt auch für uns westliche Menschen, nämlich insofern als ein Ziel infolge äußerer Einwirkungen gegenstandslos werden kann. Zum Beispiel kann sich die Marktsituation für eine Branche unerwartet so verändern, daß bestimmte Zielsetzungen innerhalb dieses Bereiches illusorisch werden. Das bedeutet: Man muß auch bereit sein, Zielsetzungen zu verändern, falls die äußeren Verhältnisse das erfordern. Trotzdem gewinnt man durch die Anstrengungen, die man unternommen hat, um dieses Ziel zu erreichen. Insofern gibt es keine wirklichen Fehlschläge im Leben. Man gewinnt immer an Erfahrung. Aber man ist in jedem Falle zum Scheitern verurteilt, wenn man ohne klare Zielsetzung losmarschiert!

Bei der Wahl des Zieles muß man das Ergebnis der eigenen Selbstanalyse berücksichtigen. Denn man wird auch dann scheitern, wenn man sich ein Ziel setzt, das außerhalb der eigenen Anlagen und Fähigkeiten liegt! Wenn beispielsweise ein unmusikalischer Mensch Sänger werden möchte oder ein Mensch mit einem schwachen Gedächtnis Kongreßdolmetscher – das muß schiefgehen. Gerade in unserer kapitalistischen Gesellschaft haben sich schon viele verführen lassen, aus opportunistischen Gründen oder wegen der Aussicht auf »das große Geld« Berufe zu ergreifen, die ihnen absolut nicht liegen. Das stellt sich jedoch meistens erst heraus, wenn sie als »Versager« auf der Strecke geblieben sind.

Nun nützt aber die beste Zielsetzung nichts, wenn unser Unterbewußtsein von unseren Plänen nichts weiß! Deshalb wollen wir uns im folgenden mit jener dunklen Seite der menschlichen Persönlichkeit beschäftigen.

KAPITEL 3

Erfolgsprogrammierungen, die immer wirken

Entspannung und Konzentration: die siamesischen Zwillinge

Es gibt Menschen, denen es schwerfällt, sich zu konzentrieren. Die Fähigkeit, sich während der Arbeit voll zu konzentrieren, ganz gleich wie lang der Arbeitstag auch sein mag – ist eine Grundvoraussetzung für erfolgreiches Arbeiten oder Führen.

Konzentrationsfähigkeit ist jedoch immer noch leichter zu erwerben als die Fähigkeit, sich zu entspannen. Es gibt jedoch eine Wechselwirkung zwischen Konzentration und Entspannung, die lebensnotwendig ist. Das Bild der siamesischen Zwillinge ist in diesem Zusammenhang berechtigt: ohne Entspannung gibt es keine Konzentration – und umgekehrt. Diese beiden geistigen Haltungen sind untrennbar miteinander verbunden. Und daß viele Führungskräfte davon nichts wissen und deshalb eines Tages am »Dauerstreß« zugrunde gehen, ändert nichts an dieser Tatsache.

Jede Konzentration, das heißt jegliche Einengung der Aufmerksamkeit auf eine Sache, erfordert Energie und ist in aller Regel mit einer Anspannung irgendwelcher Muskeln verbunden. Wenn Sie zum Beispiel mit Ihren Augen einen bestimmten Punkt fixieren, ermüdet das Ihre Augenmuskeln. Wenn Sie stundenlang mit der Hand schreiben, so gibt es irgendwann einen »Schreibkrampf«. Wenn eine Schreibdame den ganzen Tag an der Maschine sitzt, werden ihre Finger- und Unterarmmuskeln überanstrengt und fangen irgendwann an zu schmerzen. Wenn Sie den halben Tag auf einem Stuhl sitzend verbringen, werden Ihre Bein- und Beckenmuskeln, oft auch Ihre Rükkenmuskeln steif und schmerzen beim Aufstehen. Wenn Sie sehr weite Strecken im Auto fahren, so schmerzen irgendwann, je nach der Qualität Ihres Autositzes, Ihre Rücken-, Gesäß- und Oberschenkelmuskeln, und der Schultergürtel fühlt sich steinhart an. Fazit: Jede konzentrierte, lang andauernde Tätigkeit hat Muskelverspannungen zur Folge und führt – langfristig gesehen – zu Haltungsschäden und Abnützungserscheinungen am Muskelapparat und an den Gelenken.

Auch geistige Arbeit kostet Energien. Wer stundenlang konzentriert arbeitet, erlebt irgendwann einen Moment, da sein Gehirn »abschaltet« – er merkt gar nicht mehr, was er tut, oder aber die Gedanken lassen ihn im Stich –, und er ist nicht mehr in der Lage, einen Satz zu Ende zu bringen. In ihrem Bestseller *Die sanfte Verschwörung* (33) umreißt MARILYN FERGUSON die Bedeutung von Entspannung und Meditation wie folgt:

»Der langfristige Streß fordert seinen Tribut, weil es zwischen den einzelnen Phasen des Streß keine Gelegenheit zur Erholung gibt. Bei der Untersuchung von Meditierenden entdeckte KENNETH PELLETIER nicht nur sehr integrierte Reaktionen, sondern auch die Fähigkeit, den Körper in eine parasympathische Phase überwechseln zu lassen. Die Yogis haben gelernt, die Ebene der neurophysiologischen Aktivität, auf der das Selbst einem übermäßigen Streß ausgesetzt ist, zu verlassen und sich ohne weiteres selbst in einen Zustand der Ruhe zu versetzen.«

Dieses Zitat erhellt, wie notwendig Entspannung für unsere körperliche und seelische Gesundheit ist. Wer diese Kunst erlernt hat, kann jahrzehntelang zwölf Stunden pro Tag etwas leisten, ohne daß seine Gesundheit darunter leidet.

Es gibt verschiedene Methoden der »schnellen« Entspannung, beispielsweise isometrische Übungen: Man spannt eine Muskelgruppe kurz, aber fest an und läßt sie dann wieder erschlaffen. Noch besser wirkt diese Methode, wenn man gleich anschließend eine andere Muskelgruppe an- und entspannt. Die Entspannung der ersten Muskelgruppe wird erst dann richtig wirksam, wenn wir die gleiche Prozedur an einer zweiten Muskelpartie vollzogen haben.

Nehmen wir einmal an, Sie sitzen auf dem Stuhl am Schreibtisch. In dieser Situation könnten Sie beispielsweise den Schultergürtel hochziehen und anspannen – und dann den Schultergürtel mit dem Kopf ruckartig nach vorne fallen lassen. Sofort anschließend ballen Sie die Fäuste und winkeln die Unterarme an, so fest wie möglich! Anschließend lassen Sie die Unterarme, unter gleichzeitigem Öffnen der Fäuste, schlaff nach unten fallen. Und jetzt heben Sie sofort beide Beine in die Waagerechte und spannen die Beinmuskulatur stark an. Sobald Sie nun diese Beinübung beendet haben, ziehen Sie die Bauchmuskeln ein und pressen zugleich die »letzte Luft« heraus. Und jetzt gehen Sie zu Atemübungen über: Atmen Sie bis tief in den Bauch hinunter (Zwerchfellatmung), halten Sie nun die Luft kurz an und atmen Sie langsam aus, bis Sie völlig »ausgepumpt« sind. Nach zehn derartigen Atemzyklen und im Anschluß an die erwähnten isometrischen Übungen sind Sie wieder ganz frisch! Es gibt Hunderte solcher Übungen für die »kleine« Entspannung während des Arbeitstages, über die Sie sich nur die einschlägige Fachliteratur zu besorgen brauchen.

Übrigens: Die wichtigste Körperregion hinsichtlich der Entspannung ist der Nacken! Dieses Phänomen ist zwar schon lange bekannt, kann jedoch medizinisch nicht erklärt werden. Tatsache ist, daß sich die Entspannung des Nackens (und des Schultergürtels) *immer* auf den gesamten Körper wohltuend auswirkt. Deshalb habe ich auch in mein »privates« autogenes Training die Formel eingebaut: »Schultergürtel schwer und warm.« Wobei ich mir unter »Schultergürtel« die mit diesen Wort umschriebene Muskelpartie einschließlich des Nakkens vorstelle. Wenn ich diese Übung praktiziere, so fällt mein Kopf schon nach zwei bis drei Minuten anders auf das Kissen als sonst – und meine Nackenmuskeln sind entspannt.

Einmal pro Tag, am besten vor dem Schlafengehen, sollten Sie sich eine »tiefe« Entspannung leisten. Sie können zu diesem Zweck eine der klassischen Entspannungsmethoden erlernen wie beispielsweise das von JOHANNES HEINRICH SCHULTZ entwickelte »autogene Training« oder die »Feldenkrais-Methode«. Der Wert einer derartigen Tiefenentspannung ist gar nicht hoch genug einzuschätzen, weil nämlich der Mensch eine psychosomatische Einheit ist. Das bedeutet: Was auf dem körperlichen Sektor passiert, wirkt sich unmittelbar und sofort auch auf den seelischen Bereich aus und umgekehrt. Wenn Sie also in der Lage sind, Ihren gesamten Muskelapparat soweit zu entspannen, daß Sie das Gefühl haben, drei Zentner zu wiegen und mitsamt Ihrem Bett zusammenzubrechen, dann kommt das auch Ihrem seelischen Befinden zugute, und Ihre Sorgen und Probleme lösen sich in nichts auf!

Die Tiefenentspannung ist außerdem eine sehr gute Voraussetzung für Autosuggestion und Meditation. Speziell die Autosuggestion oder Selbsthypnose ist für Menschen, die es im Leben zu etwas bringen wollen, unentbehrlich. Mit dieser Technik wollen wir uns im folgenden beschäftigen.

Grundgesetze der Hypnose

Neben jenen Aspekten unseres Seelenlebens, die uns bewußt sind, gibt es noch einen erheblich umfangreicheren Bereich, der unserem Tagesbewußtseins entzogen ist: das Unterbewußtsein. Es ist der Sitz unseres Trieb- und Gefühlslebens, die Verteilerstelle unseres Energiepotentials und schließlich der Steuermann des vegetativen Nervensystems. Ohne das Unterbewußtsein geht nichts! Und *gegen* das eigene Unterbewußtsein anzukämpfen, ist ein hoffnungsloser Fall.

Daß wir wenigstens annähernd wissen, wie unser Unterbewußtsein arbeitet, verdanken wir neben den Forschungen der Tiefenpsychologie den Tausenden von kontrollierten Hypnoseexperimenten, die in den vergangenen hundert Jahren, seit der Einführung der Autosuggestion in die Heilbehandlung durch EMILE COUÉ, durchgeführt worden sind. Coué war der erste, der die Grundgesetze der Hypnose – und damit die Arbeitsweise unseres Unterbewußtseins – klar erkannte. Natürlich zog er sich weltweit das Hohngelächter sämtlicher »Koryphäen der Wissenschaft« zu, als er behauptete: »Wenn ich mir täglich sage, es geht mir immer besser – dann geht es mir besser!« Eine solche Behauptung spricht jedem naturwissenschaftlichen Denken Hohn – und deshalb werden Erkenntnisse, die nicht nachgemessen oder nachgewogen werden können, bis heute von der »Wissenschaft« abgelehnt.

Erinnert sei in diesem Zusammenhang nur an den Placeboeffekt: Bei den meisten Krankheiten erzielt man in dreißig Prozent der Fälle einen Heileffekt, wenn man dem Patienten ein Placebo gibt – eine Pille ohne Wirkstoffe! Trotzdem tun Mediziner und Pharmazeuten so, als ob Heilungseffekte ausschließlich auf die von ihnen gewählten Therapieformen zurückgingen. Auch die iatrogenen Neurosen, die durch unbedachte Äußerungen des Arztes hervorgerufenen Fehleinstellungen des Patienten, werden in konkreten Fällen von Ärzten grundsätzlich bestritten.

In beiden Fällen handelt es sich jedoch klar um hypnotische Wirkungen.

Wie aber »funktioniert« die Hypnose? Sie wirkt, indem einzelne Teile des Gehirns »eingeschläfert«, andere hingegen »hellwach« gemacht werden. Es kommt also zu einer Einengung des Bewußtseins auf eine ganz bestimmte Aufgabe. Diese Wirkung läßt sich am einfachsten anhand einiger Beispiele aufzeigen:

An einer kalifornischen Universität versetzte ein Psychologieprofessor einen Studenten, der sich freiwillig zur Verfügung gestellt hatte, in eine leichte Hypnose. Der Hypnotisierte konnte sich hinterher genau an den Auftrag erinnern. Deshalb sagte der Student nach erfolgter Hypnotisierung zu dem Professor: »Ich weiß schon – ich soll mich vor Verlassen des Raumes kurz auf den Stuhl setzen, der dort neben der Tür steht. Aber so einen Unsinn mache ich natürlich nicht!«

Als die Vormittagsvorlesung zu Ende war, stellte der Student noch einige Fragen an den Professor – und dann schoß er wie eine Rakete durch die Tür, ohne sich auf den Stuhl gesetzt zu haben!

Nachmittags unterrichtete der Professor eine andere Studentengruppe in demselben Raum. Plötzlich kam der hypnotisierte Student herein und sagte: »Ich habe keine Ruhe! Ich muß mich einfach auf diesen gottverdammten Stuhl setzen!« Dann setzte er sich kurz auf den Stuhl und verließ zum zweitenmal fluchtartig den Raum.

Was lehrt uns nun dieses Beispiel? – Es zeigt, daß sich das Unterbewußtsein *immer* gegen den bewußten Willen durchsetzt! Was unser Unterbewußtsein »will«, ist maßgeblich – nicht, was wir mit unserem Verstand »bewußt« wollen!

Ein zweites Beispiel soll einen anderen Aspekt der Arbeitsweise des Unterbewußtseins erhellen:

Wenn man einem Hypnotisierten einen Eiswürfel auf die Handfläche legt und sagt, das sei glühender Stahl, so entwickelt der Hypnotisierte sofort Brandblasen. Warum? Weil das Unterbewußtsein keinerlei Kriterien hat, anhand deren es nachprüfen könnte, ob eine angekommene Botschaft »richtig« oder »falsch«, »gut« oder »böse« ist. (Darin liegt eine der Gefahren der Werbung.) Das Unterbewußtsein nimmt jede Botschaft für »bare Münze« – und handelt danach. In unserem Beispiel hat das Unterbewußtsein als oberster Steuermann des vegetativen Nervensystems das einzige für den Körper Richtige getan: es hat mit Flüssigkeit gefüllte Blasen entstehen lassen, um einen Kühleffekt gegenüber dem »glühenden Stahl« zu erzielen.

MARILYN FERGUSON (33) schreibt in diesem Zusammenhang:

»KENNETH PELLETIER weist darauf hin, daß der Körper alles wörtlich nimmt. Er kann keine Unterscheidung zwischen einer ›echten‹ und einer ›eingebildeten‹ Bedrohung machen. Unsere Sorgen und negativen Erwartungen werden in eine körperliche Krankheit umgesetzt, weil der Körper das Gefühl hat, daß wir bedroht werden, auch wenn die Bedrohung nur in der Einbildung besteht.«

Zusammenfassend können wir also ohne Übertreibung sagen: Es reicht nicht aus, daß wir uns bewußt ein Ziel setzen. Unser Unterbewußtsein muß dieses Ziel ebenfalls erkennen!

Autosuggestion und Selbsthypnose – die Garanten des Erfolgs

Wir müssen also unserem Unterbewußtsein sagen, was es »wollen« soll! Dazu müssen wir unsere Zielvorstellung ins Unterbewußtsein versenken – und zwar so bildhaft wie möglich. Denn das Unterbewußtsein, das offenbar mit der rechten Gehirnhälfte korreliert, arbeitet vorwiegend in Bildern.

Für eine erfolgreiche Hypnose (oder Selbsthypnose) gilt noch eine Grundregel: Man muß dem eigenen oder dem Unterbewußtsein des Hypnotisierten immer den *Endzustand* zeigen, der erreicht werden soll. Deshalb lautet beispielsweise beim autogenen Training, einer schon klassischen Selbsthypnosetechnik, die erste Formel: »Ich *bin* ganz ruhig!« – nicht: »Ich *werde* ganz ruhig!«

Der amerikanische Psychologe MAXWELL MALTZ hat vor dreißig

Jahren eine Methode der Autosuggestion entwickelt, die er die »Lehnstuhlmethode« nannte. Wir wollen diese Methode wieder an einem Beispiel erläutern:

Nehmen wir einmal an, ein jüngerer Außendienstmann hat die Absicht, in sieben Jahren Vertriebsdirektor zu sein. Dies ist ein realistisches Ziel, wenn er damit rechnet, in etwa zwei Jahren Regionalleiter und in weiteren zwei Jahren Gebietsleiter zu sein. Und nun rät Maxwell Maltz diesem Mann:

»Setzen Sie sich jeden Abend in einen bequemen Stuhl und entspannen Sie sich. *Und dann stellen Sie sich vor, Sie hätten Ihr Ziel bereits erreicht*! Sehen Sie sich als Direktor an einem pompösen Schreibtisch sitzen und beobachten Sie sich dabei, wie Sie Ihrer Sekretärin Briefe diktieren oder wie Sie Besprechungen leiten. Wiederholen Sie diese Übung täglich, so konkret, das heißt so bildhaft wie möglich! Nach einigen Tagen ist diese Botschaft im Unbewußten angekommen – und wirkt! Nun steuert Ihr Unbewußtes Ihr ungeheures Energiepotential so, daß Sie gewissermaßen auf Ihr Ziel hingedrängt werden. Es gibt kein Hindernis, das Sie nicht überwinden! Sie werden Ihr Ziel erreichen. Vorausgesetzt natürlich, daß Sie hart arbeiten! Wenn Sie nichts leisten, sind Sie nur ein Tagträumer!«

Wenn ich Ihnen jetzt die Preisfrage stelle: Was haben DEMOSTHENES, NAPOLEON und HITLER gemeinsam?, so müßten Sie eigentlich sofort die richtige Antwort geben können: Alle drei sahen sich als künftige »bedeutende Staatsmänner« ihres Landes – und diese Vorstellung hatten sie mittels permanenter Wiederholung in ihr Unterbewußtsein versenkt. Und wann immer Sie das Schicksal eines »großen« Menschen unter die Lupe nehmen und seine Biographie durchleuchten, werden Sie zu dem gleichen Ergebnis kommen: All diese Erfolgreichen wußten genau, was sie wollten, und dachten Tag und Nacht nur an dieses Ziel! Dadurch wurde es in ihr Unterbewußtsein versenkt – und das Unterbewußtsein stellte jene Energien zur Verfügung, die zum Durchhalten nötig waren. Das also ist *das Erfolgsrezept* – und es wirkt immer! Und jetzt werden Sie auch verstehen, warum ich zu Beginn dieses Buches sagte: »Jeder Mensch bestimmt sein Schicksal selbst!« Allein unser Denken entscheidet darüber, ob wir »Erfolgreiche« oder »Versager« sind!

Positives Denken führt immer zum Ziel

»Gebildete Mitteleuropäer« mokieren sich gerne über den »typisch« amerikanischen Glauben an die Macht des »positiven Denkens«. Tatsache ist jedoch, daß solche Kritiker sich vor allem durch Unkenntnis oder Borniertheit auszeichnen; denn es gibt eine Menge Phänomene zwischen Himmel und Erde, die einer exakten naturwissenschaftlichen Beschreibung bisher noch nicht zugänglich sind und die wir daher zur Zeit nur empirisch konstatieren können. Das gilt beispielsweise für die bereits beschriebene Hypnose: Wir wissen zwar, welche Ursachen wir setzen müssen, um bestimmte Wirkungen zu erzielen, aber wie diese Wirkung genau zustande kommt, das liegt für uns noch im dunkeln. Was für einen Zweck hat es aber, die Wirkung deshalb zu bestreiten? Es sei denn, wir gehen nach dem Motto vor, daß »nicht sein kann, was nicht sein darf«.

Nicht »die« Amerikaner, sondern einzelne aufgeschlossene und flexible amerikanische Bürger haben ihre Scheuklappen abgeworfen und sich – mit Erfolg! – darangemacht, Dinge auszuprobieren und zu entwickeln, die es »eigentlich« nicht geben kann. Dabei haben sich alle diese »Sucher« an asiatischen Vorbildern orientiert, weil uns die östlichen Kulturen auf dem Sektor der »Seelenkenntnis« weit voraus sind, da es dort seit Jahrtausenden eine hochentwickelte Tradition der subtilen geistigen Selbstgestaltung gibt.

Die östlichen Weisen haben längst erkannt (und von Generation zu Generation weitergegeben), daß *allein* unsere Gedanken unser Schicksal bestimmen. Die Macht der Gedanken ist so unermeßlich groß, daß sich ein mitteleuropäischer Normalspießer gar keine angemessene Vorstellung davon machen kann!

Wer diese Macht zu seinem eigenen Vorteil nutzen will, muß allerdings zweierlei gelernt haben: sich stark zu konzentrieren und unerhört selbstdiszipliniert zu denken. Selbstdisziplin ist (neben einem verbindlichen Wertsystem) die Voraussetzung für erfolgreiches Handeln – ganz gleich auf welchem Sektor! Wer jedoch einmal gelernt hat, ausgesprochen zielorientiert zu denken, der kann »Wunder« vollbringen: Er kann seine Charakterstruktur willentlich nachhaltig verändern oder, auf dem physischen Sektor, jede einzelne Körperzelle beeinflussen!

Man kann selbst Krankheiten, bis hin zum Krebs, durch gezieltes positives Denken heilen, indem man sich auf das erkrankte Organ konzentriert und einen Teil der Energieströme dahin lenkt. Am meisten aber kann man für sich tun, und zwar in einem vorbeugenden Sinne, wenn man sein seelisches Gleichgewicht durch positives Denken erringt und erhält.

Wir wissen heute, daß das Immunsystem des Menschen ganz besonders auf »psychische Genickschläge« reagiert – und zwar mit einer signifikanten Verminderung seiner Abwehrkraft. Es ist eine inzwischen auch von vielen Medizinern akzeptierte Hypothese, daß jeder Mensch Krebszellen in seinem Organismus hat, entweder von Geburt an oder infolge »Entgleisung« der DNS-Replikation. Solange ein Mensch psychisch gesund ist, vernichtet das Immunsystem diese gefährlichen Zellen oder neutralisiert sie wenigstens. Wenn nun ein Mensch einen Schicksalsschlag erleidet, zum Beispiel durch den Tod des Ehepartners, den Verlust des Arbeitsplatzes oder ähnliches, so besteht die Gefahr, daß sich maligne Zellen in einem dafür prädisponierten Organ festsetzen und sich zu einem Primärtumor entwickeln. Man kann also mit Fug und Recht sagen, daß Krebs immer eine individuelle Erkrankung ist.

Wer also im Leben erfolgreich sein will, ganz gleich auf welcher Ebene, sollte sich daher zuerst ein positives Denken angewöhnen! Wenn Sie eine Arbeit in Angriff nehmen, so rechnen Sie damit, daß sie Ihnen gelingen wird! Verbieten Sie sich, daran zu denken, daß Ihr Unternehmen schiefgehen könnte! Wägen Sie die verschiedenen Faktoren gegeneinander ab, schätzen Sie die damit verbundenen Risiken ein, und wenn die Chancen die Risiken überwiegen, dann treffen Sie Ihre Entscheidung *und bleiben Sie dabei*! Es kann nur aufwärtsgehen, wenn Sie daran glauben und immer daran denken!

Die Bedeutung des Wertsystems ist für das Vorankommen unerläßlich

Nun bedarf unser »Erfolgsrezept« noch einer Ergänzung. Ich habe bereits weiter oben gesagt: Das A und O für die Entwicklung eines

Menschen ist sein Wertsystem. Das ist zwar eine Binsenwahrheit, und gerade deshalb wird sie so oft übersehen.

Unter dem Wertsystem eines Menschen versteht man jene ethischen Forderungen, denen er sich als Richtschnur seines Handelns (als seinem Gewissen) verpflichtet fühlt. Zunächst übernimmt man derartige Ge- und Verbote von den Eltern, wobei in der Regel die Religion als Vehikel benützt wird. Während der Pubertät stellt der junge Mensch, so er bis dahin eigenständiges Denken gelernt hat, etliche dieser Ge- und Verbote in Frage, einfach deshalb, weil er in diesen Jahren oftmals die Anschauungen seiner Eltern radikal in Frage stellt und damit auch das von ihnen vermittelte Wertsystem. Schließlich wählt der Heranwachsende einige Regeln aus, die er als Richtschnur für sein weiteres Leben freiwillig anerkennt. Damit hat er sich eine »Moral« angeeignet, denn Moral ist gelebte Ethik.

Zuweilen mißlingt dieser Prozeß der Gewissensbildung. Voraussetzung dafür, daß ein junger Mensch von einem Elternteil Ge- und Verbote übernimmt und verinnerlicht, ist die »Identifikation« mit diesem Elternteil, das heißt, das Kind oder der Jugendliche muß den Vater oder die Mutter respektieren, lieben oder verehren – um sein zu wollen wie er oder sie. Deshalb spielt die Vorbildwirkung in der Erziehung eine so große Rolle. Hat ein Kind nun das Pech gehabt, sich mit keinem Elternteil identifizieren zu können, vielleicht weil es statt Zuwendung nur Schläge bekommen hat, und stand dem Kind auch kein anderer Erwachsener als Bezugsperson zur Verfügung – dann entwickelt dieses Kind keinerlei Wertsystem und wächst im wahrsten Sinne des Wortes »gewissenlos« auf.

Zwischen diesen beiden Extremen – also jenen Menschen, die ein verbindliches Wertsystem verinnerlicht, und denen, die keines entwickelt haben – befindet sich die große Gruppe der »Lauen«, der »Lippenchristen«. Sie bekennen sich äußerlich zu einer Religionsgemeinschaft – aber eine tatsächlich re-ligio, eine Rückbindung an Gott, besteht nicht. Aus ihnen rekrutiert sich das Millionenheer der »Moralapostel«, die sich nicht getrauen, gegen die »guten Sitten« zu verstoßen und daher mit Argusaugen darüber wachen, daß andere sich keine Freiheiten herausnehmen.

Entscheidend ist der »psychologische Erfolg«

Nun kann ein Mensch zwar im Sinne unserer Gesellschaft erfolgreich sein – aber psychologisch erfolgreich ist er deshalb noch lange nicht! Um psychologisch erfolgreich zu sein, muß ein Mensch zunächst sich selber so akzeptieren können, wie er ist. Er muß ein Wertsystem haben, das ihn trägt, und er muß seine Stärken *und* Schwächen kennen und damit leben können. Nur die Verbindung von gelebtem Wertsystem und ehrlicher Selbsteinschätzung schafft jenen toleranten Menschen mit Einfühlungsvermögen, der echte zwischenmenschliche Beziehungen aufbauen kann.

Deshalb empfehle ich Ihnen, bei Ihrer persönlichen Erfolgsprogrammierung in den folgenden Schritten vorzugehen:

1. Entscheiden Sie sich für jene Werte, die für Ihr gesamtes künftiges Verhalten und Handeln verbindlich sein sollen, und halten Sie das Ergebnis schriftlich fest!
2. Erstellen Sie eine ehrliche Selbstanalyse: Wo bin ich stark? Wo bin ich schwach?
3. Setzen Sie sich im Rahmen Ihrer Fähigkeiten ein Ziel!
4. Führen Sie sich täglich den Zustand *nach* der Erreichung Ihres Zieles plastisch vor Augen, damit Ihr Unterbewußtsein weiß, in welcher Richtung Ihr Energiepotential mobilisiert werden soll.
5. Arbeiten Sie unermüdlich!

Falls Sie sich mit der im vorhergehenden beschriebenen Erfolgsprogrammierung noch nie beschäftigt haben und gerne dazu detaillierte »Ausführungsbestimmungen« hätten, so steht Ihnen eine umfangreiche Fachliteratur zur Verfügung, so unter anderem das Buch meiner Tochter VERA F. BIRKENBIHL *Der persönliche Erfolg* (11). Dieses Erfolgsbuch ist die Frucht eines siebenjährigen Studienaufenthalts in den Vereinigten Staaten von Amerika. Ich selbst habe den Segen einer solchen Selbstprogrammierung erst im Alter von siebenundvierzig Jahren kennengelernt – und zwar ebenfalls in den Vereinigten Staaten.

Wenn Sie sich mit tiefenwirksamer Hypnose beziehungsweise Selbsthypnose beschäftigen möchten, so kann ich Ihnen als Standardwerk KURT TEPPERWEINS *Die hohe Schule der Hypnose* (116) empfehlen. Dieses Werk wird Ihnen Aufschluß über die ungeahnten Möglichkeiten autosuggestiver Techniken und ihre Anwendung geben.

Von den alten Griechen ist uns der Spruch überliefert, daß die Götter vor den Preis den Schweiß gesetzt haben. Und ein großer Mann der Neuzeit, der es wissen müßte, THOMAS A. EDISON, hat uns die Spruchweisheit hinterlassen: »Genie ist Fleiß.« Wer nicht bereit ist, mehr zu leisten als die »Lauen« – der sollte sich unauffällig in einen stillen Winkel verkriechen. Unsere Welt, ja mehr noch, die Evolution der gesamten Menschheit, wird durch jene herausragenden einzelnen vorangetrieben, die den persönlichen Erfolg – in welcher Richtung auch immer – anstreben und die Kraft haben, ihre Intentionen zu realisieren.

KAPITEL 4

Die schwierige Kunst der Menschenführung

Wer führen will, braucht Dominanzstreben

Jede menschliche – wie auch jede tierische – Gemeinschaft ist hierarchisch gegliedert: »Der Ober sticht den Unter.« Keine Gruppe kann auf Dauer ohne Führer leben – auch wenn Utopisten dies immer wieder postulieren. Die Experimente der sechziger Jahre mit den »autonomen« Gruppen ohne Führer sind alle gescheitert. Mit dem Problem des Führens und seinen psychologischen Voraussetzungen habe ich mich auch an anderer Stelle, und zwar in meinem letzten Buch *Führungsbrevier 2000* (10) eingehend auseinandergesetzt.

Jeder, der in unserer Industriegesellschaft Karriere machen, das heißt sich über den Durchschnitt erheben will, hat zwei Möglichkeiten: entweder er entwickelt sich zum Spezialisten, oder er übernimmt eine Führungsposition. Entscheidet er sich für den zweiten Weg, so sollte er sich fragen: Habe ich Dominanzstreben?

Der Begriff »Dominanzstreben« ist die in Zentraleuropa gebräuchliche vornehme Umschreibung für den »Willen zur Macht«. Die Amerikaner sind da weniger zimperlich. So heißt eines der Hauptwerke DAVID MCCLELLANDS, auf das ich mich hier weitgehend stütze, *Macht als Motiv* (64). Wenn also ein Mensch den Willen zur Macht hat, so bedeutet dies: Er hat das innere Bedürfnis, andere Menschen nach seinem Willen zu lenken. Wie entsteht nun dieser »Wille zur Macht«, und inwiefern ist er ein Teil der Persönlichkeitsstruktur?

David McClelland, einer der führenden und international hochgeachteten amerikanischen Psychologen und Unternehmensberater, gibt in seinem bereits erwähnten Buch eine fundierte Erklärung für die Entwicklung des Machtstrebens im Menschen, wobei er sich auf SIGMUND FREUD stützt. Nach seiner Theorie kann der Mensch vier Entwicklungsstufen durchlaufen:

Stufe 1: Das ist die Stufe der *Anpassung*. Anpassung ist das erste, was der Mensch im Leben überhaupt zu lernen gezwungen ist, weil der Säugling als »physiologische Frühgeburt« vollkommen und bedingungslos von der Mutter abhängt. Das Kind lernt in dieser Phase den Respekt gegenüber Autoritäten und gegenüber der Tradition. »Anständiges«, das heißt gehorsames und normengerechtes Verhalten, wird »programmiert«.

Stufe 2: Wenn ein Kind nicht repressiv erzogen wird, sondern sich frei entfalten kann, so erwirbt es, vor allem in den Jahren der Pubertät, *Selbstvertrauen*. Es wird fähig zur Bildung einer eigenen Meinung und auf diese Weise langsam, aber sicher von anderen unabhängig. In dieser Übergangszeit glaubt der junge Mensch noch an die Freiheit des Willens – deshalb demonstriert er Willenskraft, Entschlossenheit und Mut.

Stufe 3: Jetzt lernt der junge Mensch – immer unter der Voraussetzung, daß er sich frei entfalten kann – etwas ganz Wesentliches: die *Selbstbehauptung*. Bestärkt durch Lernerfolge und Erfolgserlebnisse im Beruf, zuweilen auch durch starke Erlebnisse künstlerischer Art, lernt er, sich gegenüber der Umwelt durchzusetzen (Ich bin ja schließlich wer!). Nun wird es ihm zum persönlichen Bedürfnis, Macht auszuüben, allerdings mit dem einzigen Ziel: sich dadurch über andere zu erheben.

Stufe 4: Nun kann die Entwicklung weitergehen, sie muß es jedoch nicht. Der gereifte Mensch erkennt irgendwann, daß er in einem Verhältnis der *Interdependenz*, also der wechselseitigen Abhängigkeit, zu anderen Menschen steht. Und er erkennt weiterhin, daß das Leben nur dann einen »echten« Sinn hat, wenn er es freiwillig ethischen Kategorien unterstellt. Jetzt werden Religion, Gesetz oder auch der Konsens mit einer Gruppe für ihn bestimmend. Jetzt lernt das Individuum, freiwillig Pflichten auf sich zu nehmen. Und wenn der Betreffende auf der Stufe 3 ein Machtstreben entwickelt hat, so übt er diese Macht jetzt *im Dienste* einer Institution aus, mit der er sich identifiziert – und nicht mehr primär zum Zweck der Selbsterhöhung.

Natürlich gibt es auch noch andere psychologische Gründe, warum ein Mensch Machtstreben entwickeln kann: zum Beispiel als Trotzreaktion gegen einen übermäßig autoritären Elternteil; als Selbsterhaltungsreaktion gegenüber bedrohlichen Geschwistern oder als Kompensation eines Minderwertigkeitskomplexes.

Ich möchte indessen das Thema nicht ausweiten. Wenn man sich selbst oder einen anderen Menschen an den oben beschriebenen vier Entwicklungsstufen mißt und feststellt, daß man zum Beispiel auf der ersten Stufe »hängengeblieben« und als bereits Erwachsener noch ein »Angepaßter« ist, dann wird man auch für den Rest seines Lebens unfähig sein, Macht »aus einem inneren Bedürfnis« heraus auszuüben. Oder, anders ausgedrückt: Wenn ein Mensch bis zum Ende der Pubertät kein manifestes Machtstreben entwickelt hat, wird er es auch im späteren Leben nicht mehr erwerben! Deshalb hat es auch gar keinen Zweck, eine solche »Führungskraft« durch Managementseminare zu jagen. Dort kann sie zwar etwas über »Managementtechniken« hören – aber sie wird die entsprechenden Handlungsanweisungen nie umsetzen können!

Falls Sie noch relativ jung und entschlossen sind, den »Marsch zum Gipfel« anzutreten, prüfen Sie genau, ob Sie das dazu unerläßliche Dominanzstreben haben. Wenn nein, dann lassen Sie die Finger von Führungspositionen, wenigstens von solchen, in denen Erfolg sich in Zahlen ausdrückt! Sollten Sie trotzdem der Versuchung nicht widerstehen können, sich befördern zu lassen, dann kann ich Ihnen präzise voraussagen, was passieren wird: Sie werden zum Spielball Ihrer Gruppe (und Ihres Chefs!) werden und eines Tages als »ausgebrannter« Frühinvalide enden.

Vier Grundtypen der Berufsauffassung

Eine sehr interessante Studie ist das 1976 erschienene Buch *Gewinnen um jeden Preis* von MICHAEL MACCOBY (60). Der Verfasser schildert darin vier Menschentypen, die ihm während seiner Untersuchungen in Großunternehmen aufgefallen sind:

Der Fachmann
Er gehört in der Regel nicht zu den Managern, aber von der Bezahlung her gehört er in diese Gruppe. Er hält an den traditionellen Werten des schaffenden Hamstercharakters fest: an der Arbeitsethik, der Achtung vor dem Mitmenschen, dem Bemühen um Qualität und Sparsamkeit. Wenn er über seine Arbeit spricht, gilt sein Interesse dem Prozeß des Schaffens; er baut gern. Er betrachtet andere, sowohl Mitarbeiter als auch Vorgesetzte, unter dem Gesichtspunkt, ob sie ihm helfen oder ob sie ihn hindern, eine qualifizierte Arbeit zu leisten.

Es gibt einen bestimmten Wissenschaftlertyp, der mit dem Fachmann das Interesse an Wissen und Schaffen teilt, aber mehr von einer Primadonna an sich hat und fast ausschließlich in Forschungslaboratorien tätig ist. In Kapitalgesellschaften gehört dieser Typ ohne Zweifel zu den unabhängigsten Mitarbeitern. Allerdings sind nur wenige Vertreter dieses Typs erfolgreiche Manager und Führungskräfte.

Was diese Wissenschaftler vom Fachmann unterscheidet, ist ihr Narzißmus, die Vergötterung ihrer eigenen Kenntnisse und Talente sowie der Hunger nach Bewunderung. Sie übertreiben ihre eigene Bedeutung und setzen gerne jene herab, die eher mit beiden Füßen auf der Erde stehen. »Dennoch fanden wir«, schreibt Maccoby, »bei allem Narzißmus eine empfängliche und bedingte Anhänglichkeit an die Mächtigen, an Unternehmensleiter und Entscheidungsträger, die ihnen Unterstützung geben, damit sie ihre Ideen verwirklichen können.«

Der »grandiose« Wissenschaftler sucht sowohl zu Hause als auch bei der Arbeit ein gesichertes Nest. Er wünscht sich eine Mutter-Frau, die seine Bedürfnisse erfüllt als Gegenleistung für die Möglichkeit, an seinem Ruhm teilzuhaben; und er sucht bei der Arbeit Gönner, die einer ähnlich symbiotischen Absicherung zustimmen.

Wenn wir auf die von Michael Maccoby gegebene Charakterschilderung des »Fachmannes« das bereits besprochene Modell von DAVID McCLELLAND anwenden, so ist festzustellen, daß der »Fachmann« auf den Stufen 1 und 2 »hängengeblieben« ist: Er ist ein angepaßter, autoritätsgläubiger Mensch, der allerdings zur Bildung einer eigenen Meinung fähig ist und insofern eine gewisse Autonomie errungen hat.

Aber er besitzt nicht die für die Stufe 3 charakteristische Fähigkeit der Selbstbehauptung und ist außerstande, andere Menschen zu beeinflussen oder gar zu dominieren.

Der nächste von Maccoby geschilderte Typ, der einwandfrei dem Management zuzurechnen ist und von manchen geradezu als Prototyp eines erfolgreichen Managers betrachtet wird, ist:

Der Dschungelkämpfer

Das Ziel des Dschungelkämpfers ist *Macht*. Er erfährt das Leben und die Arbeit als einen Dschungel (nicht als Spiel), in dem es heißt: »Friß oder werde gefressen!« und in dem die Sieger die Verlierer vernichten. Ein Großteil seiner psychischen Kräfte wendet er auf, um seine Stellung abzusichern. Dschungelkämpfer neigen dazu, die ihnen Gleichgestellten entweder als Komplizen oder Feinde sowie ihre Untergebenen als Objekte anzusehen, die es auszunützen gilt. Der Erfolg des »Dschungelkämpfers« ist in aller Regel zeitlich begrenzt, und der Aufstieg in die höchsten Hierarchieebenen gelingt ihm nicht, da er nicht begreifen will, daß man dauerhafte Erfolge nur mit seinen Untergebenen, nicht jedoch gegen sie erzielen kann. Es gibt zwei Untertypen des Dschungelkämpfers, den »Löwen« und den »Fuchs«. Die Löwen sind die Eroberer, die, wenn sie erfolgreich sind, ein Imperium aufbauen können; die Füchse bauen sich ihr Nest in der Unternehmenshierarchie. Sie kommen verstohlen und durch Schläue vorwärts.

Wenn wir wiederum das McClellandsche Modell auf den »Dschungelkämpfer« anwenden, so ist festzustellen, daß dieser Typ voll auf der Stufe 3 lebt: Er übt Macht aus persönlichem Bedürfnis aus, allerdings mit dem einzigen Ziel, sich dadurch über andere zu erheben. Hat er ein schwaches Energiepotential und ist deshalb offenen Auseinandersetzungen nicht gewachsen, so wird er zum »Fuchs« und übt seine Macht mehr als »graue Eminenz« hinter den Kulissen aus. Aber jeder in der Firma weiß, daß man an diesem Typ »nicht vorbeikommt«, wenn man etwas durchsetzen will.

Der Firmenmensch

Ihn charakterisiert Maccoby wörtlich so: »Im Firmenmenschen erkennen wir den altbekannten Mann der Organisation oder den Funktionär, dessen Identitätsgefühl sich darauf gründet, daß er ein Teil der mächtigen, schützenden Firma ist. Sein stärkster Zug ist die Sorge um die menschliche Seite des Unternehmens, sein Interesse an den Gefühlen der Menschen in seiner Umgebung. Wenn er am schwächsten ist, dann ist er ängstlich und unterwürfig, sogar mehr auf Sicherheit bedacht als auf Erfolg. Die kreativsten Firmenmenschen verbreiten in ihrer Gruppe eine Atmosphäre der Zusammenarbeit, Anregung und Gegenseitigkeit. Die unkreativen finden eine kleine passende Stellung und Befriedigung in dem Gefühl, irgendwie am Ruhm des Unternehmens teilzuhaben.«

An dem McClellandschen Modell gemessen hat der »Firmenmensch« die Stufen 1 und 2 »erfolgreich« hinter sich gebracht. Er ist ein Stück in die Stufe 3 vorgestoßen, weil er gelernt hat, mit anderen auszukommen. Aber es fehlt ihm jegliches Dominanzstreben. Der Firmenmensch ist oft ein ausgezeichneter Teamarbeiter, der mit seiner Gruppe erstaunliche Erfolge erringt. Aber: Er bleibt meistens auf der Gruppenleiterebene hängen. Als Abteilungsleiter müßte er sich gegen die ihm unterstellten Gruppenleiter durchsetzen und auf die Erfüllung des ihm selbst vorgegebenen Solls drängen. Weil er dazu zu schwach ist, bedient er sich gerne der »Fuchs-und-die-Trauben-Philosophie« und erklärt lauthals und ungefragt, daß er es ja gar nicht weiterbringen wolle!

Der Spielemacher

Ihn beschreibt Maccoby so: »Der Spielemacher ist der neue Mensch und in dieser Studie wirklich der führende Charakter. Sein Hauptinteresse gilt der Herausforderung, der auf Konkurrenz beruhenden Tätigkeit, in der er sich als *Sieger* erweisen kann. Ungeduldig mit anderen, die langsamer und vorsichtiger sind, liebt er es, etwas zu riskieren und andere zu motivieren, sich über ihr normales Tempo hinaus anzustrengen. Er reagiert auf Arbeit und Leben wie auf ein Spiel. Wettbewerb putscht ihn auf, und er überträgt seine Begeisterung, wodurch er andere mit Energie erfüllt. Ihm gefallen neue Ideen, neue Techniken, frische Methoden und Abkürzungen. Er redet und denkt einfach und klar, manchmal spielerisch und blitzartig. Sein Hauptziel im Leben ist, Sieger zu sein, und wenn er über sich spricht, führt dies unweigerlich zu einer Erörterung seiner Taktiken und Strategien in der Unternehmenskonkurrenz. Sein Motto heißt: Gewinnen um jeden Preis.«

Der »Spielemacher« hat die ersten drei Entwicklungsstufen erfolgreich hinter sich gebracht und befindet sich, wenigstens teilweise, bereits auf Stufe 4, nämlich insofern als er Macht nicht mehr nur aus persönlichem Bedürfnis ausübt, sondern im Dienste einer Institution, mit der er sich identifiziert.

Der persönliche Erfolg eines Spielemachers – und damit der Erfolg des Unternehmens, dem er dient – hängt, langfristig gesehen, davon ab, ob er seinen Hang zum risikobehafteten Spiel überwinden kann und irgendwann »seriös« wird. Spielemacher sind a priori »Aufreißertypen« – aber sie sind meistens nicht in der Lage, eine schnell und vehement aus dem Boden gestampfte Abteilung kontinuierlich zu führen und sich gewissen Mindestforderungen einer bürokratischen Organisation anzupassen. Deshalb schreibt M. Maccoby (60): »Im neuen Spitzenmanager der Kapitalgesellschaft mischen sich viele Züge des Spielemachers mit denen des Firmenmenschen. Er ist ein Mannschaftsspieler, dessen Zentrum das Unternehmen ist. Er fühlt sich für das Funktionieren eines Systems verantwortlich, und in seinem Kopf haben sich die Ziele seiner Karriere mit denen des Unternehmens vereinigt. Daher hat er das Wohl des Unternehmens im Auge und trennt es kaum von seinem eigenen ... Um zu funktionieren, brauchen die Unternehmen Fachleute, Wissenschaftler und Firmenmenschen (viele könnten den Dschungelkämpfer entbehren), aber am meisten hängt die Zukunft von der Fähigkeit des Spielemachers ab, sich zur Reife zu entwickeln.«

Motivation ist alles

Wir leben in einer Umbruchzeit, wie dies zum Beispiel FRITJOF CAPRA in seinem Buch *Wendezeit* (17) gezeigt hat. Heute, am Beginn des Wassermannzeitalters, ist nichts mehr so, wie es ehedem war – und es wird auch nie mehr so werden, wie es in den »guten alten Zeiten« gewesen ist. Wenn in der Bundesrepublik Deutschland eine Regierung mit dem Versprechen antritt, eine »Wende« herbeizuführen, und als Ziel ihrer Bemühungen Verhältnisse wie in den fünfziger Jahren anvisiert, so heißt dies, daß die entsprechenden Politiker einfach nicht fähig sind, sich auf veränderte Zeitläufte einzustellen. Das gleiche gilt für unsere überwiegend konservative Unternehmerschaft. Heimlich träumen die Unternehmer noch immer von Wachstum und Profitmaximierung – während ihnen flotte Lippenbekenntnisse wie geölt über die Lippen kommen, so zum Beispiel, daß ihre Mitarbeiter die wertvollsten Ressourcen des Unternehmens sind. Wer die Praxis kennt, kann da nur traurig lächeln.

Wir hatten weiter oben festgestellt, daß der gereifte Mensch irgendwann erkennt, daß er auf zwischenmenschliche Beziehungen angewiesen ist. Diese Erkenntnis sollte daher auch den heutigen Führungsstil bestimmen. Es besteht ein gegenseitiges Abhängigkeitsverhältnis zwischen Führungskräften und Geführten, wobei die Führungskräfte letztendlich in der schwächeren Position sind.

Ein Angestellter kann »Dienst nach Vorschrift« machen, ohne daß dies für ihn mißliche Konsequenzen hat. Der Manager hingegen hat ein Soll zu erfüllen – und wehe, er genügt den Anforderungen nicht! Wer heute als Chef, ganz gleich auf welcher Ebene, nicht begriffen hat, daß unsere Wirtschaft trotz aller Automation immer auf motivierte Mitarbeiter angewiesen sein wird und daß man hohe Effizienz nur gemeinsam mit den Mitarbeitern, nie aber gegen sie erzielen kann – der ist so anachronistisch wie ein Dinosaurier!

Es ist für mich immer wieder interessant und bestürzend festzustellen, daß man den wirklich unfähigen Führungskräften im Topmanagement begegnet, während die fähigen Leute im Mittelmanagement sitzen und sich oft verzweifelt bemühen, die Fehlentscheidungen der Geschäftsleitung wieder auszubügeln. In den USA ist es genau umgekehrt. Da sitzen die fähigsten Leute an der Spitze. Einen Beweis dafür liefert wieder einmal das bereits erwähnte Buch von T. J. PETERS und H. R. WATERMAN *Auf der Suche nach Spitzenleistungen* (83), das die Verantwortlichen nicht nur immer wieder lesen, sondern auch beherzigen sollten.

Die beiden Autoren weisen in diesem Buch überzeugend nach, daß jene »exzellenten« Unternehmen in den Vereinigten Staaten von Amerika, die seit ihrer Gründung immer erfolgreich waren, dies unter anderem der Tatsache verdanken, daß sie ein Wertsystem haben, das von der Geschäftsleitung vorgelebt wird; und daß diese Unternehmer ihre Mitarbeiter wie erwachsene Menschen behandeln – mit Würde und Achtung und als echte Partner!

Es ist typisch für unsere (bundesdeutschen) Verhältnisse, daß schon der deutsche Titel jenes grundlegenden Werkes eine Verfälschung darstellt. Während es im Original heißt *In Search of Excellence*, heißt der deutsche Titel *Auf der Suche nach Spitzenleistungen*. Es ist jedoch ein Unterschied, ob ein Unternehmer nach »Exzellenz« strebt, also nach »Vortrefflichkeit«, oder ob er »nur« auf Spitzenleistungen aus ist! Der Begriff der »Vortrefflichkeit« bezieht sich nämlich auf alle Aspekte der Unternehmensführung. Das bedeutet beispielsweise: höchste Produktqualität, erstklassiger Service und Menschlichkeit in der Führung.

All jene Unternehmer, die mir gegenüber das Buch rühmen, ohne es gelesen zu haben, glauben allein schon dem Titel entnehmen zu können, daß es Hinweise darauf enthält, wie man Spitzenleistungen erzielt, das heißt, wie man aus den Mitarbeitern noch mehr »herausholen« kann. Viele dieser Wirtschafts-»Führer« kommen erst gar nicht auf die Idee, auch ihre eigenen Führungsqualitäten einmal in Frage zu stellen!

»Exzellenz« beginnt – in erfolgreichen Unternehmen – stets bei der Geschäftsleitung! Wenn unsere Unternehmer und ihre Führungskräfte dies nicht bald einsehen, werden wir im Jahr zweitausend nicht mehr zu den führenden Industrienationen gehören, und zwar wegen falscher Betriebsführung und nicht weil uns die »bösen« Japaner den Garaus gemacht haben! (Übrigens, ganz nebenbei: Von den Konkursen der Jahre 1982 und 1983 in der Bundesrepublik Deutschland waren zweiundsiebzig Prozent auf »Mißmanagement« zurückzuführen.)

Wenn Sie also zu jenen Menschen gehören, die einmal Führungspositionen einnehmen wollen, oder wenn Sie bereits Manager sind, aber nicht die erwartete Effizienz erzielen – dann nehmen Sie sich das folgende Zitat aus dem bereits mehrfach erwähnten Buch von T. J. Peters und H. R. Waterman zu Herzen:

»Behandle Menschen wie Erwachsene. Behandle sie wie Partner; behandle sie mit Würde und Achtung. Behandle sie – nicht wie Investitionen oder Automaten –, sondern als die wichtigste Quelle für Produktivitätssteigerung.«

Auf die besondere Bedeutung der Menschenführung verweist auch MARILYN FERGUSON in ihrem Buch *Die sanfte Verschwörung* (33):

»Eigenschaften erfolgreicher Manager ähneln verblüffend den Eigenschaften guter Lehrer. Eine Studie über sechzehntausend Manager kam zu dem Ergebnis, daß Erfolg mit einer Einstellung gegenseitigen Vertrauens einhergeht, mit Interesse an der persönlichen Erfüllung der Arbeitnehmer, einem Mangel an Ego und der Bereitschaft, Untergebene anzuhören. Weiterhin gehören dazu das Eingehen von Risiken, der Wille zur Erneuerung, hohe Erwartungen, die Bereitschaft zur Zusammenarbeit und die Fähigkeit, Ideen zu integrieren.«

Die im vorhergehenden beschriebene Grundeinstellung ist typisch für das Betriebsklima in allen überdurchschnittlich gut geführten und erfolgreichen Unternehmen. In solchen Betrieben sind *alle* Mitarbeiter – auch und gerade in psychologischer Hinsicht – am Erfolg beteiligt. Auffallend ist auch, daß in besonders erfolgreichen Unternehmungen die »Toleranz gegenüber Mißerfolgen« besonders groß ist.

»Führung ist darum, im Gegensatz zur nackten Machtausübung, untrennbar verbunden mit den Bedürfnissen und Zielen der Geführten«, heißt es in diesem Zusammenhang bei Peters und Waterman.

Das *Trend Radar*-Magazin (Juni/Juli 1984) weist Führungskräfte auf die folgenden für die Leitung eines erfolgreichen Unternehmens unerläßlichen Grundeinsichten beziehungsweise Einstellungsänderungen hin:

»Die meisten Menschen sind gut, ehrlich und vertrauenswürdig. Die meisten Menschen sehnen sich danach, eine sinnvolle und gute

Arbeit zu leisten. Wenn man ihnen Chancen und Spielraum gibt, macht ihnen Arbeit Freude.

Abkehr von der Expertenebene. Probleme kann man nicht von oben lösen, sondern sie müssen dort gelöst werden, wo die Problemlösungskräfte sitzen, und das ist sehr häufig vor Ort oder unten.

Die Dezentralisierung in einem Unternehmen kann nur so gut sein wie das Vertrauen des Managements in die Fähigkeit und das Verantwortungsbewußtsein seiner Mitarbeiter. Wer in die humane Seite seiner Mitarbeiter nicht investiert, verunmöglicht die Dezentralisierung, die einer der wesentlichen Erfolgsfaktoren der neunziger Jahre wird.

Der Visionary factor wird ernstgenommen. Vision wird nicht mit Illusion und Tagträumerei gleichgesetzt, sondern man erkennt, daß es die Aufgabe der Unternehmensführung ist, realistische Visionen zu erarbeiten, für die Emotion und Leidenschaft entwickelt werden können. Der Manager wird immer mehr Mentor und Lehrer.«

So mancher Unternehmer mag jetzt aufschreien: Und wo bleibt der Gewinn – bei soviel Menschenfreundlichkeit? Die Antwort darauf lautet, daß nicht kurzfristiger Gewinn den Bestand eines Unternehmens sichert, sondern nur hohe Produktqualität, Verläßlichkeit und Kundennähe. Technologischer Fortschritt und Kosteneinsparung nützen nämlich gar nichts, wenn der »menschliche Faktor« zu kurz kommt. Ein Betrieb ist immer nur so leistungsfähig und effizient, wie die Mitarbeiter es zulassen.

Wer also auf die Qualität seiner Produkte und damit auf das Vertrauen seiner Kunden Wert legt, muß notwendigerweise die Eigenverantwortung und Motivation seiner Mitarbeiter steigern, damit er im Wettbewerb nicht zurückfällt. Und wenn die Qualität der eigenen Produkte stimmt und die Kundschaft zufrieden ist, dann wird – langfristig gesehen – der Gewinn gewiß nicht ausbleiben.

Falls auch Sie zu jenen Menschen gehören, die immer und ausschließlich nur an den Profit denken, so hoffe ich, Sie mit meinen Ausführungen hinreichend verunsichert zu haben.

Abschließend möchte ich noch auf jene acht Merkmale verweisen, die der Studie von Peters und Waterman zufolge für alle exzellenten US-Unternehmen charakteristisch sind:

1. *Primat des Handelns*: »Probieren geht über Studieren.«

2. *Nähe zum Kunden*: »Der Kunde ist König.«
3. *Freiraum für Unternehmertum*: »Wir wollen lauter Unternehmer.«
4. *Produktivität durch Menschen*: »Auf den Mitarbeiter kommt es an.«
5. *Sichtbar gelebtes Wertsystem*: »Wir meinen, was wir sagen – und tun es auch!«
6. *Bindung an das angestammte Geschäft*: »Schuster bleib' bei deinem Leisten.«
7. *Einfacher, flexibler Aufbau*: »Kampf der Bürokratie!«
8. *Straff-lockere Führung*: »Soviel Führung wie nötig, sowenig Kontrolle wie möglich.«

Ist Ihnen beim Lesen dieser Liste etwas aufgefallen? – Nein? Dann möchte ich Sie auf etwas aufmerksam machen, das Ihnen möglicherweise entgangen ist, weil es Ihnen Ihre Vorurteile unmöglich gemacht haben, diese Tendenz zu erfassen: Sechs der acht erwähnten Merkmale beinhalten Menschenbehandlung – entweder hinsichtlich der Mitarbeiter oder der Kunden. Der Mensch ist in unserem neuen Weltzeitalter das wichtigste – nicht die Technologie oder die Kosten!

Ich wünsche Ihnen, soweit Sie sich noch betroffen fühlen können, eine schlaflose, aber in ihren Folgen kreative Nacht!

Grundvoraussetzungen des wirtschaftlichen Erfolgs

Gott sei Dank gibt es auch in Mitteleuropa nach wie vor viele Firmen, die beständig erfolgreich arbeiten. Diese – meist – mittelständischen Unternehmen widerlegen durch die Art der in ihnen praktizierten Menschenführung die Behauptung vieler Topmanager von Großbetrieben, die von T. J. PETERS und R. H. WATERMAN herausgearbeiteten Kriterien für »Exzellenz« seien nicht so ohne weiteres auf mitteleuropäische Verhältnisse übertragbar.

So gibt es in der Bundesrepublik Deutschland beispielsweise zur Zeit rund zweitausend mittelständische Unternehmen, in denen die Mitarbeiter real am Firmengewinn beteiligt sind. Diese Mitarbeiter identifizieren sich voll mit »ihrer« Firma, machen Verbesserungsvorschläge am laufenden Band, verbummeln keine Zeit mit verlängerten Pausen und vergeuden kein Material – weil jeder Verlust des Betriebs auch ihren persönlichen Ertrag schmälern würde. Die Gewerkschaften bekämpfen solche Beteiligungsmodelle erbittert, weil finanziell am Erfolg ihres Unternehmens beteiligte Arbeiter nur ein höhnisches Lächeln für die Parolen indoktrinierter Betriebsräte übrighaben.

Während jede Regierung in ihrer Regierungserklärung feierlich verspricht, den Mittelstand zu fördern, ist in der Praxis genau das Gegenteil der Fall. So haben laut *Impulse* die deutschen Großunternehmen 1980 sechzehn Milliarden DM an Steuern bezahlt, jedoch achtzehn Milliarden DM vom Staat an »Beihilfen« aller Art kassiert! Mit anderen Worten: Die deutschen Großunternehmen, die nur fünf Prozent der einheimischen wirtschaftlichen Kapazität ausmachen, zahlen nicht eine müde Mark an Steuern. Die mittelständischen Unternehmen hingegen, die die meisten Arbeitsplätze zur Verfügung stellen, ständig Lehrlinge ausbilden und mit Innovationen auf den Markt kommen, die nach erfolgreicher Einführung von einem kapitalträchtigen »Großen« übernommen werden, um damit das »große Geld« zu verdienen – diese mittelständischen Unternehmen werden von den Betriebsprüfern unserer Finanzämter schikaniert und oftmals von den Banken kaputtgemacht.

Der Flick-Skandal, der ja nur *ein* Fall von vielen ist, zeigt auf, warum es in unserer von einer schmierenden Lobby beherrschten »parlamentarischen« Demokratie so läuft, wie es eben läuft. Wir Deutschen haben wirklich keinen Grund, uns über Bakschisch fordernde Orientalen zu mokieren.

Unter den deutschen mittelständischen Unternehmen, den Ein-Mann-Patriarchaten, die es zu Weltgeltung gebracht haben, ragt ein Betrieb wie der Himalaya heraus: der Computerhersteller Nixdorf. Die Journalistin NINA GRUNENBERG, eine blitzgescheite, emanzipierte Frau mit Sachverstand und Einfühlungsvermögen, hat in der *Zeit* vom 10.8.84 einen Artikel veröffentlicht (*Der knorrige Patriarch der Elektronik*), der den Unternehmer und Menschen HEINZ NIXDORF weit besser darstellt als die meisten Berichte in hochkandidelten Fachzeitschriften. Sie schreibt dort unter anderem:

»Zu erzählen ist von einem Technokraten, der sich nicht scheut,

Patriarch zu sein; von einem Unternehmer, der sich nicht durch seinen Gewinn legitimiert fühlt, sondern erst durch die Zahl der Arbeitsplätze, die er damit schafft; von einer genialen Begabung, in der sich ein herausfordernder, mitreißender Führungsstil mit innovativer Autorität verbindet. Sein Technologie-Konzern wuchs durch den Erfolg, den Nixdorf beim Kunden hatte, nicht durch staatliche Unterstützung.«

Ursächlich für Heinz Nixdorfs Erfolg ist laut Frau Grunenberg neben seiner genialen Begabung vor allem seine Menschlichkeit. »Nixdorf besitzt ein Wertsystem und lebt es vor; ein Wertsystem, in dem der Mensch in seiner Würde einen zentralen Platz einnimmt.«

Besonderes Vertrauen setzt der erfolgverwöhnte Unternehmer Nixdorf in eine traditionelle Stütze der deutschen Wirtschaft – den gut ausgebildeten und zuverlässigen Facharbeiter und Meister. Er sieht im Facharbeiter allen Unkenrufen zum Trotz »den Garanten eines soliden technischen Fortschritts«.

Um seine Mitarbeiter »bei Laune« zu halten und sie zu motivieren, zahlt er freiwillig übertarifliche Löhne.

Der zweite Pfeiler von Nixdorfs Erfolg ist die von ihm praktizierte systematische Förderung des handwerklichen Nachwuchses. Zu diesem Zweck stellt sein Unternehmen 1100 Ausbildungsplätze bereit. Seine solide ausgebildeten Lehrlinge belegen »stets die ersten Plätze in den Landeswettbewerben der Industrie- und Handelskammern«. Aus diesem Grund sind seine jungen Mitarbeiter auch »stolz auf ihren Beruf«.

»Die Jugend ist ihm wichtig«, so Frau Grunenberg, »Kinder hat er gern – nicht aus sentimentalen Gründen, höchstens aus vernünftigen: Sie schaffen die Märkte von morgen. Jede verheiratete Firmenangehörige, die ein Kind bekommt, erhält zur Geburt einen Scheck. Alleinstehende Frauen erhalten ihn in doppelter Höhe. Nixdorfs Begründung: Für ledige Mütter seien die Belastungen höher.«

Wenn Sie sich nochmals jene acht Merkmale ins Gedächtnis rufen, die laut T. J. PETERS und R. H. WATERMAN charakteristisch für den in erfolgreichen amerikanischen Unternehmen praktizierten Führungsstil sind, so werden Sie feststellen, daß HEINZ NIXDORF sie allesamt praktiziert. Vor allem hat er ein persönliches Wertsystem, an das er sich gebunden fühlt und das allen seinen Handlungen, ob nun als Privatmensch oder Unternehmer, zugrunde liegt. Er beweist damit unter anderem, daß man auch in unserer Zeit des internationalen Verdrängungswettbewerbs auf anständige Weise erfolgreich Geschäfte machen kann. Dies ist es, was die Mehrzahl unserer Unternehmer und Topmanager noch immer nicht begreift, weil sie es – trotz hoher Intelligenz – nicht begreifen will! In ihrer Selbstherrlichkeit finden es auch heute noch viele bundesdeutsche Führungskräfte völlig überflüssig, ihren eigenen Arbeitsstil auch einmal selbstkritisch unter die Lupe zu nehmen.

Das Hauptproblem unserer typisch deutschen Misere ist der Untertanengeist. Wenn ich als Berater die Verhältnisse in einer Firma analysiere und Einzelgespräche mit den Herren des »gehobenen Mittelmanagements« führe, dann höre ich immer wieder kritische Äußerungen über den oder die »ganz oben«. Und wenn ich zurückfrage: »Warum tun Sie nichts dagegen?«, dann ernte ich ein resigniertes Achselzucken. Keiner möchte sich in ein »schiefes Licht« setzen, als »Querulant« oder als unbequemer Kritiker etikettiert werden – schließlich will man ja noch höherklettern oder mindestens mehr verdienen.

In den Vereinigten Staaten von Amerika ist das offensichtlich anders, wie das folgende Zitat von ROBERT H. WATERMAN (83) belegt:

»Zwei für ihre rückhaltlose Kommunikation bekannte Unternehmen sind Exxon und die Citybank. Bei beiden konnten wir leitende Manager in Aktion erleben. Der Unterschied zwischen ihrem Verhalten und dem ihrer Konkurrenten ist erstaunlich. Sie halten einen kurzen Vortrag, und dann bricht der Tumult los. Die Fragesteller nehmen kein Blatt vor den Mund – der Meinungsaustausch ist völlig frei, und jeder beteiligt sich. Niemand zögert, dem Chairman, dem Präsidenten oder einem Vorstandsmitglied ins Wort zu fallen.«

KAPITEL 5

Das »schwache Geschlecht« in Führungspositionen

Reizwort »Emanzipation«

Wenn es um die Frau im Beruf geht, noch dazu in Führungspositionen, kommen männlicherseits sämtliche Vorurteile hoch, die im christlich-abendländischen Kulturkreis seit mehr als tausend Jahren »gepflegt« werden und wegen ihrer ständigen Wiederholung (= Hypnoseeffekt) aus »höchstem Munde« ihre Wirkung nicht verfehlt haben. So etwa folgende »Tatsachen«:

- Der Mann war vor der Frau da.
- Die Frau ist ein minderwertiger Mann, eine mißlungene Nachbildung des Originals.
- Die Männer sind die Norm, die Frauen die Abweichung.
- Die Frau ist nicht nur eine Abweichung von der Norm, sie ist darüber hinaus auch »minderwertig«.
- Die Frau ist, wenn man sie nicht am kurzen Zügel führt, sexuell unersättlich und deshalb eine Bedrohung für den Mann.
- Die Frau ist dem Mann intellektuell unterlegen, was sich besonders im Bereich der Naturwissenschaften und der Philosophie zeigt.

Es ist nicht meine Absicht, diesen Unsinn neuerlich zu »widerlegen« – das haben andere längst überzeugend getan. Wir wollen uns an dieser Stelle mit der Erläuterung jener Probleme begnügen, die auftauchen, wenn Männer mit Frauen zusammenarbeiten »müssen«.

Männer und Frauen, vor allem aber die Männer, sollten sich deshalb zunächst einmal darüber klarwerden, was »Emanzipation« eigentlich bedeutet. Emanzipation bedeutet – im allgemeinen Sinn des

Wortes – den Versuch eines Menschen, sich aus einem Rollenbild zu befreien, das seinen individuellen Bedürfnissen zuwiderläuft. Dieser Wunsch ist zunächst einmal nichts spezifisch Weibliches.

Wenn man der Meinung ist, daß das alte männliche Rollenbild: immer stark, kühn, erfinderisch und so fort in seiner Einseitigkeit genauso überholt ist wie das weibliche – zart, emotional, anlehnungsbedürftig –, dann kommt man notwendig zu dem Schluß, daß die Emanzipation eine gemeinsame Aufgabe von Mann und Frau ist, eine Aufgabe, die überhaupt nur von Männern und Frauen *gemeinsam* gemeistert werden kann, weil jeder in seinem Kampf um Befreiung *allein* scheitern muß.

Da in ein Arbeitsverhältnis zwischen Mann und Frau immer auch die Sexualität hineinspielt, sollte sich jeder Vorgesetzte – ob männlich oder weiblich – zwei Dinge vor Augen halten:

1. Das sexuelle Privatleben eines weiblichen oder männlichen Mitarbeiters geht keinen Vorgesetzten etwas an; es sei denn, ein Mitarbeiter stört durch sein Verhalten den Betriebsfrieden. Diese Forderung gilt natürlich auch gegenüber Homosexuellen und Lesbierinnen. Sie leiden aufgrund ihres »Andersseins« ohnehin schon genug – da ist jede Diskriminierung durch den Chef fehl am Platz.
2. Männliche Vorgesetzte sollten endlich den arroganten Traum begraben, die ihnen unterstellten Frauen und Mädchen hätten vor allem eine Sehnsucht: nämlich mit ihnen ins Bett zu steigen. Das Gegenteil ist häufig genug der Fall!

Wenn man Emanzipation als den Versuch beider Geschlechter begreift, sich aus anachronistischen Rollenbildern zu befreien, so bedeutet dies nicht nur, daß man sich dem anderen Geschlecht gegenüber tolerant verhalten muß, sondern auch, daß man dem anderen hilft, sich aus einem geschlechtsspezifischen Rollenbild zu befreien, das seine oder ihren Bedürfnissen nicht entspricht und das Selbstwertgefühl des betroffenen Menschen erniedrigt. Ich empfehle deshalb jenen Führungskräften, die für weibliche Mitarbeiter verantwortlich sind, diese Frauen aktiv zu unterstützen, wenn sie versuchen, sich aus ihrer diskriminierenden Situation zu befreien. Was ist nun aber zu tun?

Um wirklich emanzipiert zu sein, müssen sich die Frauen zunächst einmal von ihrer chronischen Neigung zu Gefühlen der Schuld und der Unzulänglichkeit befreien. Mit anderen Worten: Man muß ihnen größere Selbstachtung einflößen, indem man ihr Selbstwertgefühl hebt – anstatt es planmäßig mit Füßen zu treten, wie dies seit Jahrtausenden der Fall gewesen ist.

Aus diesem Grund zahlt ein verantwortungsvoller Unternehmer den Frauen, die in seinem Betrieb arbeiten, auch das gleiche Gehalt für gleiche Leistung. Dies hätte einen doppelten Nutzen: Die Frauen würden sich nicht durch ihren Ehemann »versklavt« fühlen, der der Hauptverdiener der Familie ist. Und: Der Mann hätte nicht irgendwo im Hinterstübchen den Verdacht, daß sich die Frau durch die Heirat vor allem wirtschaftlich absichern wollte.

Das Recht der Entscheidung, Kinder zu haben oder nicht, sollte allein den Frauen zustehen. Männer können überhaupt nicht ermessen, was es heißt, schwanger zu sein, eine Geburt durchzustehen und sich hinterher mindestens fünfzehn Jahre lang um ein Kind sorgen zu müssen. Wie immer sich eine Frau entscheidet – für oder gegen Kinder –, den Preis muß in erster Linie sie bezahlen!

Die ideologisierten und dogmatisierten Abtreibungsgegner beweisen mit ihren Kampagnen nur zweierlei: nämlich, daß sie keine Ahnung von jenen psychologischen Grundgesetzen haben, die das Leben des Menschen beherrschen, und daß sie im Grunde jene »Menschen« verachten, für deren Erhaltung im Uterus sie sich so vehement einsetzen. Denn jeder Mensch sollte das unveräußerliche Recht haben, nicht von einer Mutter geboren zu werden, die ihn nicht haben will. Ungeliebte Kinder erhalten keine Zuwendung und werden als Erwachsene zum großen Teil neurotisch, asozial oder kriminell.

Schließlich müßten wir alle dafür Sorge tragen, daß ledige Mütter auf Ämtern, in Schulen oder im Betrieb nicht diskriminiert werden.

Jede Zusammenarbeit von Mann und Frau unterliegt, sofern beide »normal gepolt« sind, der sexuellen Spannung zwischen den Geschlechtern. Wenn also ein Mann oder eine Frau mit einem »attraktiven« Partner des anderen Geschlechts beruflich zusammenarbeitet, sollte er oder sie diese sexuelle Spannung nicht negieren, sondern als gegeben akzeptieren. Beide Geschlechter sollten indessen, gewissermaßen auf der Grundlage eines stillschweigenden »Contrat social«, sich während der Arbeitszeit so verhalten, als ob diese Spannung nicht da wäre. Dazu gehört, daß beispielsweise Frauen während der Arbeitszeit ihre sexuelle Ausstrahlung nicht durch hautenge Kleidung erhöhen und daß Männer ihren Arbeitskolleginnen nicht Komplimente in dieser Richtung machen.

Die beste Basis für eine gedeihliche Zusammenarbeit, auch zwischen Mitarbeitern verschiedenen Geschlechts, ist die gegenseitige Wertschätzung. Das heißt, man signalisiert dem anderen durch das eigene Verhalten, daß man ihn als die Persönlichkeit, die er ist, toleriert und akzeptiert und daß man nicht versucht, ihn irgendwie »umzumodeln«.

Frauen denken anders

Eines der besten Bücher, das mir bei meiner ständigen Suche nach wissenschaftlich fundierter Literatur über das Verhalten der Geschlechter zueinander in die Hände gefallen ist, stammt von zwei Frauen, die an der Harvard Business School promoviert haben und als freie Unternehmensberaterinnen tätig sind: Dr. MARGARET HENNING und Dr. ANNE JARDIM. Ihre unter dem Titel *Frau und Karriere* (45) erschienene Studie richtet sich zwar vor allem an berufstätige Frauen, sollte jedoch auch von jedem Manager zur Pflichtlektüre erhoben werden.

Die beiden Autorinnen geben in ihrem Buch sehr differenziert Einblick in die geschlechtsspezifischen Erwartungs- und Verhaltensmuster. So entschließen sich beispielsweise Frauen – wenn überhaupt – viel zu spät, Karriere zu machen. Die Entscheidung für langfristiges Weiterkommen im Beruf treffen sie in der Regel erst, wenn sie bereits zehn Jahre berufstätig gewesen sind. Dann ist es für eine geplante Karriere meist zu spät!

Die meisten Frauen sind eher passiv. Sie »lassen die Dinge geschehen« – anstatt zu versuchen, von sich aus »etwas zu bewegen«. Außerdem glauben sie, die individuelle Weiterentwicklung sei der entscheidende Faktor für das berufliche Fortkommen. Infolge dieser

Egozentriertheit versäumen sie, sich für das viel wesentlichere »Drumherum« zu interessieren – also beispielsweise für das inoffizielle System der Beziehungen und Informationskanäle eines Unternehmens. Sie erkennen und akzeptieren nicht die gegenseitigen Loyalitäten und Abhängigkeiten, die erwiesenen und geschuldeten Gefälligkeiten, den gegenseitigen Nutzen, die Protektion – Faktoren, die Männer immer mehr oder weniger einkalkulieren.

Frauen begreifen eine Karriere als persönliches Wachstum, als Selbstverwirklichung, als Befriedigung, als einen Beitrag zum Gemeinwohl oder als die ihnen gemäße Tätigkeit. Männer wollen diese Dinge zweifellos zwar auch – sehen aber primär eine fortschreitende Reihe von Jobs vor sich, wenn sie sich ihre Karriere vorstellen. Für sie ist die Karriere ein Weg, der nach oben führt und Anerkennung und Belohnung impliziert.

Männer beziehen die Arbeiten, die sie verrichten, ausdrücklich auf ihre Vorstellung von der Karriere als Aufstieg, als Weiterkommen. Für sie ist die Arbeit ein Teil der Karriere. Frauen hingegen trennen die beiden Phänomene voneinander: Für sie läuft die Arbeit »hier und jetzt« ab, und eine Karriere ist ein sehr persönliches Ziel, und nur die individuelle Frau ganz allein kann beurteilen, ob sie es erreicht hat.

Ein weiterer Unterschied zwischen den Geschlechtern hinsichtlich ihrer Erwartungshaltung an das Leben besteht darin, daß Männer von Anfang an damit rechnen, daß sie arbeiten werden, um mindestens sich selbst zu ernähren. Im Gegensatz dazu werden nur sehr wenige Frauen im Kindesalter mit dieser Frage konfrontiert. Statt dessen liegt die Betonung bei der Frau auf dem Bedürfnis, jemanden zu finden, der sie ernährt. Der Unterschied in der Denkhaltung, der sich aus diesen unterschiedlichen, schon in der Kindheit geprägten Erwartungen und Ambitionen ergibt, ist enorm.

Auch hinsichtlich des Stellenwertes, den sie der Karriere in ihrem Leben einräumen, gibt es grundlegende Differenzen zwischen den Geschlechtern: Männern fällt es schwer, private Ziele von beruflichen zu trennen. Sie finden unwillkürlich, daß diese von jenen abhängen, und versuchen, sich zwischen beide Arten von Zielen hindurchzulavieren und einen Kompromiß zu finden, wenn ein Konflikt das Gleichgewicht bedroht.

Frauen bemühen sich dagegen aktiv um Trennung. Sie verhalten sich im allgemeinen nach dem Motto: »Mein Privatleben ist etwas völlig anderes als mein Beruf, und so soll es auch sein.«

Im Normalfall treten Männer in eine Firma ein, in der das berufliche Vorankommen der Männer die traditionelle, von der Umwelt sanktionierte Norm ist. Ein aufgeweckter junger Mann ist immer ein »kommender Mann«, und selbst die weniger aufgeweckten müssen durch mangelnde Leistung erst beweisen, daß sie nicht dazugehören. Sie müssen ihr Scheitern unter Beweis stellen.

Für Frauen gilt im großen und ganzen das Gegenteil: Sie haben keinerlei geschlechtsspezifischen Bonus, sondern müssen erst durch ihre Leistung beweisen, daß sie dazugehören, obgleich ihre Umgebung von vornherein annimmt – und dies häufig sehr deutlich kundtut –, daß sie nicht dazugehören. Sie müssen ständig ihren *Erfolg nachweisen.*

Ein weiterer typischer Unterschied in der Haltung der Geschlechter betrifft den Begriff der persönlichen Strategie. Männer definieren ihn als Gewinnen oder Erreichen eines Zieles. Sie stellen sich angesichts neuer Aufgaben stets die Frage: Was liegt für mich drin? Das ist für sie die entscheidende Frage, weil sie die Zukunft ins Spiel bringt. Ein zu einem bestimmten Zeitpunkt möglicher Gewinn könnte – so die männliche Logik – etwas unterminieren, das auf lange Sicht den größeren Vorteil verspricht. Frauen hingegen sind im wesentlichen damit beschäftigt, den geeigneten Weg zur Erreichung eines Zieles zu finden; das zeitliche Element fehlt in ihren Überlegungen. Frauen denken in erster Linie darüber nach, wie sie ein Problem am besten hier und jetzt lösen können – ohne jedoch zu berücksichtigen, wie sich dieser Entschluß auf lange Sicht auswirken könnte.

Jungen lernen schon sehr früh, zum Beispiel beim Fußballspielen, daß man sich in eine Mannschaft integrieren muß – daß man gewinnen und verlieren kann – und daß man einzelne Mannschaftsmitglieder, auch wenn sie charakterlich eher unangenehm sind, braucht; denn man braucht elf Mitspieler! Junge Mädchen hingegen sammeln derartige Erfahrungen in der Regel nicht. Wenn sie Sport treiben, so bevorzugen sie meistens Einzelsportarten wie Reiten oder Tennis. Die meisten jungen Mädchen lernen niemals, was »Mannschaftsgeist« bedeutet; und sie lernen nicht, sich in eine Gruppe zu integrieren und mit Gruppenmitgliedern, die ihnen nicht liegen, dennoch gemeinsam zu siegen!

Die Geschlechter unterscheiden sich aber auch hinsichtlich ihrer Einschätzung von Risiken. Was ist ein Risiko? Für Männer bedeutet ein Risiko Verlust oder Gewinn, Sieg oder Niederlage, Gefahr oder Chance. Frauen dagegen beurteilen ein Risiko grundsätzlich negativ. Für sie bedeutet es von vornherein Verlust, Gefahr, Verwundung, Ruin, Schmerz. Sie gehen ihm aus dem Weg, so gut sie können.

Männer erkennen den Einfluß des Risikos auf die Zukunft: Wenn sie etwas riskieren, so stehen ihr beruflicher Aufstieg, ihr künftiger Gewinn, ihre Beförderung auf dem Spiel. Ein böser Fehler, und die Karriere ist gefährdet. Frauen wiederum beziehen den Einfluß des Risikos auf das, was sie bisher erreicht haben, das heißt, sie fürchten, ihnen könne aufgrund eines Versagens auch das noch genommen werden, was sie sich bisher erkämpft haben.

Wie Frauen Karriere machen

Eine Frau, die in unserer Gesellschaft Karriere machen will, muß auf die meisten der im vorhergehenden als typisch weiblich gekennzeichneten Verhaltens- und Erwartungsmuster verzichten. So stellen MARGARET HENNING und ANNE JARDIM in ihrem Buch *Frau und Karriere* (45), einer Studie über fünfundzwanzig Karrierefrauen, fest, daß diese in den folgenden siebzehn Punkten völlig übereinstimmten:

1. Alle waren das einzige oder älteste Kind.
2. Alle hatten ein sehr gutes Verhältnis zum Vater.
3. Alle Väter bekleideten leitende Posten in der Wirtschaft. Alle Mütter hatten College- oder Universitätsbildung.
4. Alle waren in den Augen ihrer Väter »Mädchen, die viel mehr konnten als gewöhnliche Mädchen«.
5. Alle lernten bereits von ihren Vätern, Risiken nüchtern abzuschätzen und ihren Verstand zu gebrauchen.
6. Alle betrieben mit ihren Vätern Sportarten, bei denen es auf »Gewinnen« ankommt.

7. Alle waren in der Grundschule oder im College Klassenbeste und »soziale Anführerin«.
8. Alle hatten bereits in der Pubertät Schwierigkeiten mit ihren Lehrern, weil sie sich nicht wie »normale« Mädchen verhielten. Sie waren zu »jungenhaft«: energisch, zielstrebig, zu wenig emotional.
9. Bei allen verschlechterte sich während der Pubertät das Verhältnis zur Mutter, weil diese sie in die traditionelle Frauenrolle drängen wollte. Sie warfen ihren Müttern vor, sich dem Vater und gesellschaftlichen Zwängen zu sehr zu unterwerfen.
10. Alle arbeiteten auf dem College hart, entwickelten zielstrebig Pläne, um das Studium rasch und erfolgreich zu beenden, und mieden ablenkende Männerkontakte.
11. Alle beschlossen sehr frühzeitig, ihren Aufstieg auf Gedeih und Verderb in *einem* Unternehmen zu versuchen.
12. Alle sahen ihre Anfangsbeschäftigung nur als erste Sprosse auf der Leiter nach oben. Und alle erkannten sehr schnell, daß ein guter Chef der entscheidende Faktor für den Erfolg ist.
13. Alle spielten – von Anfang an – im Umgang mit den Männern im Unternehmen ihre Rolle als Frau herunter und benutzten fachliche Kompetenz als wichtigste Selbstdefinition.
14. Keine dieser Aufsteigerinnen unterhielt jemals eine sexuelle Beziehung zu Kollegen oder Kunden.
15. Für alle war ihr Chef ein »Vater«, zu dem sie eine gute und beständige Freundschaft entwickelten. Er stützte, förderte und verteidigte sie.
16. Alle bereiteten sich, wenn sie eine bestimmte Arbeit beherrschten, durch abendliche Lektüre oder den Besuch von Abendkursen schon auf die nächsthöhere Stufe vor, so daß sie mit ihrem Chef aufsteigen konnten und sehr rasch das neue Arbeitsgebiet im Griff hatten.
17. Allen gelang es, als sie schließlich Abteilungsleiterinnen waren, die unter ihnen arbeitenden Männer davon zu überzeugen, daß diese in dieser Abteilung etwas lernen und vorankommen könnten. Das Mann-Frau-Problem wurde auch hier »übersehen«.

Die genannten Frauen hatten allerdings ausnahmslos den gleichen Preis für ihren beruflichen Aufstieg zu zahlen:

- Alle hatten seit ihrer Pubertät Schwierigkeiten mit ihrer Geschlechtlichkeit.
- Alle spielten ihre Rolle als Frau herunter – auch vor sich selbst. Sie verdrängten dieses Problem einfach und bewahrten ihr Selbstwertgefühl ausschließlich aufgrund ihrer hervorragenden Leistungen.
- Alle bekamen um das vierzigste Lebensjahr herum einen Schock, als sie vor sich selbst nicht mehr verbergen konnten, daß sie als »Frau« eigentlich nicht gelebt hatten.
- Alle überwanden diesen Schock auf die gleiche Weise: Nach einem »Karriere-Moratorium«, das sie zum Nachdenken nutzten, bekannten sie sich voll zu ihrer Weiblichkeit und änderten ihr Verhalten radikal (fünfzehn heirateten von heute auf morgen ältere Männer).
- Alle gewannen schließlich aus dem mutigen Entschluß, künftig Chef *und* Frau zu sein: Sie verbesserten ihr Verhältnis zu ihren Mitmenschen, lernten, im Team zu arbeiten, delegierten Aufgaben und bekamen so den Kopf frei, ihre weitere Karriere bis hinauf in die Geschäftsleitung zu planen und zu realisieren.

Diese wissenschaftlich gesicherten Erkenntnisse zeigen sehr deutlich das Dilemma der heutigen Frau auf, die zugleich eine gute Geliebte, Ehefrau, Hausfrau, Mutter und erfolgreich im Beruf sein möchte. Diese Problematik kann in den kommenden Jahrzehnten nur dann allmählich verschwinden, wenn der Mann seiner Frau oder Lebenspartnerin hilft, mit dieser Doppelbelastung besser als bisher fertigzuwerden. Nur dann wird es der Frau möglich sein, sich im Sinne einer umfassenden Selbstverwirklichung zu entwickeln.

KAPITEL 6

Entscheidend ist – der Mut zur Wahrheit

Fragen, die jeder sich stellen sollte

Sollten Sie, etwa Mitte Zwanzig, männlichen Geschlechts und gerade im Begriffe sein, die Weichen für den aktivsten Teil Ihres Lebens endgültig zu stellen, dann bringen Sie bitte den Mut auf, folgende Fragen ohne Schönfärberei oder Wunschdenken zu durchdenken:

1. Wollen Sie ein hervorragender Spezialist werden, zum Beispiel als Arzt, Rechtsanwalt oder freiberuflicher Berater – also im Prinzip als »Einzelkämpfer« arbeiten? Oder wollen Sie Karriere machen, indem Sie sich in einem Konzern in eine Spitzenposition vorarbeiten? Oder wollen Sie sich selbständig machen, um als Unternehmer erfolgreich zu sein? Im zweiten Fall müßten Sie vor allem zur Kommunikation fähig sein.
2. Welche Rolle haben Sie in Ihrem Leben Ihrer (zukünftigen) Frau zugedacht? Erwarten Sie, daß Ihre Frau Ihre persönlichen Ambitionen rückhaltlos unterstützt und ihr Leben praktisch dem Ihrigen unterordnet?
3. Wollen Sie eine »Frau von Format« heiraten (oder haben Sie dies bereits getan)? Eine eigenständige Persönlichkeit, die ganz klare Vorstellungen hinsichtlich ihres eigenen Weges zur Selbstverwirklichung hat? Wenn ja – wie wollen Sie dann die unterschiedlichen Zielsetzungen zweier selbstbewußter Menschen »unter einen Hut bringen« – so daß diese private Allianz (mit oder ohne Trauschein) ein Leben lang hält?
4. Haben Sie in Ihrem bisherigen, relativ kurzen »Männerdasein« gelernt, ein zärtlicher Liebhaber zu sein? Können Sie Ihre Gefühle ausdrücken und Ihre Frau im Bett glücklich machen? Oder erwar-

ten Sie von Ihrer Frau, daß sie Ihnen – je nach Bedarf – als raffinierte Geliebte (mit hurenhaftem Einschlag) oder als tröstende »Mutter« zur Verfügung steht, ohne daß Sie ihr Gleichwertiges bieten würden?
5. Wollen Sie mit der »Dame Ihres Herzens« Kinder haben? Sind Sie sich darüber im klaren, daß Kinder ein Recht darauf haben, daß ihnen die Eltern Zeit und Zuwendung widmen? Daß sich Kinder nur dann zu psychisch reifen Menschen entwickeln, wenn sie sich mit ihren Eltern identifizieren können? Und daß die Eltern, auch der Vater, grundsätzlich anwesend sein müssen – und nicht zwei Drittel des Jahres auf Geschäftsreise oder aus welchem Grund immer – abwesend sein sollten?

Falls Sie ein »Mann in den besten Jahren« (mit oder ohne »Midlife-crisis«) sind – inwieweit haben Sie die gerade aufgezeigten Probleme erfolgreich gelöst? Falls Sie sich wie die Mehrzahl der Männer nur irgendwie »durchgewurstelt« haben und eine »normale« Durchschnittsehe führen – wäre es nicht vielleicht immer noch möglich, in Ihrem Leben gewisse Veränderungen vorzunehmen? Schließlich haben Sie ja – statistisch gesehen – noch etwa ein Vierteljahrhundert zu leben. Würde es sich da nicht vielleicht für Sie doch noch lohnen, einen neuen Anfang zu machen, statt sich nach einer jüngeren Geliebten umzusehen, weil Ihre Frau Sie »nicht versteht«?

Sollten Sie eine Frau von Anfang bis Mitte Zwanzig sein und eine Entscheidung hinsichtlich der aktivsten Jahre Ihres Lebens vorbereiten, so sollten Sie die folgenden Fragen ehrlich durchdenken und sich beantworten:

1. Wollen Sie in unserer Männergesellschaft den »normalen« Weg einer Frau gehen – sich einen netten Mann suchen, Kinder zur Welt bringen und den Haushalt versorgen? Und alles nach Möglichkeit mit einem Akademiker in »gehobenen« Verhältnissen? Wenn ja, dann tun Sie das – Sie brauchen sich deshalb gegenüber niemandem zu rechtfertigen!
2. Oder wollen Sie aus Ihrer Intelligenz und vielseitigen Begabung etwas machen – vielleicht gar eine Karriere?
3. Sind Sie sich darüber im klaren, welchen Preis Sie für die Karriere

in einer Männergesellschaft bezahlen müssen? Daß eine Karriere die Entfaltung Ihrer Weiblichkeit erheblich behindern könnte? Daß Sie möglicherweise eines Tages, wenn Sie bereits »Managerin« sind, jede »kleine« Schreibdame beneiden, die mit tiefen Ringen unter den Augen ins Büro kommt und durch ihr ganzes Verhalten signalisiert, daß sie wieder eine »erfolgreiche« Nacht hinter sich hat? Oder daß Sie möglicherweise irgendwann einen Neidkomplex gegenüber jeder jungen Mutter entwickeln, weil Sie nie ein Kind zur Welt gebracht haben und deshalb nie zu einer »richtigen Frau« geworden sind?

Nach dem bisher Gesagten kann man junge Frauen nur nachdrücklich davor warnen, sich auf die Doppelbelastung Haushalt plus Berufstätigkeit einzulassen. Die meisten Staaten fördern ein derartiges Verhalten natürlich; neuerdings ist in der Bundesrepublik Deutschland eine Erhöhung des Kindergeldes und eine Verlängerung des Mutterschutzes geplant: weil es schon in naher Zukunft an Beitragszahlern für die Rentenkassen und an Soldaten mangeln wird.

Auch die meisten Ehemänner bejahen die Berufstätigkeit ihrer Frau, weil sie sich sonst das Eigenheim oder das »standesgemäße« Auto nicht leisten könnten. In Wirklichkeit stellt die Berufstätigkeit einer Frau mit Kindern für diese eine immense Belastung dar! Das Ergebnis ist häufig: Die betroffenen Frauen sind mit fünfundvierzig Jahren verbraucht. Sie sehen älter aus, als sie sind; alle möglichen Krankheiten, die jahrelang unterdrückt wurden, werden endgültig manifest. Viele dieser Frauen versuchen, durch übertrieben jugendliche Kleidung und zentimeterdickes Make-up ihre vorzeitigen Alterserscheinungen zu verwischen. Der Mann sucht sich oft eine jüngere Geliebte, weil die überarbeitete Frau natürlich keine ideale Liebespartnerin sein kann! Im übrigen kann er sich dank der jahrzehntelangen Mitarbeit seiner Frau jetzt auch finanziell eine Freundin leisten.

Die Kinder kommen in solchen Ehen auf jeden Fall zu kurz, weil eine ständig übermüdete Mutter, die abends noch den Haushalt versorgen muß, weder die Zeit noch die Kraft hat, sich ihren Kindern und deren Problemen zu widmen. Dann treiben sich die vierzehnjährigen Töchter bereits halbe Nächte draußen herum, und die hoffnungsvollen Sprößlinge geraten unter den Einfluß verschiedenster »Randgruppen«. Aber nur, weil sie zu Hause keine »Nestwärme« finden.

Es gehört zu meinen deprimierendsten Lebenserfahrungen, daß die meisten Menschen, auch wenn sie intelligent sind, dem Denken aus dem Wege gehen, als ob es geradezu gefährlich sei. Was diese Menschen in der Tat (unbewußt) fürchten, sind die Konsequenzen, die sich aus ehrlichem Nachdenken für ihre persönliche Situation ergeben. Denn wer sich beispielsweise, ob nun als Mann oder als Frau, die oben angeführten Punkte vornimmt und sich ehrlich mit diesen Fragen auseinandersetzt – der müßte eigentlich anschließend auch eine Entscheidung treffen! Und da solche Entscheidungen häufig weh tun, weil alles im Leben seinen Preis hat und man eben immer auf bestimmte Dinge verzichten muß, um andere zu erreichen – unterlassen viele Menschen das Nachdenken lieber gleich und begeben sich mit Hilfe der Massenmedien in eine »heile Welt«. Wozu sich Gedanken über das eigene Schicksal machen, wo doch Millionen Menschen sich auch so »durchwursteln« und dabei »glücklich« sind?

Dieses Buch, das Sie vielleicht per Zufall in die Hand bekommen haben, ist nicht auf Massenwirkung angelegt. Wer es jedoch bis hierher gelesen und noch nicht empört beiseite gelegt hat, der gehört ohne Zweifel zur Elite; ganz einfach deshalb, weil er sich den brennenden Fragen des Mensch-Seins stellt. Und Sie werden dieses Buch, wenn Sie es bis zum Ende durchgearbeitet haben, kaum aus der Hand legen können, ohne anschließend in Ihrem Leben bestimmte Änderungen vorzunehmen. Und das ist schließlich der Sinn meiner Arbeit.

Die »Aufstiegsneurose« – oder der Preis des Erfolgs

Karrierestreben, das ja im Prinzip gesund ist, kann natürlich auch ausarten. Im angelsächsischen Sprachbereich spricht man deshalb heute gerne von den »Workoholics« – das sind Menschen, die nach Arbeit genauso süchtig sind wie andere nach Alkohol. Seit etwa fünfzehn Jahren gibt es eine neue seelische Krankheit, unter der eine zunehmende Zahl von Managern leidet, die »Aufstiegsneurose«. HORST-EBERHARD RICHTER hat sie in seinem Buch *Lernziel Solidarität* (90) detailliert beschrieben. Von diesem seelischen Leiden werden nur erfolgreiche Führungskräfte um das fünfzigste Lebensjahr herum heimgesucht. Wie manifestiert sich nun aber diese Neurose?

Die von dieser Störung Betroffenen werden plötzlich entscheidungsschwach und schieben jeden Entschluß endlos vor sich her – obwohl sie in der Vergangenheit stolz darauf waren, »schnelle Entscheider« zu sein. Viele von ihnen werden launisch und kommen mit ihrer Umgebung nicht mehr zurecht, das heißt, ihre Kommunikationsfähigkeit läßt rapide nach. Sie entwickeln Phobien, beispielsweise eine Angst vor dem Fliegen – obwohl sie in ihrem Arbeitsleben schon geschäftlich um den ganzen Globus gejettet sind. Andere fangen exzessiv zu trinken an. Manche fahren nach Büroschluß nicht nach Hause, sondern suchen zunächst einmal ihre »Stammbar« in einem First-Class-Hotel auf, um dort ihre Frustration in Alkohol zu ertränken.

Natürlich haben Wissenschaftler die »Aufstiegsneurose« mittlerweile sorgfältig analysiert. Eine ihrer Hauptursachen ist ein übermäßig autoritärer Vater. Wenn ein Junge unter einem autoritären Vater zu leiden hat, dann gibt es nur zwei mögliche Reaktionen: Wenn der Junge ein schwaches Energiepotential hat, dann »bricht ihm der Alte das Kreuz«. Ein solcher Junge wird ein überangepaßter »Jawohl-Sager«. Und er sucht sich auch später autoritäre Chefs, weil er eine solche Behandlung braucht.

Unter der Voraussetzung des notwendigen Energiepotentials besteht nun die zweite Möglichkeit eines derart unterdrückten Jungen in der Trotzreaktion »Dir werd' ich's zeigen!«. Ein solcher Junge verläßt daher so früh wie möglich das verhaßte Elternhaus und tritt den »Marsch an die Spitze« an. Entweder arbeitet er sich in einem Konzern nach oben, oder aber er macht sich selbständig und wird ein erfolgreicher Unternehmer. Und eines Tages, so zwischen fünfundvierzig und fünfzig, hat er es dann geschafft. Er kann beruflich nicht mehr höhersteigen. Jetzt hat er seinem Vater bewiesen, wie tüchtig er ist. Oft ist der Vater zu diesem Zeitpunkt jedoch schon lange gestorben.

Aber gerade jetzt, da das Ziel erreicht ist, wird das Leben sinnlos und schal. Der eigene Tod rückt ins Visier. Die Ehe ist meistens kaputt, die Kinder sind aus dem Haus und Freunde hat ein solcher »Erfolgsmensch« meist auch keine. Nun steht er da, ein armes isoliertes Häufchen Elend, und weiß mit sich und dem Leben nichts mehr anzufangen.

Es gibt diverse weitere Gründe, warum ein Mann so unerbittlich nach dem Erfolg strebt. Doch alle haben einen gemeinsamen Nenner, und zwar einen ausgewachsenen Minderwertigkeitskomplex!

Zuweilen erfährt man vom Tod eines natürlich völlig unerwartet an einem Herzinfarkt verstorbenen Unternehmers, der nicht älter als fünfzig Jahre geworden ist. In zahlreichen Nachrufen wird dann nicht nur seine rastlose Tätigkeit in zahlreichen Verbänden erwähnt, sondern auch die Tatsache, daß seine Frau mit ihm zusammen den Betrieb aufgebaut und ihr Leben restlos dem ihres Mannes untergeordnet hat. Was in den Nachrufen nicht erwähnt wird, ist zum Beispiel die allen Eingeweihten bekannte Tatsache, daß sich der einzige Sohn dieses erfolgreichen Unternehmerehepaares mit siebzehn Jahren umgebracht hat, nachdem er schon immer »verhaltensauffällig« gewesen war.

Den Preis für eine exzessive Karriere bezahlt nicht nur der »betroffene Erfolgreiche« selbst, etwa in Form menschlicher Isolation, sondern immer auch die ganze Familie. Und deshalb kann ich nur wieder auf die Mahnung des HORAZ verweisen:

»... und berücksichtige das Ende!«

Zusammenfassung

Wir leben in einer Welt, die wir uns nicht aussuchen konnten. Deshalb hat es keinen Sinn, über die Zustände auf diesem Planeten zu jammern. Es ist viel klüger, diese Welt so zu akzeptieren, wie sie ist – als »die beste aller Welten«.

Nach dem Zeugnis vieler großer Philosophen, Religionsstifter und Mystiker der Vergangenheit und Gegenwart bewegt sich die Menschheit im Zuge der Evolution durch die Äonen auf einen Punkt der höchstmöglichen Entwicklung hin, den TEILHARD DE CHARDIN in seinem Buch *Der Mensch im Kosmos* (115) den »Punkt Omega« genannt hat. Wenn diese Annahme richtig ist, dann bedeutet »leben« nichts anders als ständige Weiterentwicklung. Diese kategorische Pflicht zur Weiterentwicklung im Sinne von Selbstverwirklichung und Selbstentfaltung müßte deshalb das Kernstück des persönlichen Wertsystems jedes denkenden Menschen sein.

Wir Menschen in den Ländern Zentraleuropas leben (noch) in einer der technisch und wirtschaftlich am weitesten fortgeschrittenen Regionen der Welt. Wenn wir den hohen Lebensstandard, auf den wir so stolz sind, einschließlich der bei uns üblichen beispiellosen Sozialleistungen, aufrechterhalten wollen, sind wir alle zum beruflichen Erfolg »verdammt«. Selbst wenn wir uns entschließen würden, nach dem Motto »small is beautiful« unsere Ansprüche freiwillig zurückzuschrauben, bliebe uns immer noch genug zu tun.

Jeder von uns, soweit er nicht zu den »Aussteigern« gehört, hat also eine doppelte Verpflichtung zur Leistung: sich selbst und der Gemeinschaft gegenüber, deren Teil er ist.

Im übrigen steht jeder Mensch – frei nach GOETHE – vor der »Gretchenfrage«, ob er Hammer oder Amboß sein will.

Ohne Zweifel gehört die Mehrzahl der Menschen zu den »Lauen«, die sich treiben lassen und keinerlei Initiative entwickeln, die über die Befriedigung ihrer Grundbedürfnisse hinausführt. Essen, Trinken, Schlafen unter einem (möglichst eigenen) schützenden Dach und einen willfährigen Sexualpartner – mehr wünschen sich die meisten Menschen nicht. Und einen möglichst hohen Status natürlich, damit das Selbstwertgefühl nicht in den Keller rutscht. Aber Status kann man sich ja in unserer geldorientierten Gesellschaft kaufen: ein eigenes Haus und ein »standesgemäßes« Auto nebst den Urlaubsgrüßen von den Bermudas – was will der Mensch mehr? Die psychologisch ausgefeilten Werbekampagnen und Regierungsprogramme à la »heile Welt« erleichtern es dem »Otto Normalverbraucher« ungemein, nicht darüber nachdenken zu müssen, was er wirklich will. O selig, o selig, ein Amboß zu sein.

Nun gibt es noch jene Elite, deren Anteil an der Bevölkerung maximal fünf Prozent ausmacht, die versucht, ihr Leben in die eigenen Hände zu nehmen und die Entwicklung der Gesellschaft mitzugestalten. Sie spielt jedoch keine ihr angemessene Rolle, da in den meisten parlamentarischen Demokratien Entscheidungen von unqualifizierten Mehrheiten getroffen werden, und zwar immer gerade im Sinne jener Lobby, die erfolgreich hinter den Kulissen agiert, lange bevor ein Gesetzentwurf den »Volksvertretern« zur Abstimmung vorgelegt wird.

Es sei nicht übersehen oder gar bestritten, daß neue Ideen, wenn sie erst einmal in die Welt gesetzt sind, auch Wirkungen erzielen, nämlich Bewußtseinsveränderungen. Nehmen wir als Beispiel den Umweltschutz. Vor zehn Jahren war dieses Thema in den Ländern Mitteleuropas noch nicht einmal gesellschaftsfähig. Dann traten beispielsweise in der Bundesrepublik Deutschland »Stänkerer« vom Schlage eines HORST STERN, gefolgt von den »Grünen«, auf – und plötzlich redet alle Welt vom Umweltschutz. Auch die derzeitige bundesdeutsche Regierung natürlich – was sie aber nicht daran hindert, das Problem der Abgas-Katalysatoren für Autos bis 1995 zu vertagen und das Kraftwerk Buschhaus, die »Dreckschleuder der Nation«, ohne Filter in Betrieb zu nehmen. Das wird natürlich Folgen für die nächsten Wahlen haben; und ich bezweifle, ob sich die bundesdeutschen konservativen und »liberalen« Politiker dieses »Pyrrhussieges« in einigen Jahren noch so erfreuen werden wie im Augenblick.

Wenn man jedoch andererseits berücksichtigt, daß sich unser Planet mit allem, was darauf fleucht und kreucht, in Milliarden von Jahren entwickelt hat und daß mit hoher Wahrscheinlichkeit noch einige Milliarden Jahre zur Fortentwicklung zur Verfügung stehen – haben wir keinen Grund, über manche uns zu langsam erscheinende Entwicklung zu klagen. Weder die Ideen der Französischen Revolution noch des Marxismus waren letztlich an ihrer weltweiten Verbreitung zu hindern; und so wird es auch jenen »neuen« Ideen gehen, die augenblicklich beispielsweise durch die New-Age-Bewegung verbreitet werden. Insofern sind die Denkanstrengungen der Elite doch nicht vergebens.

Wer sich entschließt, »Hammer« zu sein, muß sich wiederum zwischen dem Weg der »Selbstverwirklichung« oder dem Bemühen um »Selbstentfaltung« entscheiden. Wenngleich diese beiden Wege sich nicht grundsätzlich gegenseitig ausschließen mögen, so stehen sie doch für zwei verschiedene Haltungen dem Leben gegenüber, die dennoch beide die Gestaltung des eigenen Lebens in den Vordergrund rücken. »Selbstverwirklichung« zielt dabei jedoch primär auf die Gestaltung der »äußeren Welt«, wogegen »Selbstentfaltung« das Hauptgewicht auf die Gestaltung der inneren Welt des Subjektes legt.

Für welchen dieser beiden Wege sich der einzelne aber auch entscheiden mag, immer muß er sich zuerst in einer ehrlichen Selbstanalyse Rechenschaft über die Frage ablegen: »Wer bin ich?«

Auf den Begriff der »Selbstentfaltung« werden wir im dritten Teil dieses Buches noch ausführlich zu sprechen kommen. Zunächst wollen wir jedoch klären, was wir unter »Selbstverwirklichung« zu verstehen haben. ABRAHAM H. MASLOW bezeichnet mit diesem Begriff die Verwirklichung des inneren Potentials des einzelnen Menschen.

Wer sich entschlossen hat, sein Schicksal selbst in die Hand zu nehmen, hat in unserer Industriegesellschaft wiederum zwei Alternativen: Er kann sich zum »Spezialisten« entwickeln, also zum »Einzelkämpfer« ohne Führungsfunktion, oder aber er entschließt sich zur Managerlaufbahn, dann muß er in erster Linie kommunikationsfähig sein. Die Fähigkeit, mit Menschen umzugehen, ist in der heutigen Zeit für eine Führungspersönlichkeit absolut unerläßlich.

Wenn man die Biographien erfolgreicher Männer und Frauen aller Zeiten studiert, kommt man zu der Erkenntnis, daß *alle* Erfolgreichen – bewußt oder unbewußt – nach dem gleichen »Rezept« verfahren sind. Es gibt also ein »Erfolgsrezept«, das *immer* funktioniert, wenn man sich nur konsequent daran hält! Hier ist es nochmals kurz zusammengefaßt:

1. Entscheiden Sie sich für ein *Wertsystem*, das für Ihr gesamtes Handeln verbindlich sein soll.
2. Erstellen Sie eine ehrliche *Selbstanalyse*.
3. Setzen Sie sich ein *Ziel* im Rahmen Ihrer Stärken.
4. Vergegenwärtigen Sie sich täglich durch *Autosuggestion* das bereits erreichte Ziel.
5. *Arbeiten* Sie wie besessen.

Nun haben die psychologischen Forschungsergebnisse der jüngsten Zeit ganz klar ergeben: Wer kein Dominanzstreben hat, das heißt, wem das innere Bedürfnis, andere nach seinem Willen zu lenken, fehlt – sollte die Finger von Führungspositionen lassen, wenigstens von solchen, deren erfolgreiche Ausübung in Zahlen zu kontrollieren ist. Das Dominanzstreben entwickelt sich bereits in der Kindheit und Jugend. Wer es bei Abschluß der Pubertät nicht aufweist, erwirbt es auch später nicht mehr – auch nicht mit Hilfe sogenannter Managementseminare.

Wie die amerikanischen Autoren T. J. PETERS und R. H. WATERMAN in ihrem Buch *Auf der Suche nach Spitzenleistungen* nachgewiesen haben, spielt das in einem Unternehmen praktizierte Wertsystem, also die »Firmenphilosophie«, die für den Erfolg ausschlaggebende Rolle überhaupt. Daher raten diese beiden Fachleute allen Führungskräften, ihre Mitarbeiter wie erwachsene Menschen zu behandeln und ihnen die Möglichkeit zu geben, ihre Arbeit als sinnvoll und als dem Erfolg des Ganzen zuträglich zu erleben.

In diesem Verständnis ist eine Führungskraft zunächst einmal in erster Linie Motivator und Erzieher, der das Wertsystem des Unternehmens *vorlebt* und dadurch durchschnittliche Mitarbeiter zu überdurchschnittlichen Leistungen motiviert. Mit anderen Worten: Auch in unserer technisierten und rationalisierten Leistungsgesellschaft spielen die menschlichen Qualitäten einer Führungspersönlichkeit nach wie vor eine ausschlaggebende Rolle. Um diese Erkenntnis drücken sich jedoch viele Führungskräfte, vor allem im deutschen Topmanagement, herum – obwohl sie alle lautstark den Bestseller von Peters und Waterman preisen. Wie gesagt: Nichts als Lippenbekenntnisse!

Das »schwache« Geschlecht, das ja zahlenmäßig in der Übermacht ist, »macht sich neuerdings immer mehr in Führungspositionen breit« – eine Tatsache, die konservativen Managern schwer im Magen liegt. Seit der Verbreitung des *Alten Testaments* mit seinem zürnenden Erzvater JAHWE hielten sich die Männer in unserer patriarchalischen Gesellschaft für Gottes legitime Stellvertreter auf Erden und wiesen das »minderwertige« Weib in seine Schranken. Da aber heute nichts mehr so ist, wie es in den »guten alten Zeiten« einmal war, werden auch die »Weiber« immer aufmüpfiger. Das Geschrei der »Emanzen« konnte »Mann« ja noch als »hysterisch« abtun, aber neuerdings ziehen die Frauen mit einer Waffe ins Feld, die angeblich nur die »Herren der Schöpfung« meisterhaft beherrschen: mit Spitzenleistungen in Führungspositionen! Einfach unglaublich, was sich manche Frauen herausnehmen.

Da Frauen und Männer in unserer Industriegesellschaft nun einmal zusammenarbeiten müssen, wäre es an der Zeit, das Problem der »Emanzipation« endlich ernsthaft anzugehen, statt es wie bisher zu verdrängen. »Emanzipation« bedeutet, und zwar für beide Geschlechter, die Befreiung aus anachronistischen Rollenbildern, die den individuellen Bedürfnissen zuwiderlaufen. Das ist indessen eine Aufgabe, die nur von Mann und Frau *gemeinsam* bewältigt werden kann.

Unter dem Druck des Rollenbilds der Frau, das ihr eine persönliche Selbstverwirklichung stets versagt hat, waren die Frauen in der Vergangenheit gezwungen, sich eine »typisch« weibliche Art zu denken anzugewöhnen. Es ist deshalb für einen Mann, der mit Frauen zusammenarbeitet, notwendig, sich einmal über diese Unterschiede im Denken zu informieren – und sie als gegeben zu akzeptieren.

Wo immer Männer und Frauen, die »normal gepolt« sind, zusammenarbeiten, macht sich die sexuelle Spannung bemerkbar, die nun einmal naturgegeben ist. Man sollte sie nicht leugnen – aber auch nicht »anheizen«. Die beste Basis einer gedeihlichen Zusammenarbeit ist deshalb die gegenseitige Wertschätzung.

Wenn Frauen erfolgreich Karriere machen und bis in das höhere Management aufsteigen, zahlen sie dafür im allgemeinen einen hohen Preis: sie sind gezwungen, ihre Weiblichkeit zu verdrängen. Keine

Frau kann erfolgreiche Managerin sein und zugleich »Weib«. Deshalb sollte sich eine Frau gut überlegen, ob sie diesen Preis zu bezahlen bereit ist, bevor sie sich auf den Weg zum Gipfel macht.

Frauen, die eine Doppelrolle als Hausfrau (mit Kindern) und Berufstätige wirklich ausfüllen, sind – auf Kosten ihrer Gesundheit und Lebensfreude – völlig überlastet. Wenn ein Ehepaar entscheidet, daß beide Partner arbeiten gehen, dann hat der Mann einen Teil der häuslichen Aufgaben mit zu übernehmen! Im übrigen sollten Ehepaare stets überlegen, inwieweit die Kinder zu kurz kommen, wenn beide Partner arbeiten. Wieviel Zeit bleibt den Eltern unter solchen Umständen noch für die Kinder? Verfügen sie abends noch über die nötige Kraft, sich der Probleme der Kinder wirklich anzunehmen?

Ein weiteres Problem entsteht bei Doppelverdienern in der Regel im ehelichen Zusammenleben. Wieviel Zeit und Lust bleibt noch für die »Liebe« und das Gespräch? Kann ein Mann von einer Frau, die einen Zwölf- bis Vierzehnstundentag hinter sich hat, noch hingebungsvolle Zärtlichkeit erwarten? Hat er selbst überhaupt gelernt, ein zärtlicher Liebhaber zu sein? Oder fordert er nur »routinemäßig« den »Vollzug« und meckert hinterher noch, wenn die erschöpfte Frau keinen Höhepunkt erreicht?

Den meisten Menschen fehlt der Mut zur Wahrheit – zur Wahrheit sich selbst gegenüber. Wer über die bisher angesprochenen Probleme ehrlich nachdenkt, der muß zu der Einsicht kommen, daß man nicht alles im Leben haben kann. Alles hat seinen Preis, und Dinge, die man erreicht, sind immer mit dem Verzicht auf andere Dinge erkauft worden, die man auch gerne gehabt hätte. Prioritäten zu setzen und zu erkennen, worauf man verzichten muß – darin zeigt sich die psychische Reife eines Menschen. Und alle, die von der »Aufstiegsneurose« oder vom frühzeitigen Herzinfarkt heimgesucht werden, haben diese psychische Reife nicht erlangt, obwohl sie – im Sinne unserer Leistungsgesellschaft – sehr »erfolgreich« sein mögen. Und keiner dieser »Erfolgsmenschen« hat erkannt, daß es zu einem Karriere-Leben auch eine Alternative gibt, nämlich das sinnvolle Leben eines »psychologisch Erfolgreichen«. Mit dieser Perspektive werden wir uns nun im folgenden befassen.

Zweiter Teil: Der Homo quaerens – oder der Mensch auf der Suche nach dem Sinn des Lebens

»Strebe zuerst nach Erkenntnis
und dann nach Wohlstand.«
WEDEN

KAPITEL 7

An der Schwelle des Wassermannzeitalters

Der große Sonnenrhythmus

Es ist allenthalben davon die Rede, daß wir uns in einer Zeitenwende befinden und vom Fischezeitalter in das des Wassermanns hinüberwechselns. Da wir als Laien über diese Dinge jedoch nur vage informiert sind, wollen wir einen Fachmann zu Rate ziehen. In seinem Buch *Durchbruch zur Zukunft* (94) schreibt der bekannte Astrologe ALFONS ROSENBERG über die uns hier interessierende Frage:

»Der Frühlingspunkt, der Schnittpunkt von Äquator und Ekliptik, der Ort des Tierkreises, in dem die Sonne am 20. März, dem Frühlingsanfang steht, verschiebt sich durch die ständig kreiselnde Bewegung der Erdachse und rückt so im Laufe von 2100 Jahren jeweils in ein neues Tierkreiszeichen ein. Indem der Frühlingspunkt, rückläufig durch die scheinbare Sonnenbahn des Tierkreises wandernd, innerhalb von etwa 25 200 Jahren durch die 360 Grade des Tierkreises eine große Kreisbewegung vollzieht, weist die kreiselnde Erdachse gleich einem Uhrzeiger etwa alle 2100 Jahre auf ein anderes Tierkreiszeichen. Und weil sich Ekliptik und Himmelsäquator durch diese Bewegung ständig gegeneinander verschieben, bedarf es eines Zeitraumes von 25 200 Jahren, ehe der Frühlingspunkt die zwölf Tierkreiszeichen durchwandert und wieder seinen Ausgangspunkt erreicht hat. Diese 25 200 Jahre, das große oder auch das platonische Jahr genannt, werden durch die Zwölfheit der Tierkreisbilder in 12 »kleine Weltjahre« von 2100 Jahren und jedes von diesen wiederum durch die Zwölfzahl in Weltmonate von je etwa 175 Jahren unterteilt.«

An anderer Stelle sagt derselbe Autor über die innere Bedeutung der verschiedenen Weltzeitalter:

»Jede Weltperiode weist ähnliche Strukturen auf wie die vorhergehenden und nachfolgenden – allerdings mit dem entscheidenden Unterschied, daß sich in jeder Periode zusätzlich ein anderes geistiges Prinzip auswirkt, alles durchdringend und färbend, dessen Substanz und Eigenart gesetzmäßig durch eines der Tierkreiszeichen zu umschreiben ist.«

Die uranische Weltwende

ALFONS ROSENBERG und anderen seriösen Astrologen zufolge leben wir in der Übergangszeit vom Zeitalter der Fische zu dem des Wassermanns. Diese Übergangszeit – die sogenannte Endtriade – besteht immer aus drei unter den Zeichen Zwillinge, Widder und Stier stehenden Weltmonaten. Die Entriade des Fischezeitalters dauerte von 1425 bis 1950 n. Chr.

Die unter den drei erwähnten Frühlingszeichen »wirksamen Lebensimpulse zielen auf Festsetzung in der Sinnenwelt, auf deren Genuß und rationale Bewältigung. In der ersten Phase der Endtriade oder der ›Neuzeit‹, der Renaissance, unter dem Vorzeichen der Zwillinge (1425–1600) ergriff der Mensch mit seinem forschenden und rechnenden Verstand die Welt und ihre Erscheinungen. Im mittleren Teil der Endperiode, unter dem Vorzeichen des Stieres (1600–1775), der Barockzeit, wird die Welt als Objekt des Genusses betrachtet ... In der Periode unter dem Vorzeichen des Widders (1775–1950) wird der Einfluß der Tradition zurückgedrängt, nur die Gegenwart, die Pioniertat gilt; in rücksichtslosem Egoismus wird die Welt ausgenutzt und der Fortschritt in Permanenz erklärt. Das Schöpferische tritt vor allem glanzvoll hervor im Bereich von Wissenschaft und Technik – Mobilisierung aller Möglichkeiten ist die Tendenz dieses letzten Weltmonats des Fischezeitalters«, so der bereits zitierte A. Rosenberg.

Das Ende einer solchen Übergangszeit ist durch eine »Säkularisierung nicht nur der Religion, sondern aller Kulturwerte« charakterisiert. Was »mit einer Folge hochgestimmter Reformationen und Renaissancen als Erneuerungsbewegung« begonnen hat, endet »nach dem Ausfluten der entbundenen schöpferischen Kräfte im Skeptizismus, Nihilismus, Materialismus, in Menschenverachtung und -vergewaltigung«.

Man mag als skeptischer, rationalistischer und »aufgeklärter« Mensch zur Astrologie stehen wie man will – es ist doch wohl nicht zu bestreiten, daß A. Rosenberg mit seiner astrologischen Deutung die Zustände unserer Gegenwart bestürzend exakt beschrieben hat. Die heutige Kunst- und Kulturszene liefert in ihren »Schöpfungen« doch – gleichsam repräsentativ – beständig den Beweis für die Richtigkeit seiner bestechend scharfsichtigen Analyse. Alles, was uns in der »guten alten Zeit« an der Kunst begeisterte: die Schönheit, die ästhetische Ausgewogenheit, die Harmonie, der unterschwellige Bezug zum Schicksalhaften oder Göttlichen – dies alles ist doch aus der heutigen »Kunst« verschwunden! Da werden untalentierte Menschen zu »Stars« gemacht und von Millionen maßstabslosen jungen Leuten bejubelt. Da werden stumpfsinnige TV-Serien wie »Dallas« oder »Denver« von Abermillionen geradezu fiebernd konsumiert; Sendungen, die weder einen künstlerischen noch einen moralischen Wert besitzen, im Gegenteil: In diesen Machwerken wird nichts weiter als die brutale Profitgier unserer kapitalistischen Gesellschaft verherrlicht. Und der jeweilige »Sieger« der einzelnen Episoden, meistens der hinterhältigste Bösewicht, häuft nicht nur den größten Reichtum an, sondern wird auch noch von gutgewachsenen Frauen verwöhnt – echt patriarchalisch! Dem erfolgreichsten Mann die schönsten Frauen! Unter solchen Umständen ist es nicht verwunderlich, daß nur fünf Prozent der bundesdeutschen Bevölkerung Bücher kaufen und lesen.

Wie wir also sehen, bringt uns das Ende des Fischezeitalters nicht nur eine Umwertung, sondern sogar eine Zertrümmerung aller Werte, die etwa 2100 Jahre lang für die Menschheit verbindlich waren. Im Augenblick, seit etwa 1950, erleben wir den Beginn des ersten Wassermannweltzeitmonats von 175 Jahren Dauer. Neue Tendenzen zeichnen sich ab und brechen sich gewaltsam Bahn. Welche generellen Entwicklungslinien lassen sich nun jedoch für das Wassermannzeitalter vorausahnen? Wiederum in Anlehnung an A. Rosenberg möchte ich darauf eine Antwort versuchen.

Im Zeichen des Wassermanns

Wir leben am Anfang eines Zeitalters kosmischer Expansion des Menschen. ALFONS ROSENBERG kennzeichnet die Lage so: »Eine unbändige, den Tod nicht fürchtende Abenteuerlust macht den Menschen zum Bürger einer größeren, wenn auch nicht besseren Welt.«

»Klimatisch« entspricht das Wassermannzeitalter dem Winter: »Eine helle, kühle Atmosphäre ist vorherrschend, in der die Strebungen weniger auf das Sinnliche als auf das Geistige gerichtet sind.« Die vorherrschende Stimmung des Wassermannzeitalters unterscheidet sich grundlegend von der gefühlsbetonten, gelegentlich gar sentimentalen Grundhaltung des Fischezeitalters.

»Im Wassermannzeitalter wird der nicht mehr auf ein eindeutiges irdisches Ziel gesammelte Blick nach allen Richtungen hin frei und die Konzentrierung auf die Mitte aufgelöst. In dieser Lebenssituation vermag sich der Mensch nach jeder Richtung hin zu bewegen; aber keine ist mehr die einzig mögliche und notwendige.«

Infolge seiner angeblichen Autonomie wird der Mensch der Zukunft als »souveränes« Geistwesen seinen Leib und alles Organische nur noch funktional betrachten – sei es als Instrument zur beliebigen Hervorbringung von Lust oder auch Leistung.

Diese Abwendung vom Organischen und die damit verbundene Maßstablosigkeit werden »zu einem ungeheuerlichen Verlust der Schönheit auf der ganzen Erde führen. Wenn aber die Verehrung und die Beschwörung der Schönheit enden wird, so wird ein Kult des Häßlichen, wie er sich bereits in der Kunst anbahnt, an ihre Stelle treten.« Das seelenlos Funktionale, das Drastische und Übersteigerte werden ein steriles Amüsement vermitteln.

Die mangelnde Achtung des künftigen Menschen vor dem organisch Gewachsenen und vor der Einmaligkeit jeden Lebens wird zu »Natur«-Katastrophen heute noch unbekannten Ausmaßes führen. »Und da der Mensch die Geister, die er rief, immer wieder einmal nicht wird bändigen können, wird dies auch Auswirkungen auf die Psyche haben: Es wird zu kollektiven geistigen Störungen kommen, wie sie in diesem Ausmaß bisher auf Erden noch nicht bekannt gewesen sind.«

Obwohl wir in einer Zeit geistiger Orientierungslosigkeit leben und offensichtlich Menschen fehlen, die wirkliche Maßstäbe setzen könnten, hat in Wirklichkeit bereits eine neue heimliche Elitebildung begonnen. »Aber diese Elite wird in Zukunft nicht mehr einer einzigen, durch Jahrhunderte hindurch gezüchteten Schicht des Volkes oder einer Klasse entstammen. Elite wird sich nun sternartig aus allen Schichten zusammenfinden. Das Ausleseprinzip bleibt auch in Zukunft bestimmend, nur wird es durch freie Wahl gehandhabt werden. Die Kraft der Freundschaft wird die verschiedenartigsten Menschen, soweit sie zu den Einsichtigen gehören, zum Bund zusammenführen.«

Wie A. Rosenberg weiter ausführt, ist der »in zahllose Bünde ausgegliederte Bund der oberste Typus der wassermannhaften Gemeinschaftsformen. Diese neuen, von der Freundschaftskraft gewirkten Bünde des Wassermannzeitalters werden unter anderem auch als notwendige Gegengewichte zu der übersteigerten Bewegungs- und Wandlungssucht der Wassermannmentalität wirken. Denn in einer blitzhaften und sprunghaften Weise bewegt sich die künftige Menschheit durch die Geschichte, von einem Extrem zum anderen wechselnd, heute verdammend und niederreißend, was gestern als höchster Wert gegolten, und durch solch mörderische Weise zu einem ungeheuren Verschleiß von Ideen, Ideologien und Idealbildern, Moden, Stars und Führergestalten genötigt. Das Unterste wird buchstäblich nach oben gekehrt; neue Weltbilder, neue Sinndeutungen des Lebens und – hieraus abgeleitet – neue Weltordnungen bestimmen das Denken, Imaginieren und Handeln der von Uranuskräften angetriebenen Menschheit.«

Das Zeichen des Wassermannes repräsentiert den »menschlichen Menschen«. Wir müssen uns jedoch hüten, diesen Begriff mit dem Humanismusideal der Renaissance zu identifizieren; denn der »menschliche Mensch ist nicht der edle, schöne, gute, einzig nach Wahrheit strebende, sondern der Mensch in seiner Totalität, in der ganzen Spannweite seines Wesens, das in dieser dinglichen Welt höchst unerwünschte, aber deutliche Schatten wirft«.

Soweit Alfons Rosenbergs überzeugende, in sich geschlossene Darstellung des Wassermannzeitalters. Seine »astrosophischen« Ausführungen sind um so überzeugender, als man heutzutage mit wachen Augen überall Veränderungen beobachten kann, zum Beispiel in der Kunst, in Medizin, Psychotherapie, Wirtschaft und Politik, die genau jene Tendenzen bestätigen, die Rosenberg und andere so klar aufgezeigt haben.

Zusammenfassend läßt sich sagen: Die Welt wird im Wassermannzeitalter, also während der kommenden zweitausend Jahre, eine Explosion des menschlichen Geistes erleben. Der Mensch wird nach den Sternen greifen und in seiner durch kein verbindliches Wertsystem gebremsten Maßlosigkeit Katastrophen hervorrufen, wie sie bisher auf unserem Planeten unbekannt und unvorstellbar waren. Diese Maßlosigkeit im Physischen wird naturgemäß Auswirkungen im psychischen Bereich haben: »Spinnereien« aller Art, bis hin zur kollektiven Schizophrenie, werden unseren Alltag beherrschen. Und die jeweiligen Machthaber werden versuchen, die »übergeschnappte« Menschheit durch Ideologien aller Art unter Kontrolle zu halten.

Die Frage, die nun zwangsläufig auftaucht und auf die jeder suchende Mensch, also der Homo quaerens, für sich persönlich eine Antwort finden muß, lautet daher: Welche Chance habe ich als einzelner, mich – trotz der »ver-rückten« Zeitläufte – im Sinne einer Selbstverwirklichung zu entwickeln? Mit dieser Frage beziehungsweise der Antwort darauf werden wir uns nun im folgenden beschäftigen.

KAPITEL 8

Humanismus und praktische Philosophie

Was ist »Humanismus«?

Auch Begriffe haben ihre Geschichte, das heißt, ihre Bedeutung verändert sich im Laufe der Jahrhunderte. Den Begriff »Humanismus« haben wir aus der Renaissance übernommen, und eifrig wird er nach wie vor verwendet – vor allem von Leuten, die von Humanismus keine Ahnung haben, wie beispielsweise manche Berufspolitiker. Die Bedeutung des Wortes hat sich jedoch im Lauf der Geschichte mehrmals geändert. Ursprünglich war der »Humanismus« das an der Kenntnis der alten Sprachen und ihrer Literatur und Philosophie orientierte Bildungsideal der Renaissance. Dieses Ideal beinhaltete das Streben nach vornehmer, menschenwürdiger Daseinsgestaltung im Sinne einer ethischen und ästhetischen Höchstentfaltung edler Menschlichkeit.

Etwa zwischen dem neunten und vierzehnten Jahrhundert wurde Europa geistig von der »Scholastik« beherrscht, die die Berechtigung einer rein innerweltlichen Wissenschaft und Philosophie verneinte. Sie war daher eine auf die antike Philosophie gestützte, die Dogmen der katholischen Kirche interpretierende Philosophie und Wissenschaft. Es blieb nicht aus, daß diese dogmatisch gebundene Geisteshaltung vielfach zu engstirniger »Schulweisheit« herunterkam. Unsere Gesellschaft leidet noch heute an den Folgen der Scholastik, die im dreizehnten Jahrhundert ihren Höhepunkt erreicht hatte. Damals lehrten Männer wie ALBERTUS MAGNUS, THOMAS VON AQUIN und BONAVENTURA, daß alles, was ARISTOTELES geschrieben habe, absolut richtig sei. Ja mehr noch: Es galt als heilig! Diese Gläubigkeit gegenüber der Autorität des Aristoteles gipfelte in der häufig gebrauchten Formel: »Ipse dixit – Er selbst hat es gesagt!«

In seinem Buch *Steckbrief der Hinterwelt* berichtet MANFRED SCHLAPP (101) von einer Episode, die symptomatisch für diese Geisteshaltung ist.

Im Refektorium eines Klosters diskutierten die Mönche nach dem Abendessen über allerlei Alltagsprobleme. Plötzlich entstand ein Streit darüber, wie viele Zähne wohl ein Pferd habe. Da sie sich über dieses Problem nicht einigen konnten, kamen die Patres überein, bei Aristoteles nachzuschlagen, und schickten einen Bruder hinaus, damit dieser aus der Bibliothek das Buch des ARISTOTELES *Über die Teile der Tiere* hole. Es meldete sich jedoch ein Novize zu Wort und schlug vor, man solle doch einfach gemeinsam in den Pferdestall gehen und einem Pferd das Maul öffnen und dessen Zähne zählen. Denn nur aufgrund einer empirischen Prüfung könne exakt festgestellt werden, wie groß die Anzahl der Zähne in der Tat sei. Daraufhin erhob sich im Saale ein allgemeines Protestgeschrei, und der vorwitzige Mönch wurde auf Befehl des Abtes unverzüglich mit Ruten gezüchtigt, weil er es gewagt hatte, die Autorität des Aristoteles in Frage zu stellen.

Als nach der Entstehung eines an weltlichen Zielen orientierten bürgerlichen Standes der Boden für ein ebenso »weltliches« Denken bereitet war und sich der einzelne Mensch seiner autonomen Handlungsfähigkeit allmählich bewußt wurde, kamen die aus dem zum Untergang verurteilten Byzanz flüchtenden Wissenschaftler und Gelehrten mit der von ihnen geretteten antiken Literatur gerade recht, um in Europa eine Welle der weltlichen Gelehrsamkeit zu entfachen. In jene Zeit – in die Periode vom dreizehnten bis zum sechzehnten Jahrhundert – fällt die Wiedererweckung und Neuentdeckung der antiken Sprachkultur, Kunst und Geisteshaltung. Schließlich bildete sich im achtzehnten und zu Beginn des neunzehnten Jahrhunderts der »Neuhumanismus« heraus, eine »Wiedergeburt des Humanismus aus deutschem Geist«.

Heute, am Ende des zwanzigsten Jahrhunderts, ist die Bedeutung des Begriffs »Humanismus« weniger fixiert als früher. Man bezeichnet mit diesem Wort das Bestreben, als »ganzer Mensch« zu leben, und das Bemühen, das eigene Leben frei gewählten ethischen Kategorien zu unterstellen. In aller Knappheit ließe sich über das Selbstverständnis heutiger »Humanisten« vielleicht sagen, daß es ihr höchstes Ziel ist, ihr gesamtes körperlich-seelisch-geistiges Potential unter Berücksichtigung grundlegender ethischer Prinzipien zur Entfaltung zu bringen.

Menschen, die einen derartigen Humanismus vertreten, haben heutzutage jedoch »keine Presse« und blühen im verborgenen und werden von einer engagierten Stammklientel gelesen und verehrt.

Der humanistische Mensch

Einer dieser lebenden »Humanisten von Format« ist GERHARD SZCZESNY (113), dessen Buch *Vom Unheil der totalen Demokratie* die wesentlichen Gedanken der folgenden Darstellung entnommen sind.

»Ein qualitativer Humanismus bejaht den ganzen Menschen, seine Körperwünsche nicht minder als seine intellektuellen Talente. Er postuliert aber zugleich eine Prioritätenliste, die es erlaubt, Entscheidungen zu treffen und das Chaos der Bedürfnisse zu ordnen.«

Daß Geistigkeit für das wahre Menschsein wichtiger ist als die Sexualität, ergibt sich aus der »umfassenderen Leistungsfähigkeit des Geistes«. Eine personengebundene Ethik ist jedoch darauf gegründet, daß der Geist nur dann über die Sinne gestellt wird, wenn Entscheidungen von elementarster Bedeutung gefordert sind. »Wer seinen Körper durchgehend verleugnet, um nur noch Geisteswesen zu sein, ist«, so Szczesny, »kein höherer, sondern ein reduzierter Mensch.«

Ein reifer Mensch sollte sich neben seinem ihm den Lebensunterhalt sichernden Beruf noch mit irgendeiner Sache nur um ihrer selbst willen beschäftigen. Auf diese Weise verschafft er sich ein Stück Autonomie. Nur wer sich diesen inneren Freiraum bewahrt, hat genügend Distanz zu jenen gesellschaftlichen »Werten«, die ihn auf Kosten seiner menschlichen Entwicklung von einem Erfolg in der materiellen Sphäre zum nächsten jagen, und nur ein solcher Mensch weiß, wann es genug ist.

Weiter führt Gerhard Szczesny aus:

»Daß der Mensch im Geist lebt, daß er aus Sein und Bewußtsein besteht, heißt: seine wahre, volle Existenz ist nicht gegeben, sondern nur vorgegeben, sie ist eine Aufgabe. Der Mensch muß sich zu dem, was er eigentlich ist, erst machen. Seine Natur ist nicht schon die Verwirklichung, sondern das Modell seiner Möglichkeiten.«

Aber dem Menschen ist nur dieses eine Leben gegeben, und nur vor diesem Hintergrund entscheidet sich, ob er die ihm verliehenen Fähigkeiten und Talente zur Entfaltung bringen kann oder an dieser Aufgabe scheitert. Freiheit bedeutet in diesem Kontext die Unabhängigkeit von allen blind wirksamen Impulsen.

Um jedoch ein guter Mitmensch zu sein, muß der einzelne – und diese Notwendigkeit hat das Christentum nie in ihrer vollen Bedeutung erfaßt – sich »vor aller Gottes- und Nächstenliebe – selbst in einen verläßlichen Zustand gebracht« haben.

Wir leben als Menschen in einer Welt, deren Ursprung und Zweck wir mit unseren Verstandeskräften niemals gänzlich ausloten können. Dieses uneinholbare »Jenseits« (der Grenzen unseres Verstandes) ist jene Dimension unseres Daseins, die die Metaphysik von jeher mit dem Begriff Transzendenz bezeichnet hat. Mit diesem Begriff ist jedoch nicht eine Realität jenseits unserer Sinnenwelt gemeint, sondern das Geheimnis unserer Existenz selbst, das sich dem rationalen Zugriff unaufhebbar entzieht. Die vertrauensvolle Anheimgabe des Menschen an dieses ewige Geheimnis »kann man Glaube nennen. Glaube meint dann die Zuwendung zu einem Übergreifenden und die Gewißheit des Aufgehobenseins in diesem Übergreifenden«.

Zum Problem der menschlichen Freiheit schreibt Gerhard Szczesny (113):

»Die erste Stufe der Freiheit war der Anspruch des Menschen auf personale Autonomie; die zweite Stufe bestand in der Freisetzung des menschlichen Leistungswillens; und die dritte schließlich in der Befreiung aller Kräfte und Schichten der menschlichen Natur. Damit war die volle Identität des Menschen mit seinem Selbst hergestellt. Er ist nun, was er ist: ein Wesen, das am Leitfaden seiner Impulse nach immer neuen Aufgaben, Reizen und Befriedigungen sucht. Mit dem Resultat, vor dem wir heute stehen. Von seinen freigesetzten Wünschen und Wunscherfüllungen überwältigt, hat der Mensch jede Orientierung verloren. Die ständig noch ansteigende Flut der Lebens-

und Zivilisationsgüter, die seine Neugier, sein Tätigkeitsdrang und seine Begehrlichkeit hervorbringen, schlägt über ihm zusammen.«

Er fährt fort:

»Die Konzentration aller unserer Kräfte auf die Selbstverleugnung, auf die Ablösung von der Welt, wäre die fünfte Stufe der Freiheit. Daher gilt, daß die vierte Stufe der Freiheit, die Stufe der Selbstverwirklichung, zwar das Gegenteil der fünften, aber nur mit dem Blick auf die fünfte erreicht und erhalten werden kann. Nur wenn wir das Wissen um die Möglichkeit und den Sinn der Selbstverleugnung in die Aufgaben der Selbstverwirklichung mit hineinnehmen, strömt dem Ich jene Kraft und Freiheit zu, die es davor bewahrt, zum bloßen Vollzugsorgan unseres Selbst zu werden. Erst jetzt gewinnt es seine volle Souveränität, kann es sich der Realität zuwenden, ohne in ihre Abhängigkeit zu geraten, kann der Mensch sich am eigenen Schopf aus dem Sumpf ziehen, ohne die Hilfe eines Deus ex machina in Anspruch nehmen zu müssen.

Die vierte Stufe der Freiheit wird dann erreicht, wenn wir Selbstverwirklichung nicht mehr als Selbstenthemmung, sondern als Selbstbeherrschung begreifen und betreiben.«

Die Frage nach dem Sinn

Von den Römern ist uns der Sinnspruch überliefert: »Primum vivere, deinde philosophari«, was frei übersetzt soviel heißt wie: »Erst wenn man das zum Leben Notwendige hat, kann man sich den Luxus des Philosophierens leisten.«

Im elementarsten Sinne des Wortes ist diesem Sinnspruch gewiß nichts entgegenzuhalten. In unserer durch und durch materialistischen, in geistiger Hinsicht orientierungslosen und sterilen Zeit, in der der Erwerb von Gütern und Sozialprestige die Beschäftigung mit menschlich-geistigen Werten zu ersticken droht, ist das Philosophieren oder das Nachdenken über rechtes Handeln, unseren Platz in der Welt und den Sinn unserer irdischen Existenz jedoch geradezu lebensnotwendig geworden.

Der heutige Mensch hat Kräfte der Natur geweckt, die seiner Kontrolle zu entgleiten drohen; er sieht sich den Schäden gegenüber, die er allzu leichtsinnig in seiner natürlichen Umwelt verursacht hat, und manch einer stellt sich die Frage, ob materieller Wohlstand allein schon ausreicht, um menschliches Glück zu begründen. All diese Fragen, vor die wir uns heute gestellt sehen, zeigen deutlich: Philosophie ist kein Luxus, sondern eine Notwendigkeit.

Aber nicht nur die Weltlage insgesamt bietet Anlaß zum Nachdenken, sondern auch die – meist aller religiösen Bindungen und Tröstungen ledigen – Einzelmenschen suchen nach einer geistigen Orientierung, die ihrem Handeln den notwendigen inneren Zusammenhang verleiht und ihnen jenseits der Aneignung materieller Güter und gesellschaftlicher Erfolge – den *Sinn* der eigenen Existenz fühlbar werden läßt.

Nun gibt es Menschen, die seit frühester Kindheit durch das Vorbild der Eltern in eine Religion eingebunden sind und in diesem ihrem Glauben leben. Wem dieses Glück widerfahren ist, der ist in der Tat auf keine Philosophie angewiesen! Die meisten heutigen Menschen sind jedoch praktisch ohne Glauben aufgewachsen oder haben ihren Glauben irgendwann »verloren«. Solchen Menschen bleibt als »Trösterin« nur die Philosophie.

Aber nicht nur die Bedeutung einer »Trösterin« hat die Philosophie, sie ist auch ein Weg der Selbsterkenntnis. In ihrem Buch *Die sanfte Verschwörung* schreibt MARILYN FERGUSON (33) daher:

»Schon ziemlich früh in unserem Leben entscheiden wir uns, wie bewußt wir sein wollen. Wir setzen eine Schwelle der Bewußtheit fest. Wir entscheiden, bis zu welchem Ausmaß wir bereit sind, eine Wahrheit in unser Bewußtsein eindringen zu lassen, wie rasch wir Widersprüche in unserem Leben und in unseren Ansichten zu untersuchen gewillt sind und wie tief wir zur Wahrheit vorstoßen wollen. Unser Gehirn kann alles, was wir sehen und hören, zensieren; wir können die Wirklichkeit so filtern, daß sie sich der Ebene unseres Musters anpaßt. An jeder Kreuzung haben wir erneut die Wahl zwischen größerer oder begrenzter Bewußtheit.«

Da es das Ziel dieses Buches ist, Ihnen bei der Entfaltung Ihrer Persönlichkeit ein Stück weiterzuhelfen, müssen wir uns jetzt mit jenen Faktoren auseinandersetzen, die das freie Denken hemmen und somit das Bewußtsein einengen.

KAPITEL 9

Ich-Ideal und Persönlichkeitsentwicklung

Von anerzogener Borniertheit

»Borniert« bedeutet »begrenzt«, »engstirnig«: Der geistige Horizont eines bornierten Menschen ist sehr eng, auf weniges beschränkt. Was immer sich außerhalb seines begrenzten Horizonts abspielt, nimmt der bornierte Mensch nicht zur Kenntnis. Das ist jedoch nicht primär eine Frage der Intelligenz, sondern Folge bestimmter Konditionierungen, also erziehungsbedingter Prägungen, und funktioniert nach dem Prinzip, daß »nicht sein kann, was nicht sein darf«.

Kein Mensch kommt »borniert« auf die Welt. Borniertheit ist immer Produkt der Erziehung. Wenn ein Mensch in bestimmten Denkklischees und Vorurteilen aufgewachsen ist, so gibt er mit großer Wahrscheinlichkeit auch im späteren Leben entsprechende »Weisheiten« von sich, wie zum Beispiel: Südländer sind faul; Neger stinken; die Franzosen arbeiten schlampig; Frauen können nicht logisch denken; unterhalb des Nabels ist der Körper unanständig; Geschlechtsverkehr ohne den Willen zum Kind ist Sünde; Gott belohnt die Tüchtigen mit viel Geld; wer arm ist, ist selbst schuld und so weiter. Der menschlichen Ignoranz und Voreingenommenheit sind keine Grenzen gesetzt.

Wenn also ein Mensch etwas für die Entwicklung der eigenen Persönlichkeit tun will, dann muß er sich zunächst einmal von einem Großteil der »Programme« befreien, die er seit frühester Kindheit mit sich herumschleppt. Ich empfehle zu diesem Zweck die folgende simple, aber in der Praxis bewährte Methode: Machen Sie eine »Generalabrechnung« mit sich selbst! Nehmen Sie dazu ein Blatt Papier und schreiben Sie alles auf, was Ihnen zu folgender Frage einfällt: Welche

Regeln und Anweisungen sind mir in meinem Leben von Eltern, Lehrern, Lehrherren oder anderen Autoritäten eingebläut worden? Zum Beispiel: Man wäscht sich vor dem Essen die Hände! – Man geht nicht mit schmutzigen Füßen ins Bett! – Onanieren ist schädlich! – Alle Zigeuner stehlen! – Mit Juden macht man keine Geschäfte!

Nach meinen bisherigen Erfahrungen in Seminaren fallen den Teilnehmern in zehn Minuten etwa zwischen achtzig und hundertzwanzig solcher Regeln ein.

Und jetzt nehmen Sie diese Anweisungen für »richtiges« Verhalten einmal unter die Lupe: Wie viele davon sind anachronistisch und haben heute keine Daseinsberechtigung mehr? Wie viele sind nach dem heutigen Stand der Wissenschaft schlichtweg falsch? Wie viele dieser Regeln sind zwar nicht »richtig« oder »falsch«, auch nicht »gut« oder »böse«, aber unnötig wie ein Kropf, weil sie die Handlungsfreiheit einengen? Eine solche Anweisung ist beispielsweise: Geschlechtsverkehr sollte man nur mit einem Partner ausüben, den man wirklich liebt! Wieso denn? Es können sich doch ein Mann und eine Frau zusammentun und einen Riesenspaß am Sex haben, ohne eine tiefe seelische Bindung? Wem schaden sie denn, wenn sie sich ausschließlich »aus Spaß an der Freud'« zusammentun? Ganz im Gegenteil ist zu fragen: Wie viele Menschen haben sich schon um wundervolle Erlebnisse betrogen, nur weil sie von blödsinnigen Programmen daran gehindert worden sind? Und wie viele bereuen im Alter, was sie – aufgrund unmenschlicher Über-Ich-Verbote – versäumt haben?

So setzen Sie Ihr Ich-Ideal zur Stärkung Ihrer Persönlichkeit ein

Sie erinnern sich gewiß an die im ersten Teil dieses Buches in Anlehnung an SIGMUND FREUD dargestellte Dreiteilung der Persönlichkeit in Über-Ich, Ich und Es. Das Über-Ich, das die Summe aller Ge- und Verbote enthält, denen wir unterworfen sind, ist etwas von außen »Aufgepfropftes«. Es wird uns von der Gesellschaft beziehungsweise von den durch sie bestimmten Autoritäten vermittelt. Das Über-Ich ist also in gewisser Hinsicht ein »Fremdkörper« in unserer Persönlichkeitsstruktur. Daß es in seinen Auswirkungen jedoch so mächtig werden kann, verdankt es einem Hypnoseeffekt: Wenn beispielsweise die Eltern bestimmte Verbote ständig wiederholen, so werden diese Anweisungen vom Unterbewußtsein gespeichert. Deshalb sind derartige »Programme«, zum Beispiel Anti-Sex-Programme, auch so nachhaltig wirksam.

Das Ich, also der Brennpunkt unserer Persönlichkeit, hat sich irgendwann einmal aus dem kollektiven Es abgesondert und wird auch von dort mit Energie versorgt. Dies geschah vermutlich zu jenem Zeitpunkt in der Evolution, als aufgrund gesellschaftlicher Differenzierung der Mensch sich vom reinen Gruppenwesen zum Individuum »mauserte«. Ein »Ich« entsteht erst dann, wenn der Mensch aus der Natur heraustritt und sich gar über sie erhebt. Der Glaube an die persönliche Unsterblichkeit führte in Verbindung mit anderen Faktoren jedoch in unserem christlich-abendländischen Kulturkreis zu einem besonders ausgeprägten Individualismus. Im Gegensatz dazu versteht sich der einzelne in asiatischen Kulturen, beispielsweise in Japan, in erster Linie als Gruppenwesen, weshalb den dortigen Menschen auch unser Individualismus weitgehend unverständlich ist.

Ich habe bereits darauf hingewiesen, wie schwer es das Ich hat, sich überhaupt zu entwickeln und »auszuformen«, denn es wird ständig von zwei »Instanzen« unter Druck gesetzt: dem Über-Ich und dem Es. Irgendwann, am Ende der Pubertät, ist dann die Struktur unseres Ich vollendet. Dieses Ich ist im allgemeinen nur ein Konglomerat aus vielfach anachronistischen, falschen oder freiheitsbeschränkenden Verhaltensregeln, denen die meisten Menschen auch getreulich bis zum letzten Atemzug folgen. Aber das muß nicht so sein.

Obwohl wir Menschen weitgehend determiniert sind, zum einen durch unser Erbgut, zum anderen durch astrophysische Einflüsse und psychologische Faktoren, bleibt uns dennoch ein Freiheitsraum, der durch unser Denken bestimmt ist. »Der Mensch ist, was er denkt!« – an dieser über die Jahrtausende menschlicher Geschichte auf uns gekommenen Weisheit läßt sich nicht rütteln. Die moderne Psychologie hat daher einen Weg aufgezeigt, wie der einzelne mit Hilfe seines Denkens seine Persönlichkeitsstruktur und somit sein persönliches Schicksal verändern kann: auf dem Weg der Konstruktion eines Ich-Ideals.

Ein Ich-Ideal besitzt jeder Mensch – nur ist dies den meisten nicht klar. Dieses Ich-Ideal repräsentiert das »geschönte« Selbstbild, das wir uns von uns selbst machen. Wir alle tragen in unserer Phantasie ein Wunschbild von uns selbst mit uns herum, in dem unsere intellektuellen und sonstigen Fähigkeiten positiver erscheinen, als sie eigentlich sind, das also im umgekehrten Verhältnis zu unserem tatsächlichen »Selbstbewußtsein« steht.

Es ist erwiesen und wird heute von keinem Psychologen mehr bestritten, daß das jeweilige Selbstbild als Manifestation des Ich-Ideals das Verhalten des einzelnen Menschen bestimmt. Um einen relativ großen Freiheitsspielraum im Sinne einer Höherentwicklung zu erobern, müssen wir nur ein ganz einfaches Rezept befolgen: Wir müssen uns mit Hilfe unserer Verstandeskräfte ein Ich-Ideal konstruieren und es mittels Autosuggestion in unser Unterbewußtsein versenken. Wenn dieses neue Selbstbild tatsächlich im Unterbewußtsein verankert ist, steuert es auch unser Verhalten in seinem Sinne. Jeder von uns kann mit Hilfe der geschilderten Methode ein »neuer« Mensch werden.

Vielleicht werden Sie sich jetzt ein wenig skeptisch fragen: Was – so einfach soll es sein, den eigenen Charakter von Grund auf zu ändern? Ich habe jedoch nicht behauptet, es sei einfach, die eigene Persönlichkeit grundlegend neu zu gestalten, aber es ist möglich, und die Methode als solche ist tatsächlich einfach. Den festen Willen, sich zu ändern, und das notwendige Durchhaltevermögen muß jedoch jeder selbst mitbringen. Ich habe bereits in anderem Zusammenhang das der Tradition des Zenbuddhismus entstammende Motto »Der Weg ist das Ziel!« zitiert. Auf den Weg muß sich jeder von uns schon selbst machen, das kann uns niemand – und auch keine Methode – abnehmen. Aber wenn wir wirklich von dem tiefen Wunsch beseelt sind, in unserer Persönlichkeitsentwicklung voranzuschreiten, so kann nichts und niemand uns davon abhalten!

Entscheidend ist die Motivation

Ich habe im zweiten Kapitel bereits erwähnt, daß in erster Linie die Motive eines Menschen sein Verhalten bestimmen. Diese Aussage muß nunmehr ergänzt werden: Da das Lustprinzip das Regulativ des menschlichen Verhaltens ist, muß eine Verhaltensänderung im Einzelfall mindestens den gleichen Lustgewinn versprechen, wie ihn das bisherige Verhalten gewährleistet hat. An dieser simplen »Gleichheitsregel« scheitern die meisten »guten Vorsätze«.

Nehmen wir als Beispiel einen starken Raucher, der durch das Rauchen einen massiven Lustgewinn erzielt, und zwar gleich in mehrfacher Hinsicht: Er befriedigt seine oralen Bedürfnisse, genießt das Inhalieren des Rauches in seine Lungen und hat zugleich etwas, um seine Hände zu beschäftigen! Wenn ein solcher Raucher nicht bereits Ausfallserscheinungen aufweist wie Herzbeschwerden oder ein »Raucherbein«, wird ihn vermutlich keine Warnung der Ärzte, daß rauchen das Leben verkürze, zum Nichtraucher machen!

Stellen wir uns nun jedoch einmal folgende Situation vor: Ein Mann lernt eine Frau kennen und verliebt sich in sie. Die Frau ist jedoch eine »chronische Nichtraucherin« und bedeutet ihm glasklar: Solange du rauchst, bekommst du keinen Kuß von mir! Wetten, daß dieser Mann das Rauchen aufgibt? Weil der Lustgewinn, den er sich von dieser Frau verspricht, den des Rauchens bei weitem übertrifft!

Wenn wir diese Erkenntnis beispielsweise auf die Frage anwenden, warum ein erfolgsverwöhnter Manager an der Entfaltung seines *inneren* Potentials arbeiten sollte, so müßten wir einem solchen Mann auch die Vorteile nennen können, die sich aus einer solchen partiellen Verhaltensänderung für ihn ergeben. Wir müßten ihm klarmachen, daß irgendwann der aus rastlosem Tätigsein resultierende Gewinn an materiellen Gütern und gesellschaftlichem Ansehen nur noch auf Kosten seines Familienlebens, seiner Ehe, seiner Gesundheit und seines seelischen Wohlbefindens zu erzielen ist.

Es gibt Nihilisten, die behaupten, das Leben habe überhaupt keinen erkennbaren Sinn. Nach ihrer Ansicht sind wir von einem blinden Schicksal in diese Welt geworfen und werden irgendwann ins Nichts zurückgeschleudert. Die Zeit zwischen diesen beiden Ereignissen ist eine lange Kette von Plackereien und Enttäuschungen! Sinn des Lebens? Fehlanzeige!

Auf der anderen Seite gibt es jedoch auch positiv eingestellte Menschen, die ihr Leben als eine einmalige Chance begreifen. Sie wissen, daß sie für den »Erfolg« ihres Lebens selbst verantwortlich sind, und bemühen sich, das Beste aus ihrer Existenz auf Erden zu machen, so daß sie vor »Gott«, ihren Mitmenschen und sich selbst bestehen können.

Die meisten Menschen leben jedoch irgendwo in der Mitte zwischen diesen beiden Extremen und lassen sich von der Strömung dahintreiben. Diese »Lauen« sind mit der Erhaltung des Status quo zufrieden und schrecken davor zurück, aus den eingefahrenen Bahnen ihres Denkens und Handelns auszubrechen. Aber diesbezüglich brauchen Sie sich wohl keine Sorgen zu machen – andernfalls hätten Sie ja dieses Buch gar nicht bis hierher gelesen.

Nutzen Sie die Macht Ihrer Gedanken

Es ist unglaublich, wie wenig die meisten intelligenten und gebildeten Menschen über die Macht der Gedanken wissen. Für viele Intellektuelle ist Denken eine vollkommen abstrakte, aller Gefühle entkleidete geistige Tätigkeit. Dann gibt es zwar noch das »intuitive« Denken des schöpferischen Menschen, das ein echter »Eierkopf« jedoch schon als »unwissenschaftlich« ablehnt.

Menschen, die mit einem derart reduzierten Begriff des Denkens durchs Leben gehen, können einem jedoch im Grunde genommen nur leid tun, da sie in ihrer – oft besserwisserischen – Ignoranz gar nicht merken, welch ungeheures Potential der Lebensgestaltung sie ungenutzt lassen.

Das Wissen um die Macht der Gedanken ist schon Jahrtausende alt und wurde früher nur als »Geheimwissen« unter Priestern oder anderen Eingeweihten weitergegeben. Heute, das heißt etwa seit dem Ende des Zweiten Weltkrieges, gibt es eine stattliche Anzahl von Büchern, in denen klar dargestellt und anhand einfacher Übungen demonstriert wird, was man mit Hilfe positiver Gedanken alles bewirken kann. Aber welcher »Erfolgsmensch« unserer kapitalistischen Gesellschaft, der völlig mit der Jagd nach Status, Macht und Geld ausgefüllt ist, liest schon derartige Bücher?

Während sich früher in erster Linie »Esoteriker«, die dem gewöhnlichen Intellektuellen ohnehin verdächtig sind, mit der Macht des Denkens beschäftigten, haben in den vergangenen Jahren auch seriöse Naturwissenschaftler begonnen, parapsychologische Phänomene zu untersuchen, und sind dabei zu verblüffenden Erkenntnissen gelangt. Das alte mechanistische Weltbild ist inzwischen vollkommen zusammengebrochen und die früher übliche Unterscheidung von Geist und Materie hinfällig geworden.

Aber diese wissenschaftlichen Umwälzungen betreffen nicht etwa nur die klassische Physik und ihre Schwesterwissenschaften, sondern gleichermaßen unsere alltägliche Erfahrungswelt. In diesem Zusammenhang sagt MARILYN FERGUSON (33), eine der bekanntesten Vertreterinnen der New-Age-Bewegung:

»Es ist eine Sache, wenn ein Astrophysiker von schwarzen Löchern spricht, in denen das Phänomen der Raum-Zeit so verzwickt wird, daß sie einfach aufhört zu existieren und alle bekannten Gesetze der Physik zusammenbrechen. Wir erwarten nicht, einem schwarzen Loch zu begegnen.

Es ist jedoch eine ganz andere Sache, sich zu unbekannten Dimensionen im täglichen Leben zu bekennen. Es konnte nachgewiesen werden, daß der menschliche Wille über gewisse Entfernungen auf Materie einwirkt, auf die Teilchen in einer Nebelkammer, auf Teilchen eines Kristalls und auf radioaktive Zerfallsraten. Das ›Heilen‹ via Willenskraft verändert nachweislich Enzyme, Hämoglobinwerte sowie die atomare Bindung von Wasserstoff und Sauerstoff im Wasser. So wie es ein fehlendes Verbindungsstück zwischen Wille und Biofeedback, zwischen Suggestion und der Chemie des Gehirns beim Placeboeffekt gibt, so ist auch hier die Art und Weise der Übermittlung unbekannt. Jede menschliche Willensanstrengung, die in physische Handlungen umgesetzt wird, bedeutet in Wirklichkeit, daß Geist über Materie steht.«

In ihrem Buch *Zauberformel Gedankenkraft* berichtet MARIANNE STREUER (110) über das folgende Experiment:

»Ein amerikanischer Hirnforscher, Professor JOSÉ DELGADO, gab 1965 in der Stierkampfarena in Cordoba ein seltenes Schauspiel. Er hatte einem Stier zwei kleine Elektroden in das Stammhirn gepflanzt.

Mit einem drahtlosen Impulssender manipulierte er den Stier abwechselnd zu Angriff und Flucht. Der Professor stand ruhig in der Arena, ließ den Stier auf sich zutrampeln, und kurz vor dem Gefahrenmoment drückte er aufs Knöpfchen: der Stier blieb schlagartig stehen, scharrte mit den Hufen, wandte sich ab und trabte davon.«

Vergleichbare Elektroimpulse können wir uns auch selbst geben, und zwar mittels unseres Denkens. So haben beispielsweise viele Menschen mit Hilfe des autogenen Trainings für ihre Gesundheit mehr erreicht als durch die Einnahme von Medikamenten. Zwar lassen sich die Wirkungen des autogenen Trainings wissenschaftlich nicht erschöpfend erklären, aber die Erfolge, die sich mittels dieser Methode für das körperliche und seelische Wohlbefinden erzielen lassen, sind unbestritten.

So läßt sich beispielsweise mit Hilfe des autogenen Trainings auch der Rhythmus unseres Herzschlags beeinflussen. Bevor Sie sich also einen Herzschrittmacher implantieren lassen, sollten Sie zunächst versuchen, die von einem solchen Gerät gelieferten elektrischen Impulse mit Hilfe gezielter »Denkübungen« zu erzeugen. Auf technische Hilfsmittel zur Stützung Ihrer Gesundheit sollten Sie jedenfalls nur zurückgreifen, wenn alle natürlichen Methoden versagen. »Gedanken jedenfalls sind ebenfalls Elektroimpulse!«

Die bereits zitierte Marianne Streuer berichtet von einem Experiment, das 1978 an der Universitätsklinik in Wien durchgeführt wurde: »Es wurde die elektrische Gehirntätigkeit bei optischen und akustischen Erinnerungspotentialen gemessen, und zwar durch Elektroenzephalographie, ein Verfahren, mit dessen Hilfe die energetische Aktionstätigkeit des Gehirns von der Schädeldecke abgeleitet und mittels geeigneter Verstärker und Registriervorrichtungen im Elektroenzephalogramm (EEG) aufgezeichnet wird.

Die Versuchspersonen erinnerten sich an früher wahrgenommene Bilder oder Musik. Ihre Vorstellungen ließen Energien meßbar werden; dabei stellte man meßbare Unterschiede fest zwischen der akustischen und optischen Erinnerung und bezüglich der Intensität der Konzentration. Diese zeigte sich auch als eine Brücke zu den Messungen: das heißt, je stärker die Konzentration ist, um so deutlicher sind die Signale, weil um so mehr Aufwand von Energie vorhanden ist.

Sobald eine Vorstellung stark genug ist, wird das ›Imaginationspotential‹ im EEG aufgezeichnet.

Das bedeutet: Je stärker und deutlicher die Vorstellung, um so intensiver ist der Energieaufwand. Vorstellungen werden maßgebend wirksam aufgrund der Konzentration durch Sammlung auf ein Zentrum, auf ein Ziel, das es zu bedenken oder zu ›erdenken‹ gilt.

Erhöhte Konzentration setzt erhöhte Energie frei. Erhöhte Energie erhöht die Möglichkeit für den Menschen, das zu verwirklichen, was er sich vorstellt, was er denkt.

Als zusätzliche Erkenntnis wollen wir hier nun festhalten: Des Menschen Denken sind Elektroimpulse. Es sind Energievorgänge. Seine Gedanken sind die schöpferischen Ursachen für die Verwirklichungen in seinem Leben.«

Und schließlich möchte ich noch jenen Satz zitieren, mit dem Frau Streuer ihr Buch abschließt: »Jeder ist heute, was er gestern gedacht hat, und wird morgen sein, was er heute denkt.«

Wo stehen Sie heute?

Bevor wir uns ausführlicher mit der Bedeutung des Ich-Ideals für die Schaffung einer autonomen und selbstbestimmten Persönlichkeit befassen, sollten Sie ein persönliches Zwischenresümee ziehen. Die folgenden Fragen sollen Ihnen dabei eine Hilfe sein. Lesen Sie sie deshalb aufmerksam durch und machen Sie jeweils Ihr Kreuzchen bei »Ja« oder »Nein«.

Fragen zum Thema:	Antwort	
	Ja	Nein
A *Wassermannzeitalter:* 1. Lehnen Sie Hypothesen wie die hinsichtlich des »Wassermannzeitalters« grundsätzlich als »Humbug« ab?		
2. Glauben Sie an die Dualität von Geist und Natur, Seele und Körper?		

Fragen zum Thema:	Antwort Ja	Antwort Nein
3. Ziehen Sie wissenschaftlich-abstraktes Denken dem intuitiven Denken grundsätzlich vor?		
4. Sind Sie davon überzeugt, daß die Wissenschaft alles tun darf, was sie tun kann?		
5. Können Ideologien im Hinblick auf die »dumpfe Masse« auch ihr Gutes haben?		
B *Lebensphilosophie:* 1. Haben Sie sich eine Lebensphilosophie erarbeitet, die für Sie verbindlich ist?		
2. Akzeptieren Sie, daß Sie selbst darüber bestimmen, wie bewußt Sie leben wollen?		
3. Sind Sie bereit, sich zwecks Persönlichkeitsentwicklung auch mit unangenehmen Fragen auseinanderzusetzen?		
C *Humanismus:* 1. Akzeptieren Sie die Aussage, daß die menschliche Natur nur das Modell ihrer Möglichkeiten ist?		
2. Sind Sie wirklich entschlossen, das aus sich zu machen, was Sie sein könnten?		
3. Akzeptieren Sie sich als ganzen Menschen: Ihre Körperwünsche nicht weniger als Ihre intellektuellen Bedürfnisse?		
4. Gibt es für Sie eine Prioritätenliste, die es Ihnen erlaubt, sinngebende Entscheidungen zu treffen und Ordnung in das Chaos Ihrer Bedürfnisse zu bringen?		
5. Sind Sie bereit, sich den Forderungen eines ausformulierten Ich-Ideals zu unterwerfen?		

Fragen zum Thema:	Antwort Ja	Antwort Nein
6. Haben Sie bereits eine Vorstellung, wie Ihr ganz persönliches und individuelles Ich-Ideal aussehen könnte?		
D *Macht der Gedanken:* 1. Akzeptieren Sie die Aussage, daß Ihre Welt und Ihre Lebenserfahrungen nichts anderes sind als Ihre sichtbar gewordenen Gedanken?		
2. Leuchtet es Ihnen ein, daß Ihre Gedanken Elektroimpulse, also Energievorgänge, sind?		
3. Können Sie außerdem akzeptieren, daß in Ihrem Gehirn um so mehr Energie freigestellt wird, je konzentrierter Ihre Gedanken auf ein Ziel gerichtet sind?		
4. Sind Sie bereit zu akzeptieren, daß Sie morgen sein werden, was Sie heute gedacht haben?		

Wenn Sie die vorstehenden Fragen ehrlich beantwortet und überwiegend »Nein« angekreuzt haben, dann gehören Sie zu jenen »erfolgreichen« Menschen, die vor lauter Beruf an nichts anderes mehr denken können. Ich hoffe jedoch, Sie mit meinen bisherigen Ausführungen in Ihrer Ansicht, das einzig Wichtige im Leben sei der berufliche Erfolg, schon ein wenig verunsichert zu haben.

Sollten Sie zu jenen Menschen gehören, die sich schlichtweg weigern, die Fragen eines solchen »Psychotests« überhaupt zu beantworten, so würden Sie damit nur – unfreiwillig – zugeben, daß Sie Angst vor den Ergebnissen einer kritischen Selbstanalyse haben und sich daher weigern – obwohl Sie äußerst erfolgreich sein mögen –, sich selbst einzugestehen, daß Sie möglicherweise als Vater, Liebhaber, Natur- und Kunstfreund keine besonders gute Figur abgeben.

Sie stehen also vor der Wahl, dieses Buch jetzt endgültig beiseite zu legen und wie gehabt »zur Tagesordnung überzugehen« oder aber auf der Grundlage des vorstehenden Fragenkatalogs Ihr ganz persönliches Ich-Ideal zu entwerfen und die verkrusteten Denk- und Verhaltensmuster aufzubrechen, die Sie bisher daran gehindert haben, Ihr geistig-seelisches Potential voll auszuschöpfen.

Das Ich-Ideal als Vehikel der Selbstverwirklichung

Wie bereits gesagt, besteht nach SIGMUND FREUD die menschliche Persönlichkeit aus drei »Instanzen«: dem Über-Ich, dem Ich und dem Es. An diesem Modell möchte ich mich orientieren, wenn ich nun versuchen werde, Ihnen die Notwendigkeit eines Ich-Ideals für die wahre Entfaltung Ihrer Persönlichkeit zunächst anhand der untenstehenden schematischen Darstellung und sodann durch die nachfolgenden Erläuterungen zu verdeutlichen.

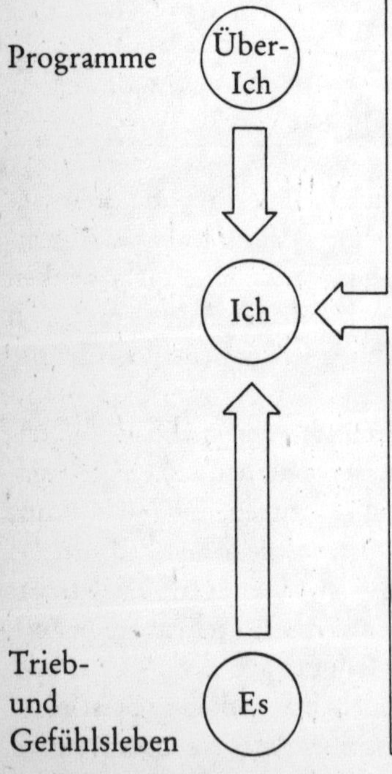

ICH-IDEAL:

1. *Ethisch-moralische Kategorien:*
   Gelassenheit, Ehrlichkeit, Aufrichtigkeit, Zuverlässigkeit, Loyalität, Treue.
2. *Kulturelle Kategorien:*
   Liebe zu Musik, Literatur, Theater, bildender Kunst.
3. *Naturverbundenheit:*
   Liebe zur Natur. Annahme und Pflege des eigenen Körpers (»Mens sana in corpore sano«). Genuß sinnlicher Freuden.
4. *Gefühlsbezogenheit:*
   Annahme der eigenen Gefühle; Fähigkeit, Gefühle auszudrükken; Einfühlsamkeit gegenüber den Mitmenschen.

Das Über-Ich enthält die Summe aller Ge- und Verbote, denen wir als »Gesellschaftswesen« unterworfen sind. Sie werden uns, zunächst und vor allem im Elternhaus, »einprogrammiert«. Diese Programme enthalten moralische, religiöse, soziale, politische, ideologische und ästhetische Wertungen und Vorurteile.

Die meisten von uns sind, wie ich bereits früher angemerkt habe, in der Kindheit so nachhaltig programmiert worden, daß sie während ihres ganzen Lebens aus dieser Programmierung nicht mehr herauskommen. Dementsprechend besteht das »Ich«, also die »Zentrale« ihrer Persönlichkeit, aus einem Konglomerat bornierter Ansichten, die ein kritisches, abwägendes Denken verhindern und sie deshalb zu beständigen Opfern manipulierender Demagogen und Werbeleute machen. »Man« tut, was Nachbarn und Freunde auch tun – denn, was so viele tun, kann ja nicht falsch oder schlecht sein! Und so lebt der »Spießbürger«, also etwa neunzig Prozent der Menschheit, glücklich, zufrieden und ungeheuer selbstgefällig dahin und begnügt sich damit, die Vorurteile der eigenen Eltern an die nächste Generation weiterzugeben.

Aber man kann natürlich auch anders leben. So ist beispielsweise für den französischen Philosophen JEAN-PAUL SARTRE der Mensch ein Wesen, das sich »auf ein Ziel hin« entwirft. Unser Ich-Ideal ist gleichsam das Vehikel dieses Selbstverwirklichungsprozesses.

Nicht umsonst habe ich den zweiten Teil dieses Buches mit dem den *Weden* entnommenen Sinnspruch »Strebe zuerst nach Erkenntnis und dann nach Wohlstand« überschrieben. Denn ohne Selbsterkenntnis sind wir wie ein Boot, das ohne Führung auf dem Strom des Lebens dahingetrieben wird. Wer daher sein Schicksal meistern möchte, muß wissen, wo er in der Welt steht und welche der gängigen Wertvorstellungen er sich – nach eingehender Prüfung – zu eigen machen beziehungsweise welche er verwerfen will, weil sie sich mit seinem Ich-Ideal nicht vereinbaren lassen.

Es ist überhaupt keine so große Kunst, sich in unserer Gesellschaft zu einem »erfolgreichen« Menschen zu entwickeln. Bereits im ersten Teil dieses Buches habe ich Sie mit den Grundregeln des äußeren Erfolgs bekanntgemacht: Machen Sie eine ehrliche Selbstanalyse hinsichtlich Ihrer Fähigkeiten und Talente; setzen Sie sich dann ein realistisches Ziel; versenken Sie dieses Ziel mit Hilfe von Autosuggestion in Ihr Unterbewußtsein – und arbeiten Sie wie besessen! Auf diese Weise werden Sie im Rahmen unserer kapitalistischen Gesellschaft immer erfolgreich sein! Und je weniger moralische Skrupel Sie haben, desto schneller und höher werden Sie steigen!

Wer sich in unserer Gesellschaft bemüht, mit Anstand und richtig verstandener Würde durchs Leben zu kommen, zahlt oft einen hohen Preis: Er wird isoliert, als »Spinner« verschrien, hintenherum angefeindet und, wenn irgend möglich, still und leise »fertiggemacht«. Denn er verstößt gegen die »Spielregeln«, die besagen, daß der Zweck, sprich der Erfolg, alle Mittel heilige.

Daher stehen wir alle immer wieder vor der Frage, ob wir uns in unserem Verhalten an gewissen unverrückbaren moralischen Grundbegriffen orientieren oder nur und ausschließlich unseren eigenen Vorteil suchen wollen. Wenn wir vom Leben mehr erhoffen als nur materiellen Erfolg, etwa menschliche Nähe und inneren Frieden, so müssen wir unser Handeln gewissen von uns freiwillig übernommenen moralisch-ethischen Grundsätzen unterwerfen.

Ein Mensch, der sich über die Regeln des menschlichen Anstands hinwegsetzt, hat es – vordergründig gesehen – leichter als einer, der sich um echte Menschlichkeit bemüht. Er hält sich brav und bieder an das, was »das gesunde Volksempfinden« vorschreibt, und eckt daher nur selten an. Wer sich hingegen an ein Wertsystem gebunden fühlt, muß täglich aufs neue seine Integrität unter Beweis stellen, und das im allgemeinen in einer verständnislosen und neidischen Umwelt. Diese Prinzipientreue gilt es jedoch nicht nur gegenüber der Umwelt zu verteidigen, sondern auch gegenüber dem eigenen »Es«. Denn das Es will uns in jeder Minute dazu anstiften, ausschließlich das zu tun, was den höchsten Lustgewinn verspricht. So gesehen haben wir alle am meisten mit uns selbst zu kämpfen.

Jeder von uns braucht daher ein Ich-Ideal, an dem er sich orientieren kann, um in seinem Bemühen um die Entfaltung seiner wahrhaft menschlichen Anlagen weder dem Druck der Umwelt noch den Einflüsterungen seiner Triebwünsche hilflos ausgeliefert zu sein.

Schädliche Erziehungseinflüsse – und wie man ihnen auf die Spur kommt

Jeder, der zu einem autonomen, handlungsfähigen, offenen und psychologisch erfolgreichen Menschen heranreifen möchte, muß sich wohl oder übel mit den Konditionierungen, also Prägungen, auseinandersetzen, die ein Erbe seiner Erziehung sind. Erst wenn wir uns solche Programmierungen bewußtgemacht und sie in uns aufgelöst haben, haben wir auch eine reelle Chance, unsere innere und »äußere« Freiheit zu gewinnen. Um dieses Ziel zu erreichen, ist es daher unerläßlich, daß wir uns damit beschäftigen, welchen Einfluß elterliche »Suggestionen« auf die Entstehung unseres Selbstbilds sowie die Heranbildung des Wertsystems, nach dem wir uns in unserem Verhalten richten, ausgeübt haben. Erst wenn wir uns diesbezüglich Klarheit verschafft haben, dürfen wir hoffen, unsere volle Handlungsfreiheit zu gewinnen.

Das jüdisch-christliche »Du sollst deine Eltern ehren!« ist uns so nachhaltig eingebleut worden, daß wir uns auch als Erwachsene zumeist nicht getrauen, auch nur in Gedanken an unseren Eltern Kritik zu üben. Dabei begehen selbst Eltern, die ihre Kinder lieben und nur deren Bestes wollen, unvermeidlich eine Menge Erziehungsfehler, aus denen sich häufig im Verlauf der Entwicklung des Kindes Neurosen entwickeln.

Über das Problem der Zensurfunktion unseres Über-Ichs, die uns daran hindert, unsere eigenen wahren Gefühle wahrzunehmen, schreibt die bekannte Psychoanalytikerin ALICE MILLER in ihrem Buch *Du sollst nicht merken* (67):

»Wie ein Verhalten der Eltern bei einem Kind angekommen ist, läßt sich von außen nicht erkennen, und selbst weiß es dies später oft auch nicht. *Aber die Strenge seines Über-Ichs kann darüber Auskunft geben*, wie sehr das Kind seine Eltern damals fürchten mußte, auch wenn der Erwachsene es bezweifelt und ihm die Eltern heute überhaupt keine Angst einzuflößen scheinen. Auch die Selbstzerstörung eines Süchtigen oder eines Selbstmörders berichtet ja nicht über die gegenwärtige Lage, sondern erzählt längst vergangene Geschichten.«

Alice Miller kommt zu folgendem Schluß: »Erst wenn man fühlen darf, wie ohnmächtig ein Kind dem ausgesetzt ist, was man von ihm erwartet (an Triebbeherrschung, an Gefühlsunterdrückung, an Rücksicht auf die Abwehr der Erwachsenen, an Toleranz für ihre Ausbrüche), erst dann kann man begreifen, daß es eine Grausamkeit ist, unter der Drohung von Liebesentzug Unmögliches vom Kind zu erwarten. Und diese Grausamkeit wird im Kind konserviert. Sie braucht gar nicht mehr übersteigert zu werden. Sie zeigt sich auch in den vielfachen *Sicherungen zur Geheimhaltung* der elterlichen Macht- und Gewaltausübung. Nach dem überlieferten Erziehungsmuster muß das Kind die Eltern als fehlerlos erleben, muß in ihnen ein Vorbild sehen. Das Ergebnis ist, daß Kinder wirklich überzeugt sind, nur *sie* hätten das Bedürfnis zu lügen, die Erwachsenen nicht; nur *sie* müßten gegen Haßgefühle ankämpfen, nicht aber die Eltern.«

In ihrem Werk *Am Anfang war Erziehung* (66) erläutert Alice Miller ganz konkret die unglaubliche Macht frühkindlicher Programmierungen, die blindlings von einer Generation an die nächste weitergegeben werden: »*Die Verachtung und Verfolgung des schwachen Kindes sowie die Unterdrückung des Lebendigen, Kreativen, Emotionalen im Kind und im eigenen Selbst durchziehen so viele Bereiche unseres Lebens, daß sie uns kaum mehr auffallen*. Mit verschiedener Intensität und unter verschiedenen Sanktionen, aber fast überall findet sich die Tendenz, das Kindliche, das heißt das schwache, hilflose, abhängige Wesen so schnell wie möglich in sich loszuwerden, um endlich das große, selbständige, tüchtige Wesen zu werden, das Achtung verdient. Begegnen wir diesem Wesen in unseren Kindern wieder, so verfolgen wir es mit ähnlichen Mitteln, wie wir es mit uns bereits taten, und nennen das ›Erziehung‹.«

Sie führt dann im weiteren Verlauf ihrer Argumentation den Begriff der »schwarzen Pädagogik« ein, aus deren tagtäglicher Praxis wir folgendes lernen können:

1. »daß die Erwachsenen Herrscher über das abhängige Kind, nicht dessen Diener seien;
2. daß sie über Recht und Unrecht wie Götter bestimmen;
3. daß ihr Zorn aus ihren eigenen Konflikten stammt;
4. daß sie das Kind dafür verantwortlich machen;
5. daß die Eltern immer zu schützen seien;

6. daß die lebendigen Gefühle des Kindes für den Herrscher eine Gefahr bedeuten;
7. daß man dem Kind so früh wie möglich seinen ›Willen‹ benehmen müsse;
8. daß alles sehr früh geschehen sollte, damit das Kind ›nichts merke‹ und den Erwachsenen nicht verraten könne.«

Um unliebsame Regungen des Lebendigen in einem Kind zu unterdrücken, bedienen sich die Erwachsenen folgender »Mittel: Fallen stellen, Lügen, Listanwendung, Verschleierung, Manipulation, Ängstigung, Liebesentzug, Isolierung, Mißtrauen, Demütigung, Verachtung, Spott, Beschämung, Gewaltanwendung bis zur Folter«.

Ein wesentlicher Aspekt der »schwarzen Pädagogik« ist es auch, »*dem Kind von Anfang an falsche Informationen und Meinungen zu vermitteln*. Diese werden seit Generationen weitergegeben und von den Kindern respektvoll übernommen, obwohl sie nicht nur nicht ausgewiesen, sondern nachweisbar falsch sind. Dazu gehören zum Beispiel Meinungen wie:

1. daß das Pflichtgefühl Liebe erzeuge;
2. daß man den Haß mit Verboten töten könne;
3. daß Eltern a priori als Eltern Achtung verdienen;
4. daß Kinder a priori keine Achtung verdienen;
5. daß Gehorsam stark mache;
6. daß eine hohe Selbsteinschätzung schädlich sei;
7. daß eine niedrige Selbsteinschätzung zu Menschenfreundlichkeit führe;
8. daß Zärtlichkeiten schädlich seien (Affenliebe);
9. daß das Eingehen auf kindliche Bedürfnisse schlecht sei;
10. daß Härte und Kälte eine gute Vorbereitung fürs Leben bedeuten;
11. daß vorgespielte Dankbarkeit besser sei als ehrliche Undankbarkeit;
12. daß das Verhalten wichtiger sei als das Sein;
13. daß die Eltern und Gott keine Kränkung überleben würden;
14. daß der Körper etwas Schmutziges und Ekelhaftes sei;
15. daß die Heftigkeit der Gefühle schädlich sei;
16. daß die Eltern triebfreie und schuldlose Wesen seien;
17. daß die Eltern immer recht hätten.«

Diese Ausführungen von Alice Miller zeigen deutlich: Viele Kinder und Heranwachsende werden von den Eltern nachteilig beeinflußt. Nur zu viele haben unter rigorosen Verboten und Liebesentzug gelitten und sind so »programmiert« worden, daß ihr Verhalten auch noch im Erwachsenenleben in einer für sie schädlichen Weise von diesen Prägungen bestimmt wird. Und diese schädlichen Prägungen und leidvollen Erfahrungen müssen zunächst bewußtgemacht und dann »gelöscht« werden, bevor solche Menschen sich daranmachen können, ihren Charakter umzuformen. Wenn wir ein neues Haus bauen wollen, setzen wir es ja auch nicht auf alte, brüchige Fundamente.

Ein Ich-Ideal zu konstruieren bedeutet also, sich einmal eine ganz klare Vorstellung von jenem Idealmenschen zu machen, der man sein möchte.

Zunächst aber möchte ich Ihnen einmal mehr empfehlen, eine Liste anzulegen, in die Sie die Verhaltensweisen eintragen, die Ihnen aus heutiger Sicht an Ihren Eltern mißfallen haben und von denen Sie glauben, daß sie Ihr heutiges Verhalten nach wie vor nachteilig beeinflussen. In einer solchen Liste können Tatsachen zutage treten, die jeden Menschen, auf den sie konkret nicht zutreffen, befremden müssen, die aber für den Betroffenen von nachhaltigem Einfluß waren, zum Beispiel:

- Mein Vater kritisierte und beschimpfte mich oft vor anderen Leuten und nannte mich einen Taugenichts.
- Mein Vater kam öfters betrunken nach Hause und schlug *mich*, nur weil sich meine Mutter in ihrem Zimmer eingesperrt hatte.
- Meine Mutter nahm mich nie in Schutz, wenn mich mein jähzorniger Vater grundlos schlug.
- Mein Vater nahm mich in der dritten Klasse aus dem Gymnasium, weil ich zwei Vierer im Zeugnis hatte, und steckte mich in eine Lehre.
- Meine Mutter heiratete in zweiter Ehe einen Mann mit zwei Kindern und behandelte *mich* fortan wie das Stiefkind.
- Mein Vater erwischte mich mit vierzehn Jahren beim Onanieren und versetzte mir einen derartigen Faustschlag auf mein Geschlechtsorgan, daß ich einen Hodenbruch davontrug.

- Mein Vater prügelte mich einmal windelweich, weil ich zehn Pfennig aus der Ladenkasse genommen hatte. Dabei betrog er seine Kunden ständig selbst beim Abwiegen der Waren.
- Mein Vater zwang mich, den Bürgermeister, die Stadträte und die Geistlichen des Ortes in einer ausgesprochen devoten Art zu grüßen.
- Meine Mutter zwang mich jeden Abend zum gemeinsamen Nachtgebet, obwohl sie selbst ein liderliches Leben führte.

Eines möchte ich an dieser Stelle noch einmal ganz deutlich sagen, es ist nicht der Sinn einer solchen »Abrechnung«, die eigenen Eltern schlechtzumachen oder ihnen Schuld zuzuweisen. Daher können Sie auch, wenn es Ihr Gewissen beruhigt, eine Liste mit zwei Spalten anlegen und in die eine Spalte die Charaktervorzüge Ihrer Eltern eintragen und in die andere ihre Schwächen.

Niemand ist perfekt, und es ist durchaus möglich, daß auch Ihre Eltern manche Schwächen hatten. Im übrigen hat ein solches Resümee ausschließlich den Zweck, eventuelle Schwächen Ihrer Eltern unter dem Gesichtspunkt bloßzulegen, ob sie *Ihnen* geschadet haben und *Ihr* Verhalten noch heute nachteilig beeinflussen!

Nun wollen wir uns einmal die möglichen Folgen der vorstehend beispielhaft aufgelisteten verhängnisvollen kindlichen Erfahrungen ansehen. Die Wirkungen wären im Einzelfall wahrscheinlich die folgenden:

- Minderwertigkeitsgefühle (»Ich tauge nichts«);
- die Unfähigkeit zur Selbstbehauptung (»Ich werde stets stellvertretend für andere bestraft«);
- das Gefühl, nicht liebenswert zu sein (»Nicht einmal meine Mutter mochte mich«);
- der Eindruck, von vornherein ohne Chance zu sein (»Sogar mein Vater nahm mich aus der Oberschule«);
- Angst vor sexuellen Aktivitäten (»Sexuelle Betätigung bereitet nur Schmerzen«);
- eine falsche Moral (»Man darf sich beim Betrügen nur nicht erwischen lassen«);
- Unterwürfigkeit (»Gegen die Mächtigen kommt man ja ohnehin nicht an«);

- die Unfähigkeit zu glauben (»Gott merkt es ja sowieso nicht, wenn er von einer scheinheiligen Sünderin angebetet wird«).

In seinem Buch *Ich bin o. k., du bist o. k.* weist der Psychologe THOMAS HARRIS (44) darauf hin, daß vielen Kindern von ihren Eltern ein »Ich-bin-nicht-okay-Gefühl« eingepflanzt wird. Dieses Gefühl hindert das betroffene Individuum häufig daran, in seinem späteren Leben erfolgreich zu sein. Wann immer ein solcher Mensch sich ein Stück emporgearbeitet hat, macht er einen für die Umwelt völlig unverständlichen Fehler und fällt wieder auf die Ausgangsposition zurück, weil – wie ich bereits im Zusammenhang mit der Hypnose dargestellt habe – sich die »Grundannahmen« des Unterbewußtseins *immer* erfolgreich gegen den bewußten Willen durchsetzen!

So befreien Sie sich vom Ballast der Vergangenheit

Wenn Ihnen Selbstverwirklichung ein echtes Anliegen ist, müssen Sie sich zunächst einmal vom Ballast der Vergangenheit befreien. Das ist jedoch nur möglich, wenn Sie peinlich genau und ohne Schuldgefühle herauszufinden versuchen, welche Verhaltensweisen Ihrer Eltern in Ihrem Fall zu einer Fehlprogrammierung geführt haben. Erst wenn Sie diese schädlichen Prägungen erkannt haben, können Sie darangehen, sie loszuwerden. Ohne diese Vorarbeit ist eine Neuprogrammierung nicht möglich.

Von dem amerikanischen Wissenschaftler ROBERT A. MONROE habe ich eine Methode übernommen und erprobt, die ungeheuer simpel und dennoch äußerst wirksam ist. Es ist eine jener Methoden, über die sich unsere Schulpsychologen so gerne mokieren. Sie lehnen solche Methoden von vornherein als »unwissenschaftlich« ab, obwohl diese Techniken ihre Wirksamkeit in der Praxis bewiesen haben. Nicht wenige unserer akademisch »verbildeten« Psychologen wollen nicht einsehen oder zugeben, daß gerade im seelischen Bereich sehr vieles nach dem »Black-box-Prinzip« geschieht. Man gibt einen »Input« ein und erhält dafür einen bestimmten »Output«, das heißt ein (gewünschtes) Ergebnis. Wie solche Ergebnisse zustande kommen, ist in vielen Fällen bis heute schleierhaft.

Ein Musterbeispiel für eine Suggestionstechnik, deren Funktionsweise sich nicht exakt erklären läßt, ist das autogene Training, das in Kapitel 3 bereits behandelt wurde.

Die von mir zwecks persönlicher Nutzanwendung von Robert A. Monroe übernommene Methode zur Beseitigung schädlicher Programme ist ebenfalls äußerst wirksam. Sie funktioniert folgendermaßen: Stellen Sie sich, nachdem Sie sich entspannt haben, einmal eine große Kiste mit einem schweren, verschließbaren Deckel vor. Nennen wir sie die »Hemmnis-Box«. Öffnen Sie jetzt im Geiste den Deckel der Kiste. Und nun packen Sie, sorgfältig ohne Eile, alle Ihre schädlichen Verhaltensweisen hinein, die auf Fehlprogrammierungen durch Ihre Eltern beruhen: Autoritätsverliebtheit, Minderwertigkeitsgefühle, mangelnde Risikobereitschaft, sexuelles Versagen und so weiter – alles, was Ihnen gerade in den Sinn kommt!

Wenn Sie diese »Vergangenheitsbrocken« in der Kiste verstaut haben, dann legen Sie gleich noch Ihre Gegenwartssorgen obenauf: Geld- und Karrieresorgen, Ihre Ehekrise und was Sie sonst noch belastet. Und jetzt verschließen Sie den schweren Deckel sorgfältig und geben der Kiste einen Schubs, daß sie hinausschwebt ins All.

Nun sind Sie alles los, was Sie bedrückt! Genießen Sie diesen sorgenfreien Zustand! Liegen Sie glücklich und entspannt da und nehmen Sie ganz bewußt mit Ihrem Atem zusätzliche Energie aus dem Universum in sich auf. Erst wenn Sie aller alten Sorgen ledig sind, sollten Sie mit Ihrer Neuprogrammierung beginnen.

Bevor Sie sich nun an die Realisierung Ihres Ich-Ideals machen, möchte ich Ihnen noch die folgenden Warnungen mit auf den Weg geben:

1. Übernehmen Sie sich nicht! Den »perfekten Menschen« gibt es nicht. Absolute Vollkommenheit ist auch gar nicht erstrebenswert.
2. Nehmen Sie sich nicht zuviel auf einmal vor! Sie können sich nicht von heute auf morgen umkrempeln. Gehen Sie Schritt für Schritt vor. Setzen Sie sich die Veränderung zunächst nur eines Charak-

terzuges als Nahziel, zum Beispiel, falls Sie ein etwas hektischer, cholerischer Typ sind, Gelassenheit zu erwerben.

3. Denken Sie stets an die buddhistische Weisheit: »Der Weg ist das Ziel!« Wenn Sie sich ernsthaft bemühen, so wird dies immer vorteilhafte Folgen für Sie selbst und Ihre Umgebung haben – selbst wenn Sie Ihr hohes Ziel eines »neuen Menschen« nicht gänzlich erreichen sollten!

Wenn Sie mit der Realisierung des von Ihnen gewählten Ich-Ideals beginnen, wird Ihnen vielleicht erstmals wirklich bewußt werden, wie ungeheuer facettenreich das Leben sein kann. Was wird uns auf dem kulturellen Sektor nicht alles geboten! Welche Vielzahl von Verhaltensmöglichkeiten bietet sich doch im Umgang mit der Natur, der Tier- wie der Pflanzenwelt! Und wie viele Millionen Möglichkeiten gibt es, mit anderen Menschen zu kommunizieren!

Das von ABRAHAM MASLOW (63) als »Bedürfnis nach Zugehörigkeit und Liebe« bezeichnete Streben ist meines Erachtens das entscheidende menschliche Grundbedürfnis. Selbst Hungerzeiten, wie sie infolge des Zweiten Weltkrieges auftraten, lassen sich leichter überstehen, wenn man in eine Gruppe oder in eine Paarbeziehung eingebunden ist, die einen tröstend und helfend trägt.

Wenn Sie sich also auf den Weg zum Gipfel menschlicher Selbstentfaltung machen möchten, dann sollten Sie im Prinzip genauso vorgehen, wie ich es im ersten Teil dieses Buches allen jenen empfohlen habe, die nach beruflichem und gesellschaftlichem Erfolg streben:

Stufe 1: Verschaffen Sie sich Klarheit darüber, welche Prioritäten Sie in Ihrem zukünftigen Leben setzen wollen: Welchen Anteil soll der Beruf einnehmen, welchen das Privatleben?

Stufe 2: Machen Sie eine ehrliche Selbstanalyse hinsichtlich Ihrer Talente, Fähigkeiten und Eigenschaften. Wenn Sie sich anläßlich dieser »Gewissenserforschung« vielleicht erstmals Schwächen eingestehen, dann akzeptieren Sie diese Unvollkommenheiten! Zuerst muß man sich selbst lieben, bevor man andere lieben kann.

Stufe 3: Werden Sie sich über Ihre endgültige Zielsetzung klar. Wie, das heißt, als was für ein Mensch wollen Sie am Ende Ihres Lebens dastehen, um vor Ihrem eigenen und dem Urteil Ihrer Mitmenschen oder Gottes bestehen zu können?

Stufe 4: Setzen Sie sich Teilziele: Was wollen Sie bis wann erreicht haben? Und setzen Sie Prioritäten: Welches Teilziel wollen Sie zunächst erreichen?

Stufe 5: Denken Sie täglich mehrmals über sich selbst nach und sehen Sie sich im Geiste immer als den »neuen Menschen«, der Sie werden wollen. Sie müssen Ihr Endziel stets vor Augen haben – und es auf diese Weise auch Ihrem Unterbewußtsein zeigen!

Stufe 6: Befreien Sie sich mit Hilfe der »Hemmnis-Box« von schädlichen Programmierungen.

Stufe 7: Versenken Sie täglich, am besten vor dem Schlafengehen, mittels Autosuggestion die *eine* wesentliche Veränderung, die Sie als erste anstreben, in Ihr Unterbewußtsein. Prägen Sie zu diesem Zweck eine ganz bestimmte »Formel«, deren Wortlaut Sie nicht verändern dürfen. Zum Beispiel: »*Ich meistere jede Situation, auch die schwierigste, mit Gelassenheit.*«

Stufe 8: Gehen Sie erst dazu über, eine neue Formel in Ihr Unterbewußtsein zu versenken, wenn die erste im Alltag wirkt! Und hängen Sie die zweite Formel stets an die erste an. Zum Beispiel: »*Ich meistere jede Situation, auch die schwierigste, mit Gelassenheit. Die Würde meiner Mitmenschen ist für mich unantastbar.*«

Und nun noch einige allgemeine Ratschläge zu Ihrem »Umerziehungsprogramm«:

1. Denken Sie positiv! Zweifeln Sie nie daran, daß Sie Ihr Ziel auch erreichen werden!
2. Legen Sie eine Liste an, auf der Ihre Teilziele vermerkt sind. Gehen Sie diese Liste allabendlich durch und geben Sie sich ein »Plus« oder ein »Minus«, je nachdem, ob Sie Ihre Vorsätze eingehalten haben oder nicht.
3. Spechen Sie nicht mit Dritten über Ihr Vorhaben! Es sei denn, Sie leben in einer engen Partnerschaft mit einem Menschen, der es wirklich gut mit Ihnen meint und Sie unterstützt.
4. Suggerieren Sie sich ausschließlich positive Formeln! Also beispielsweise nicht: »Ich werde mich nicht mehr ärgern!«, sondern: »Ich stehe über den Dingen.«

Die vorstehend dargestellte Technik habe ich selbst erprobt, und auch die Teilnehmer an zahllosen von mir durchgeführten Seminaren waren begeistert von dieser Methode. *Sie funktioniert immer, wenn man sie nur strikt anwendet!* Da kann es überhaupt keinen Fehlschlag geben! Vergessen Sie daher nie, was ich weiter vorne über die »Macht der Gedanken« gesagt habe.

Es gibt eine zweite Erfolgsmethode, die beispielsweise von OG MANDINO (61) propagiert wird: Er empfiehlt, täglich, und zwar dreißig Tage lang, einen mehrere Seiten langen Text, der *eine* Anweisung (in vielen Variationen) enthält, dreimal täglich zu lesen: morgens, mittags und abends – am Abend laut.

Ich persönlich habe bessere Erfahrungen mit einprägsamen und präzise formulierten Kurzformeln gemacht, die sich auf jeweils eine Anweisung beschränken. Mit dieser Feststellung möchte ich jedoch den Wert von Mandinos Technik nicht in Frage stellen. *Eine Methode muß immer auch zu dem Menschen passen, der sie anwendet.*

Vielleicht habe ich zu »langwierigen« Methoden kein Verhältnis, weil ich bereits seit 1948 täglich autogenes Training praktiziere. Dabei entspanne ich mich in maximal drei Minuten so vollständig, daß ich das Gefühl habe, drei Zentner zu wiegen und durch das Bett zu brechen. Dann versenke ich möglichst bildhaft *eine* Kurzformel in mein Unterbewußtsein – und diese Methode hat bisher immer funktioniert!

In seinem Buch *Das Geheimnis des Erfolges* erklärt Og Mandino auch, wie man sich Schritt für Schritt zum Erfolg hinaufarbeiten kann. Als Beispiel zieht er die Lebensgeschichte BENJAMIN FRANKLINS heran:

»Einer der einflußreichsten Männer in Amerika war wohl Benjamin Franklin. Er war einfach alles: Wissenschaftler, Autor, Diplomat, Erfinder, Philosoph und ein guter Staatsbürger. Er lernte ganz allein Französisch, Spanisch, Italienisch und Latein. Ohne seine geschickte Führung hätten die Vereinigten Staaten vielleicht nie ihre Unabhängigkeit erreicht.

Aber selbst Benjamin Franklin hatte schlechte Gewohnheiten – und er wußte es. Im Gegensatz zu den meisten Menschen arbeitete er an sich. Erfinderisch wie er war, gab er sich eine ›Zauberformel‹, mit der er seine schlechten Gewohnheiten angehen wollte. Zuerst listete er die dreizehn Tugenden auf, die seiner Meinung nach für den Erfolgreichen unerläßlich sind: Mäßigkeit, Ruhe, Ordnung, Entschlossenheit, Bescheidenheit, Fleiß, Aufrichtigkeit, Gerechtigkeit, Sparsamkeit, Reinlichkeit, Ausgeglichenheit, Keuschheit und Demut.«

In seiner Autobiographie hat Benjamin Franklin dargestellt, wie er methodisch vorging, um seinen eigenen Charakter nach seinem Willen umzuformen:

»Da ich nun also diese Tugenden zu festen Bestandteilen meines Charakters machen wollte, beschloß ich, sie nicht alle gleichzeitig erwerben zu wollen, denn das hätte meine Kräfte zersplittert. Ich wollte mich nur auf jeweils *eine Tugend* konzentrieren. Und wenn ich diese gemeistert hätte, mir eine andere vornehmen und so fort, bis ich die ganze Liste durchgegangen wäre.«

Im übrigen hielt sich Franklin an den von PYTHAGORAS überlieferten Grundsatz »Überprüfe dein Handeln täglich«. Aus diesem Grund legte er einen »Erfolgskalender« an: »Ich nahm mir ein Büchlein und reservierte darin jeder Tugend ein Blatt. Und für jeden Tag machte ich eine Spalte und markierte durch einen kleinen Punkt jeden Fehler, den ich bei meiner täglichen Gewissenserforschung fand.«

Nach dem heutigen psychologischen Sprachgebrauch hat Benjamin Franklin also nichts anderes getan, als ein Ich-Ideal zu konstruieren. Er sah sich als den »neuen Menschen«, der er werden wollte. Um sein Ideal zu realisieren, steuerte er Schritt für Schritt unbeirrbar sein Ziel an, kontrollierte den Erfolg und veränderte auf diesem Weg noch als erwachsener Mann seinen Charakter ganz wesentlich.

Wenn alle bisher vorgetragenen Argumente Sie noch immer nicht zu überzeugen vermochten, so wird Ihnen dieses Buch wahrscheinlich keine Hilfe bieten können, im anderen Fall sollten Sie jetzt damit beginnen, das skizzierte »Programm« in die Tat umzusetzen.

Lernen Sie, Ihre Gefühle zuzulassen!

Aufgrund meiner Erfahrungen als Seminarleiter halte ich es für nötig, an dieser Stelle noch einmal auf das Thema »Gefühle« einzugehen. Die größten Schwierigkeiten habe ich in meinen Seminaren immer mit solchen – meist sehr intelligenten – Menschen, die glauben, das Leben allein mit dem Verstand meistern zu können. Tatsächlich sind all diese Verstandesmenschen zu einer echten zwischenmenschlichen Beziehung nicht fähig, und zwar weder innerhalb noch außerhalb ihrer Familie.

ALEXANDER LOWEN äußert sich in seinem Buch *Lust* (59) zum Verhältnis von Denken und Fühlen wie folgt:

»Gewöhnlich heißt es, Denken und Fühlen seien einander entgegengesetzt. Dem Impulsiven, der ohne Nachdenken gefühlsmäßig handelt, stellt man den Bedächtigen gegenüber. Auch die Aufforderung ›Hör auf zu denken‹ hat einiges für sich. Daher scheint es ein Widerspruch zu sein, wenn es heißt, zwischen dem, was man fühlt, und dem, was man denkt, bestünde eine innige Verknüpfung. Wenn wir jedoch unsere Denkvorgänge untersuchen, ist es überraschend, in welchem Maße das, was wir denken, mit unseren Gefühlen zu tun hat, beziehungsweise wie viele Gedanken eine emotionale Grundlage haben.«

Gehirnanatomisch ist längst klar erwiesen, daß infolge der Querverbindungen zwischen Hirnrinde und Hypothalamus beziehungsweise limbischem System alle Gedanken automatisch gefühlsmäßig eingefärbt sind. Stellen wir uns beispielsweise einen Mathematiker vor, der mit Hilfe der Wahrscheinlichkeitsrechnung ein bestimmtes Problem zu lösen versucht. Wenn er seinen Beruf liebt, wird die Lösung dieser Aufgabe für ihn mit Lustgefühlen verbunden sein, auch wenn er dieser Gefühle aufgrund der geistigen Konzentration möglicherweise nicht gewahr wird. Diese Gefühle sind jedoch da und beeinflussen den Mathematiker beispielsweise insofern, als er selbst nach einem langen Arbeitstag nicht gestreßt, sondern hochgemut nach Hause geht.

In *Was sagen Sie, nachdem Sie »Guten Tag« gesagt haben?* erklärt der kanadische Psychologe ERIC BERNE (8), daß jeder von uns, der ein »weinendes Kind« in sich hat, weil er mit einem Liebesdefizit aufgewachsen ist, dreierlei nicht gelernt hat:

- bei sich auftretende Gefühle wahrzunehmen und sie als selbstverständlich zu akzeptieren;
- Gefühle anderen gegenüber auszudrücken;
- Gefühle von anderen selbstverständlich entgegenzunehmen.

Am meisten geschädigt sind in dieser Hinsicht im allgemeinen Kinder aus Akademikerfamilien, in denen immer der Verstand und die Bildung überbetont werden. Es gibt Familien, in denen Gefühle einfach nicht »stattfinden«: da gibt es nie einen Gutenachtkuß oder ein zärtliches Streicheln. Wenn die Kinder schmusen wollen, werden sie abgewiesen. Wer in einem gefühlsmäßig derart »sterilen« Milieu aufgewachsen ist, ist im allgemeinen auch als Erwachsener zu echter Kommunikation, das heißt zu einer tiefen zwischenmenschlichen Beziehung, nicht fähig. Denn: Basis und Voraussetzung echter Kommunikation ist die Fähigkeit, Gefühle zum Ausdruck zu bringen.

Natürlich sind derart gestörte Menschen, ob Männlein oder Weiblein, miserable Liebhaber. Wie auf allen Psychologenkongressen zu hören ist, sind in den westlichen Industrieländern fünfzig Prozent aller Paarbeziehungen in sexueller Hinsicht gestört, mit anderen Worten: in jeder zweiten Paarbeziehung klappt es im Bett nicht richtig. Schuld an dieser Misere sind zum überwiegenden Teil die Männer, weil

- sie nicht gelernt haben, Gefühle auszudrücken;
- es ihnen aufgrund ihres anachronistischen männlichen Rollenbildes an Einfühlungsvermögen für die weibliche Psyche fehlt;
- die durch Verhütungsmittel vor Schwangerschaften geschützte »emanzipierte« Frau eine sexuelle Herausforderung darstellt, wodurch sich die Männer verunsichert fühlen.

Im übrigen ist die Unfähigkeit, wahrhaft zu lieben, immer ein Zeichen psychischer Unreife. IDRIES SHAH geht in seinem Buch *Die Sufis* (104) auch auf den Unterschied zwischen echter und eingebildeter Liebe ein. Er sagt dort:

»Liebe ist das große Thema, das sich durch die ganze sufische Dichtung und auch die Lehren der einzelnen Meister zieht. Liebe ist letztlich der Schöpfer der Zustände, die man als die ›Gaben‹ bezeichnet. Der Sufi unterscheidet zwei Formen der Liebe, die gewöhnliche und die wirkliche Liebe. Die gewöhnliche Liebe verleitet den Menschen dazu, andere falsch einzuschätzen und sich selber etwas vorzumachen. Sie ist unbeständig und anfällig für alle Formen der Ablenkung. Eine Geschichte illustriert dies: Ein Mann traf einmal eine wunderschöne Frau. Er gestand ihr seine Liebe. Sie sagte: ›Dort neben mir sitzt eine, deren Schönheit ist noch vollkommener als meine; sie ist meine Schwester.‹ Der Mann schaute nach der anderen Frau. Da sagte die erste Frau: ›Du Heuchler! Als ich dich von weitem sah, dachte ich, du seist ein weiser Mann. Als du näher kamst, hielt ich dich für einen Liebenden. Nun weiß ich, daß du keines von beiden bist.‹«

Idries Shah fährt fort: »Ein Mensch, der so liebt, sieht nur die äußere Schönheit der Dinge, während der wirklich Liebende die Schönheit des Wesens (Dhat), nicht der Form sieht. Die eine Liebe verschönert die Existenz, während die andere sie läutert. Die gewöhnliche Liebe wechselt leicht von einem Objekt zum anderen, wenn es ihr begehrenswert erscheint; die wirkliche Liebe kennt nur ein Objekt, von dem sie sich nie wieder trennt: das Wesen. Wer so liebt, für den ist die kleinste Einzelheit dessen, was er liebt, von großer Bedeutung, während er seine eigene Bedeutung für das Geliebte als sehr gering einschätzt. In diesem Licht betrachtet, sind die Gefühle in der gewöhnlichen Liebe nur ein Ausdruck der Ichbezogenheit.«

Was die Situation für beide Geschlechter zusätzlich verschlimmert, ist die allgemeine Kommunikationsunfähigkeit der jüngeren Generation. Die jungen Menschen können heute in vielen Fällen nicht mehr miteinander reden: Weder können die meisten von ihnen ihre Gedanken klar ausdrücken noch können sie zuhören. Als sehr hilfreich hat sich diesbezüglich der nachstehende Fragenkatalog *Sexuelle Persönlichkeits- und Wunschmatrix* erwiesen, der von einem (in Deutschland lebenden) libanesischen Arzt erstellt worden ist.

Wenn es in einer Partnerschaft nicht mehr so recht »klappt«, sollten daher beide Partner je ein Exemplar des Fragenkatalogs ehrlich ausfüllen und anschließend die Bögen austauschen – und darüber reden. Wenn die beiden Partner erst einmal anfangen, über ihre Probleme zu reden, dann lösen sie sie auch gemeinsam. Dazu bedarf es keines Psychotherapeuten.

Sexuelle Persönlichkeits- und Wunschmatrix

Um sich selbst Klarheit darüber zu verschaffen, wer Sie zum augenblicklichen Zeitpunkt als »sexuelle Persönlichkeit« sind und in welche Richtung und auf welches Ziel hin Sie sich weiterentwickeln wollen, setzen Sie Ihr Kreuz in die jeweils »zutreffende« Rubrik .

	sehr	mittel	wenig
Ich bin			
1. selbstsicher			
2. gehemmt			
3. schüchtern			
4. als Liebhaber(in) erfahren			
5. als Liebhaber(in) unerfahren			
6. theoretisch über »Sex« informiert			
7. gut aussehend			
8. attraktiv von meiner »Ausstrahlung« her			
9. ein(e) gern gesehene(r) Gesellschafter(in)			
10. sportlich trainiert			
11. sexuell potent			
Ich habe Schwierigkeiten,			
12. mich dem anderen Geschlecht zu nähern			
13. mich beim Sexualakt zu entspannen			
14. den Körper meines Partners zärtlich zu behandeln			
15. mit dem Partner über meine Gefühle zu reden			
16. dem Partner meine sexuellen Wünsche mitzuteilen			
17. (als Mann:) eine Erektion zustandezubringen			
18. (als Mann:) die Ejakulation zurückzuhalten			
19. (als Frau:) richtig erregt zu werden			
20. einen Orgasmus beim Verkehr zu erreichen			

Ich möchte gerne
(mit Hilfe meines Partners oder meiner Partnerin)

21. meine Schüchternheit loswerden	
22. meine Hemmungen überwinden	
23. meine Gefühle frei äußern können	
24. meine geheimen Wünsche frei äußern dürfen	
25. auch im Bett nach Herzenslust »experimentieren« können	
26. nicht verlacht werden, wenn ich mich ungeschickt benehme	
27. gelobt werden, wenn ich mich als gute(r) Liebhaber(in) erweise	

Im übrigen empfehle ich den Teilnehmern an meinen »Selbstverwirklichungsseminaren« immer, falls es in sexueller Hinsicht mit ihrem Partner nicht ganz »klappt«, wenigstens *gemeinsam* mit diesem gute sexuelle Aufklärungsbücher zu lesen. Im Literaturverzeichnis am Ende dieses Buches finden Sie eine reiche Auswahl fachkundiger Literatur zum Thema Partnerschaft und Sexualität. Sollten Sie also im sexuellen Bereich unter Schwierigkeiten leiden, so kann ich Ihnen die Lektüre seriöser Fachliteratur nur dringend ans Herz legen. Denn eines steht außer Zweifel: Ein »psychologisch erfolgreicher Mensch« ist immer auch ein guter Liebhaber!

Wer seinen Körper und dessen Bedürfnisse verdrängt, ist, um mit GERHARD SZCZESNY zu sprechen, »ein reduzierter Mensch«. Mißachten Sie also Ihren Körper nicht, sondern gestatten Sie sich, Gefühle zu haben, und lernen Sie, diese Gefühle anderen Menschen mitzuteilen. Der »neue Mensch«, zu dem Sie sich entwickeln wollen, ist ein Gottesgeschöpf aus Geist *und* Körper!

Der »suchende Mensch«, dem dieser zweite Teil des vorliegenden Buches gewidmet ist, ist jedoch nicht nur ein isoliertes Individuum in seiner privaten Welt, sondern er ist eingebunden in die menschliche Gemeinschaft und hat nach ALFRED ADLER drei Lebensaufgaben zu bewältigen: die Arbeit, die Liebe, die Gemeinschaft. Das heißt, wir müssen zunächst unser eigenes Leben in Ordnung bringen, bevor wir anderen Menschen helfen können.

GERHARD SZCZESNY schreibt in diesem Zusammenhang in seinem Buch *Vom Unheil der totalen Demokratie* (113): »Die entscheidende Voraussetzung für eine helfende, den anderen bei der Entfaltung seiner Persönlichkeit und der Lösung seiner Probleme unterstützende Zuwendung ist die Fähigkeit, Art und Inhalt des personalen Humanisierungsprozesses zu begreifen und bei sich selbst anwenden zu können. Wohin denn soll der Blinde den Blinden führen, wenn ihn nichts beseelt als der euphorische Wille zu einem unbestimmten Guten?«

Wenn Sie also Ihr persönliches Leben bereits in Ordnung gebracht und sich erfolgreich ein Stück nach vorne bewegt haben, dann könnte durchaus der Zeitpunkt gekommen sein, da Sie überlegen sollten, inwiefern und wie Sie sich helfend in die größere Gemeinschaft einbringen können, in der Sie leben. Dazu MARILYN FERGUSON (33): »Das Selbst und die Gesellschaft sind untrennbar. Irgendwann muß jeder, der sich mit der Transformation des Individuums beschäftigt, zum gesellschaftlichen Handeln übergehen.«

Aber – und hier zeichnet sich nun eine neue Schwierigkeit ab: Was kann man denn als kleiner »Einzelkämpfer« schon gegen die etablierten, satten und arroganten Hierarchien von Staat und Wirtschaft unternehmen? Ist ein derartiges Unterfangen nicht von vornherein hoffnungslos? Nein, das ist es nicht! Voraussetzung dafür ist allerdings: *Denken Sie positiv!* Es gibt nämlich heute bereits Millionen Menschen, die positiv denken und die im Begriff stehen, die Welt von der Basis her zu erneuern. Von ihnen wird im folgenden die Rede sein.

KAPITEL 10

Die »New-Age«-Bewegung

Ein neues Weltzeitalter wirft seine Schatten voraus

Wie schon ausgeführt wurde, ist laut ALFONS ROSENBERG (94) »der in zahllose Bünde ausgegliederte Bund der oberste Typus der wassermannhaften Gemeinschaftsformen. Diese neuen, von der Freundschaftskraft gewirkten Bünde des Wassermannzeitalters werden unter anderem auch als notwendige Gegengewichte zu der übersteigerten Bewegungs- und Wandlungssucht der Wassermannmentalität wirken.«

Genau dieses Kriterium des »Bundes« erfüllt die neue, von MARILYN FERGUSON wesentlich mitbegründete Bewegung des »New Age«, also des neuen Weltzeitalters. Nicht umsonst lautet der Titel ihres so erfolgreichen Buches: *Die sanfte Verschwörung – Persönliche und gesellschaftliche Transformation im Zeitalter des Wassermanns* (33). Der »Bund« der New-Age-Bewegung besteht aus die ganze Welt überziehenden »Netzwerken«. Aber wozu dient nun dieses Netzwerk »konspirativer« Bünde? Sein wichtigster Zweck ist die Neuverteilung der Macht.

Aus diesem Grund sind derartige Gruppen stets darauf bedacht, möglichst nicht »allzu ›professionell‹ zu werden, weil sie befürchten, daß sich eine Hierarchie der Autorität entwickeln könnte und somit ihr ganzer Zweck verfehlt wäre. Denn die Gegenseitigkeit ist unabdingbar. Indem man anderen hilft, wird einem auch selbst geholfen. Eine Untersuchung wies darauf hin, daß sich die Netzwerke zur Selbsthilfe im allgemeinen selbst finanzieren und nicht durch Appelle an die Öffentlichkeit; sie besitzen keine professionelle Führung; sie sind für alle offen (ohne strenge Richtlinien zur Erlangung der Mitgliedschaft), örtlich begrenzt, erneuernd und ohne Ideologie; und sie betonen eine größere Selbstbewußtheit und ein erfüllteres, freieres Gefühlsleben.«

Die Anhänger der New-Age-Bewegung

- wollen primär als *Menschen* leben und nicht als sich selbst entfremdete Produzenten oder als manipulierte Konsumenten;
- wollen einen Beruf ausüben, der ihnen Spaß macht und es ihnen ermöglicht, den Ablauf der Arbeit weitgehend selbst zu bestimmen;
- wünschen sich bessere zwischenmenschliche Beziehungen, vor allem mehr Liebe und Zärtlichkeit;
- sind bereit, auf einen Teil ihres bisherigen Einkommens zu verzichten, wenn sie als Ausgleich für diesen Verzicht als glücklichere Menschen in einer gesunden Umgebung leben können;
- haben erkannt, daß es keinen Sinn hat, ständig nach mehr Status, Macht und Geld zu jagen;
- lehnen es ab, sich mit Hilfe von Tabletten und andern Stimulanzien über Jahrzehnte hinweg unnatürlich hohe Leistungen abzupressen, um dann ausgebrannt in der Frühinvalidität oder durch plötzlichen Herztod zu enden;
- sind der Meinung, daß es außer dem Beruf noch andere Lebensbereiche gibt, die genauso wichtig sind, beispielsweise die Beschäftigung mit der Natur und der Kunst;
- haben erkannt, daß dem einzelnen eine Verbindung mit dem Kosmos nur über den »inneren Weg« gelingen kann – daher ihr Interesse für Meditationstechniken;
- wissen, daß der menschliche Wille auf jede einzelne Körperzelle verändernd einwirken kann – daher ihr Interesse für Suggestionsmethoden;
- sind überzeugt, daß der Geist die Materie beherrscht und daß »Gesundheit« in erster Linie eine Geisteshaltung ist; daher ihre Abneigung gegen eine übertechnisierte Medizin und übertriebenen Tabletteneinsatz;
- streben eine Umverteilung der Macht auf friedlichem Wege an;
- haben entdeckt, daß sie nicht darauf warten können, daß sich die »äußere« Welt verändert; sie vertrauen darauf, daß sich ihr Leben

und ihre Umwelt in dem Maße umgestalten, wie sich ihr eigener Geist transformiert;

- sind willens, sich gegen die alten gesellschaftlichen Postulate zu »verschwören« und gegen sie zu leben.

Der Schlüsselbegriff der New-Age-Bewegung heißt »Transformation«. Transformation bedeutet »Wandlung«. Das Wesen der »sanften Verschwörung« besteht also in der *Wandlung*. Aber in der Wandlung wessen? Zunächst einmal des einzelnen und dann mit Hilfe der »gewandelten« einzelnen der Gesellschaft insgesamt.

Die Wandlung des Individuums

Wir wollen uns daher zunächst mit der Transformation des Individuums, genauer gesagt, der individuellen Persönlichkeit beschäftigen. Ich habe in anderem Zusammenhang bereits über die »Borniertheit« gesprochen. Die geistigen Aktivitäten bornierter Menschen spielen sich überwiegend in der linken Gehirnhälfte ab, in der Gehirnhälfte, die »digital« arbeitet, also mit Zahlen, Wörtern und abstrakten Symbolen, und streng logisch, das heißt linear denkt. Woran es diesen Menschen mangelt, die aufgrund einer falschen Erziehung nur abstrakt und unpersönlich denken, ist Phantasie. Sie vermögen sich neue Zustände nicht vorzustellen. Sie sind unfähig, Situationen und Zustände vor ihrem inneren Auge konkret erstehen zu lassen und diese in ihrem lebendigen Zusammenhang zu sehen. Dieses Vorstellungsvermögen besitzen hingegen jene Menschen, deren Denken »rechtshemisphärisch« geprägt ist. Linkshemisphärisch orientiert sind all die dem Konservativen Verhafteten, die ihre Unfähigkeit, Neues zu denken, mit der Furcht vor den Konsequenzen des Neuen gekoppelt haben.

Ich möchte nunmehr versuchen, am Leitfaden der in *Die sanfte Verschwörung* (33) aufgestellten Thesen Licht in den Begriff der Transformation oder der Wandlung zu bringen.

Die Bestrebungen der New-Age-Bewegung stimmen mit den fernöstlichen Weisheitslehren darin überein, daß unser altes Ich, das heißt jenes Konglomerat aus Illusionen, falschen Wünschen, Hoffnungen, Ängsten und lebensfeindlichen Vorurteilen, mit dem wir uns identifizieren, zunächst »sterben« muß, damit wir den wahren Menschen in uns zur Entfaltung bringen können. Diese Notwendigkeit ist jedoch beängstigend, »weil sich unsere Identität in der Tat mehr aus unseren Ansichten denn aus unserem Körper zusammensetzt. Das Ego, diese Ansammlung von Zweifeln und Schuldgefühlen, fürchtet sich vor seinem eigenen Ende. In der Tat bedeutet jede Transformation eine Art Freitod, die Zerstörung von Aspekten des Ego, um ein grundlegenderes Selbst zu bewahren.«

Der Durchschnittsmensch, der dem Denken möglichst aus dem Wege geht, weil er die Konsequenzen seines eigenen Denkens fürchtet, hat nicht nur Angst vor jeglichem Risiko, sondern auch davor, in einer neuen Situation zu versagen. In diesem Zusammenhang erklärt MARILYN FERGUSON:

»Wenn wir uns die Sichtweise des Künstlers und des Wissenschaftlers gegenüber dem Leben zu eigen machen, so gibt es keinerlei Versagen. Ein Experiment bringt Ergebnisse: Wir lernen aus ihm. Da sie zu unserem Verständnis und unserer Sachkenntnis beitragen, verlieren wir nichts – wie immer die Ergebnisse auch aussehen mögen. Das Erfahren an und für sich ist ein Experiment.«

Eine große Bedeutung schreibt Marilyn Ferguson auch dem Einfluß des Denkens und unserer gesamten inneren Einstellung auf die Gesundheit zu. Für sie ist Gesundheit ein harmonischer Zustand, den man nicht von außen in den Körper »hineinmanipulieren« kann. Wohlbefinden ist das Ergebnis seelischer und körperlicher Harmonie. M. Ferguson gelangt daher zu der Schlußfolgerung:

»Heute steht fest, daß der Placeboeffekt einen dramatischen Beweis dafür liefert, daß *jede* Heilung im Grund genommen eine Selbstheilung darstellt: Die Veränderung unserer Erwartungen oder grundsätzlicher Überzeugungen kann unsere Erfahrung von Gesundheit und Wohlbefinden tiefgreifend beeinflussen. Wenn wir uns selbst als ein Ganzes betrachten, stellt sich die Gesundheit als ein direktes Resultat ein; dann nämlich, wenn wir unser Gefühl einer ausgeglichenen Beziehung mit dem Universum durch eine Veränderung des Geistes – einer Transformation der Verhaltensweisen, Werte und Überzeugungen – wiederherstellen.«

Die Anhänger des ganzheitlichen Gesundheitsbegriffs gehen davon aus, daß ein kranker Mensch gesundet, sobald er seine negative Geisteshaltung überwunden hat. Er muß den Heilkräften in sich nur eine Chance geben, ihre wohltuende Wirkung auszuüben. Negative Erwartungen hindern diese Kräfte jedoch an ihrer vollen Entfaltung. Daher müssen wir lernen, uns zu entspannen und positiven Empfindungen wie Zuversicht, Vertrauen und Mut in uns Raum zu geben. Auf diese Weise können wir in uns selbst wie in der Gesellschaft insgesamt – langfristig gesehen – jene Kräfte freisetzen, die allein die Versöhnung des Menschen mit sich selbst und mit der Natur herbeiführen können.

Aber nicht nur für unser allgemeines Wohlbefinden und den Zustand der »Gruppe«, der wir angehören, spielt unser Bewußtsein eine entscheidende Rolle, sondern auch für die Verfassung unseres Organismus. Auf diesen Zusammenhang verweist auch Marilyn Ferguson:

»Die Rolle der veränderten Bewußtheit beim Heilungsprozeß ist vielleicht die allerwichtigste Entdeckung der modernen Medizin. Man betrachte beispielsweise die außergewöhnliche Vielfältigkeit jener Krankheiten, die mit Biofeedback behandelt werden: hoher Blutdruck, Anfälle, Magengeschwüre, Impotenz, Harnfluß, Ohrensausen, Lähmung nach Schlaganfall, nervöse Kopfschmerzen, Arthritis, Herzrhythmusstörungen, Hämorrhoiden, Diabetes, Gehirnlähmung und Zähneknirschen.«

Solche Aussagen klingen so manchem eingeschworenen Schulmediziner gar garstig in den Ohren. Die zu Lasten der Patienten und der von diesen finanziell getragenen Krankenversicherungen gehende Unbelehrbarkeit eines Großteils der Ärzteschaft wird die neuen Tendenzen in der Heilkunde letztlich nicht an ihrem Durchbruch hindern können. Diese Entwicklung würde im übrigen wiederum nur jene »astrosophischen« Prophezeiungen bestätigen, wie sie beispielsweise ALFONS ROSENBERG in seinem Buch *Durchbruch zur Zukunft* (94) angestellt hat. Er sagt dort:

»Auf neptunische Einflüsse seit der Mitte des neunzehnten Jahrhunderts ist auch die neue Heilkunst zurückzuführen – die Heilung durch feinstoffliche Kräfte und in hoher Weise durch das Gebet. Die neue Heilkunst beruht auf dem Versuch, einen unmittelbar heilenden Einfluß auf die Lebenszentren des Menschen zu gewinnen. Man kann die ›magnetischen Heilungen‹ FRANZ ANTON MESMERS um die Zeit der Französischen Revolution noch aus dem uranischen Prinzip herleiten; jedoch im Exorzismus Pfarrer GASSNERS und vollends in der charismatischen Heilweise J. CHR. BLUMHARDS um die Jahrhundertmitte ist die Wirkung neptunischer Kräfte zu erkennen. Auch die Heilweise der Homöopathie mit ihrer merkurial unbegreiflichen Verdünnung der Heilstoffe gehört in diesen Bereich. Zweifellos werden im Wassermannzeitalter die Heilungen durch charismatische, psychische oder feinstoffliche Einwirkung oder durch Veränderungen im elementaren Gefüge der Physis eine bedeutsame Rolle spielen.«

Fortschrittliche Forscher auf dem Gebiet der Heilkunde, übrigens in der Regel promovierte Mediziner und Psychologen, beschäftigen sich immer intensiver mit der Wechselwirkung Seele–Körper. Aus diesen Forschungen resultieren beispielsweise ganz neue Einsichten in die Wirkungsweise unseres Immunsystems. Über diese neuen Erkenntnisse schreibt MARILYN FERGUSON: »Eine kürzlich entwickelte radikale Auffassung über das Immunsystem kann uns verstehen helfen, wie der ›innere Arzt‹ die Gesundheit aufrechterhält – und wann er versagen kann. Durch das Immunsystem scheint der Körper eine eigene Art des ›Wissens‹ zu besitzen, parallel zu der Art und Weise, wie das Gehirn ›weiß‹. Dieses Immunsystem ist mit dem Gehirn verbunden. Der ›Geist‹ des Immunsystems besitzt ein dynamisches Bild des Selbst und einen Drang, dem ›Lärm‹ der Umgebung, einschließlich der Viren und der Allergene, einen Sinn zu geben. Er weist bestimmte Substanzen nicht zurück oder reagiert heftig auf sie, jedoch nicht weil sie fremd sind, wie wir im alten Paradigma glaubten, sondern weil sie unsinnig sind. Sie passen nicht in das geordnete System.«

An anderer Stelle sagt sie:

»Dieses Immunsystem ist durch seine Fähigkeit, seine Umgebung zu verstehen, mächtig und flexibel; aber da es im Gehirn verankert ist, ist es für psychologischen Streß anfällig. Die Forschung hat gezeigt, daß Geisteszustände, die mit viel Streß verbunden sind, wie zum Beispiel Kummer und Angst, die Fähigkeiten des Immunsystems verändernd beeinflussen. Daß wir manchmal einen Virus ›einfangen‹ oder ›allergisch reagieren‹, liegt daran, daß unser Immunsystem nicht auf der Höhe ist.«

So ist vermutlich auch Krebs auf eine Schwäche des Immunsystems zurückzuführen. Im Leben der meisten Menschen gibt es Phasen, da in ihrem Körper bösartige Zellen auftreten, ohne jedoch eine Krebserkrankung auszulösen, solange das Immunsystem wirkungsvoll arbeitet. Die Hauptursache von Krebserkrankungen sind daher »aufgestaute Gefühle«, da sie das Gleichgewicht des Immunsystems stören.

»Verschiedene Studien haben gezeigt, daß Krebspatienten dazu tendieren, ihre Gefühle für sich zu behalten und meistens keine enge Beziehung zu den Eltern besaßen. Es fällt ihnen schwer, Zorn auszudrücken. Auch unausgesprochener Kummer kann eine krankhafte Reaktion auslösen, indem er das Immunsystem ausschaltet.«

Wir sehen, daß es nicht nur für unser Seelenleben, sondern auch für unser körperliches Befinden gravierende Folgen haben kann, wenn wir unsere Gefühle nicht ausleben. Woher aber kommt es, daß die Menschen unserer Zeit ihre Gefühle nicht mehr auszudrücken vermögen? Die eine Ursache ist ganz sicher die alle Bereiche der Gesellschaft durchdringende Entfremdung des Individuums von seinen Mitmenschen. Um in unserer Gesellschaft Erfolg zu haben, muß man »funktionieren«; Gefühle zeigt man nicht, da dies als Ausdruck von Schwäche gilt. Die entsprechenden Verhaltensweisen werden natürlich schon in der Familie eingeübt und von einer Generation an die nächste weitergegeben. Die Erwachsenen, also die Erzieher selbst, sind schon derart »verkorkst«, daß sie aus einem subtilen, natürlich unbewußten Lebenshaß heraus der Überzeugung sind, die »Verantwortung« verlange von ihnen, ihren Kindern die gleichen lebensfeindlichen Dogmen und Verhaltensweisen einzuimpfen, unter denen sie selbst schon als Kind gelitten haben. Die Erwachsenen befriedigen am Kind – selbst wenn sie behaupten, nur im Interesse des Kindes zu handeln – häufig genug ihre eigenen lebensfeindlichen Bedürfnisse und nennen dieses Verhalten dann »Erziehung«. In ihrem Buch *Am Anfang war Erziehung* zählt ALICE MILLER (66) die Motive auf, die in den meisten Fällen das »pädagogische« Verhalten der Erwachsenen gegenüber Kindern bestimmen.

Solche Motive sind: »Erstens, das unbewußte Bedürfnis, die einst erlittenen Demütigungen anderen weiterzugeben; zweitens, ein Ventil für die abgewehrten Affekte zu finden; drittens, ein verfügbares und manipulierbares lebendiges Objekt zu besitzen; viertens, die eigene Abwehr, das heißt die Idealisierung der eigenen Kindheit und der eigenen Eltern zu erhalten, indem durch die Richtigkeit der eigenen Erziehungsprinzipien diejenige der elterlichen bestätigt werden soll; fünftens, die Angst vor der Freiheit; sechstens, die Angst vor der Wiederkehr des Verdrängten, dem man im eigenen Kind nochmals begegnet und das man dort nochmals bekämpfen muß, nachdem man es vorher bei sich abgetötet hat, und schließlich siebtens, die Rache für die erlittenen Schmerzen.«

Sie führt weiter aus:

»Da jede Erziehung mindestens eines der hier erwähnten Motive enthält, ist sie höchstens dazu geeignet, aus dem Zögling einen guten Erzieher zu machen. Niemals wird sie ihm aber zur freien Lebendigkeit verhelfen können. Wenn man ein Kind erzieht, lernt es erziehen. Wenn man einem Kind Moral predigt, lernt es Moral predigen, wenn man es warnt, lernt es warnen, wenn man mit ihm schimpft, lernt es schimpfen, wenn man es auslacht, lernt es auslachen, wenn man es demütigt, lernt es demütigen, wenn man seine Seele tötet, lernt es töten. Es hat dann nur die Wahl, ob sich selbst oder die anderen oder beides.«

Mit anderen Worten: Wenn wir in unserer Gesellschaft etwas zum Besseren hin verändern wollen, dann müssen wir zuerst die Erziehung »revolutionieren«, das heißt Eltern und Lehrer müssen sich Rechenschaft darüber ablegen, aus welchen Motiven heraus sie bestimmte Erziehungsmaßnahmen ergreifen. Mein Vater, der selbst Lehrer war, pflegte zu sagen: »Daß wir Deutsche so ein unmündiges und autoritätshöriges Volk sind – das ist die Schuld der Oberlehrer!«

Die Wandlung der Gesellschaft

Für die Anhänger des »New Age« steht aus den genannten Gründen eine tiefgreifende Reform unseres Erziehungswesens im Mittelpunkt des Interesses. Sie gehen MARILYN FERGUSON zufolge davon aus, »daß unsere autoritären, auf Erfolgszwang getrimmten, angsterzeugenden und Pünktlichkeit erzwingenden Schulen« infolge ihrer inhumanen Erziehungspraktiken zur Entstehung körperlicher und seelischer Gebrechen erheblich beitragen. Dieses auf Angst, Wettbewerb und dauerndem Anpassungs- und Erfolgsdruck beruhende Ausbildungssystem, das emotionale Regungen möglichst im Keim zu erstikken bemüht ist, gilt es zu überwinden.

Dem Bedürfnis des Kindes nach spontanem Gefühlsausdruck und unmittelbarer Erfahrung setzt das Erziehungssystem in den westlichen Ländern enge Grenzen. Von klein auf müssen die Schüler möglichst reibungslos »funktionieren«, und ein Kind, das diesem Anpassungs- und Leistungsdruck nicht gewachsen ist, gilt als Außenseiter und wird ins Abseits gedrängt.

Wissen wird in unserer Kultur nur bruchstückhaft und unpersönlich vermittelt, und die Bildung der Persönlichkeit beschränkt sich darauf, sie den ebenso unpersönlichen Forderungen von Gesellschaft und Arbeitswelt gefügig zu machen.

Ein guter Lehrer hingegen geht auf die individuellen Bedürfnisse und Möglichkeiten eines jeden Kindes ein. Er motiviert, ermutigt und weckt das Interesse der Kinder für den Lehrstoff; er regt sie zu selbständigem Denken an und respektiert ihre Wünsche, Hoffnungen und Ängste. Er versucht nicht, ihnen einfach seine eigenen Anschauungen aufzuzwingen, sondern ist bemüht, seinen Schützlingen bei der Formulierung wichtiger Fragen behilflich zu sein, ohne sie mit dogmatischen Antworten vollzustopfen.

Genausowenig wie man einem Kranken befehlen kann zu genesen, da er selbst die innere Bereitschaft dazu mitbringen muß, ist es möglich, jemandem das Lernen aufzuzwingen. »Wie bereits GALILEO GALILEI sagte, kann man dem einzelnen helfen, es in sich selbst zu entdecken. Der offene Lehrer hilft dem Lernenden beim Entdecken von Mustern und Verbindungen, fördert die Offenheit ungeahnten neuen Möglichkeiten gegenüber und ist, was neue Ideen anbelangt, so etwas wie eine Hebamme. Der Lehrer ist ein Steuermann, ein Katalysator, ein Förderer – ein Urheber des Lernens, aber nicht dessen auslösendes Moment«, erklärt MARILYN FERGUSON in diesem Zusammenhang.

Will er jedoch gegenüber seinen »Zöglingen« eine solche Haltung an den Tag legen, so bedarf es seitens des Lehrers der Offenheit und der Selbstachtung; seine pädagogischen Motive dürfen nicht – auch nicht unbewußt – egoistischer Natur sein. Er muß bereit sein, eigene Fehler einzugestehen, Widerspruch zu ertragen, und den Schüler dazu ermutigen, der eigenen inneren Stimme zu folgen. Der Schüler sollte lernen, daß eine der Situation angemessene »Unterwerfung gegenüber äußeren Autoritäten« völlig ausreichend ist, daß also äußere Autoritäten keinen Anspruch auf einen prinzipiellen Vorrang erheben können.

Einem geistigen Lehrer vergleichbar, dessen einzige Tätigkeit darin besteht, dem Schüler dabei behilflich zu sein, sich von falschen Einstellungen und von Illusionen zu befreien und sein innerstes Selbst zu erfahren, ist es Aufgabe des Lehrers, dem Schüler bei der Entdeckung von dessen eigenen Möglichkeiten und Begabungen zu helfen.

»Wir vertrauen jenen Lehrern, die uns Belastungen aussetzen, Schmerzen zufügen oder uns schinden, falls wir dies nötig haben. Und wir verachten solche, die uns wegen ihres eigenen Egos antreiben, die uns mit Widersprüchlichem stressen oder uns in tiefes Wasser führen, wenn wir uns immer noch vor seichtem Wasser fürchten.

Eine angemessene Portion Streß ist jedoch wichtig. Lehrer können bei dem Versuch der Transformation scheitern, wenn sie sich davor fürchten, den Lernenden aus der Fassung zu bringen. ›Wirkliches Erbarmen‹, sagt ein spiritueller Lehrer, ›ist unbarmherzig.‹ Der Dichter GUILLAUME APOLLINAIRE drückte es wie folgt aus:

›Kommt an den Rand, sprach er.
Sie entgegneten: Wir haben Angst.
Kommt an den Rand, sprach er.
Sie kamen.
Er versetzte ihnen einen Stoß … und sie konnten fliegen.‹«

Marilyn Ferguson zieht daraus den Schluß: »Die, die uns lieben, versetzen uns dann einen Stoß, wenn wir fliegen können.«

Die Macht der Machtlosen

Neben der Umgestaltung des Erziehungswesens ist die Umverteilung der Macht auf nationaler und auf internationaler Ebene eines der Hauptanliegen der New-Age-Bewegung. »Macht« bedeutet hier jedoch nicht jenes äußere, verantwortungslose Herumhantieren mit unvorstellbar großen Waffenpotentialen, wie es bei unseren heutigen Politikern und Militärs so beliebt ist; auch ist Macht nicht gleichzusetzen mit jenem Einfluß, den die Kontrolle über Wirtschaftsimperien und Geld verleiht, sondern, wie MARILYN FERGUSON (33) es formuliert:

»Macht (potestas, von posse = können) bedeutet eindeutig Energie. Ohne Macht gibt es keine Bewegung. Ebenso wie die persönliche Transformation dem einzelnen durch das Aufzeigen einer inneren Autorität Macht verleiht, folgt gesellschaftliche Transformation auf eine Kettenreaktion persönlicher Veränderungen.

Im Geiste von BUDDHAS achtfachem Pfad könnten wir ebenso von einer rechten Macht sprechen – Macht, die nicht als Rammbock oder zur Verherrlichung des Ego benutzt wird, sondern sich in den Dienst des Lebens stellt. Angemessene Macht.

Macht ist ein zentraler Punkt hinsichtlich der gesellschaftlichen und der persönlichen Transformation. Unsere Quellen der Macht und der Gebrauch, den wir von ihr machen, bestimmen unsere Grenzen, formen unsere Beziehungen und bestimmen sogar, inwieweit wir uns selbst befreien lassen und bestimmte Aspekte unseres Selbst ausdrükken.«

Um jedoch diese Art von »geläuterter«, lebensbejahender Macht auszuüben, müssen wir uns zunächst unserer Macht als Individuen und Gruppenwesen bewußt werden, das heißt, wir dürfen uns nicht länger von den »Mächtigen« für dumm verkaufen und uns von diesen sagen lassen, was wir für realistisch, möglich und erstrebenswert zu halten haben. Das Leben auf diesem Planeten bietet weitaus mehr Möglichkeiten einer sinnvollen Lebensgestaltung, als es die Repräsentanten der »offiziellen« Gesellschaft wahrhaben wollen. Nur wenn wir einsehen lernen, daß die Entscheidung über den Weg, den wir einschlagen wollen, ausschließlich bei uns selbst liegt und daß wir uns von lebensfeindlichen Prägungen befreien können, wenn wir es nur wirklich wollen, können wir jene positiven Energien freisetzen, die notwendig sind, um die Gesellschaft, in der wir leben, wahrhaft zu harmonisieren.

Um eine solche Entwicklung in Gang zu setzen, müssen wir jedoch aus unserem tiefsten Wesensgrund heraus Entscheidungen treffen, die möglicherweise im Widerspruch zur Konvention und zur Mehrheitsmeinung stehen. Nur wenn wir den Mut zu solchen Entscheidungen aufbringen, werden wir imstande sein, die starren Strukturen, die für unsere Gesellschaft so charakteristisch sind, aufzubrechen und einen qualitativ neuartigen evolutionären Prozeß in Gang zu bringen.

In diesem Zusammenhang weist Marilyn Ferguson auch auf die Macht der »Machtlosen« hin, die sich ihrer Einflußmöglichkeiten jedoch bewußt werden müssen, um wirkungsvoll in das Geschehen eingreifen zu können. Minderheiten »machtloser« Menschen, die sich in ihrer Zielsetzung einig sind, können auch gegenüber den offiziellen Inhabern des Machtmonopols vieles erreichen. Das beste Beispiel für die Wirksamkeit eines solchen Vorgehens ist MAHATMA GANDHI:

»Gandhi brachte das Konzept der mächtigen, auf ein bestimmtes Ziel ausgerichteten Minderheit ins zwanzigste Jahrhundert ein. Zuerst kämpfte er um die Anerkennung der Rechte der Inder, die in Südafrika lebten, und dann erreichte er Indiens Unabhängigkeit von der britischen Oberherrschaft. Er sagte: ›Es ist abergläubisch und gotteslästerlich zu glauben, daß eine Handlung der Mehrheit für die Minderheit verpflichtend ist. Nicht die Quantität zählt, sondern die Qualität ... Wenn man für eine gerechte Sache eintritt, halte ich die Zahl der Anhänger nicht für entscheidend.‹«

Das von Gandhi entwickelte revolutionäre Prinzip nannte er *Satyagraha*, was soviel bedeutet wie die »Macht der Seele« oder die »Macht der Wahrheit«. Die im Westen gebräuchliche Übersetzung mit »passiver Widerstand« umfaßt nur einen Aspekt der Gesamtbedeutung des Wortes. Gandhi selbst verwarf diese Übersetzung, »weil sie auf Schwäche oder Gewaltlosigkeit – die nur ein Bestandteil von Satyagraha war – schließen läßt. Wenn man Satyagraha als passiven Widerstand bezeichnet, ist dies, wie wenn man das Licht als Nichtdunkelheit bezeichnen würde; diese Formulierung bringt die positive Energie dieses Prinzips nicht zum Ausdruck«.

MARILYN FERGUSON führt weiter aus:

»Satyagraha vertritt im wesentlichen folgenden Standpunkt: Ich werde dich zu nichts zwingen. Ebenso werde ich von dir zu nichts gezwungen werden. Ich werde dir nicht mit Gewalt, sondern mit der

Kraft der Wahrheit – der Integrität meiner Überzeugungen – gegenübertreten. Meine Integrität zeigt sich in meiner Bereitschaft, zu leiden, mich in Gefahr zu begeben, ins Gefängnis zu gehen und, wenn nötig, sogar zu sterben. Aber ich werde nicht die Ungerechtigkeit unterstützen.

Wenn du meine Absichten erkennst und mein Mitgefühl und meine Aufgeschlossenheit gegenüber deinen Bedürfnissen fühlst, wirst du so reagieren, wie ich das durch Drohen, Verhandeln, Bitten oder Anwendung körperlicher Gewalt niemals erreichen könnte. Gemeinsam können wir das Problem lösen. Dies ist es, wogegen wir ankämpfen müssen, und nicht gegeneinander.«

In ihrer weiteren Argumentation verweist Marilyn Ferguson auf die Parallelen zwischen Gandhis Minderheiten-»Gruppen« und den Gruppennetzwerken der New-Age-Bewegung, den sogenannten SPINs (Segmented Polycentric Integrated Networks), das sind Zusammenschlüsse vieler Einzelgruppen, die ein gemeinsames Interesse verfolgen, ohne deshalb jedoch ihre individuelle Selbständigkeit aufzugeben. Ein solches SPIN entspricht in etwa jenen Minderheiten, von denen MAHATMA GANDHI sprach. »Wie das Gehirn ist das SPIN in der Lage, gleichzeitig an vielen Punkten Verbindungen herzustellen. Seine Segmente sind die kleinen Gruppen, die auf der Grundlage von gemeinsamen Werten lose miteinander verbunden sind.

Jeder Teil eines SPIN ist autark. Man kann das Netzwerk nicht zerstören, indem man eine einzelne Führungspersönlichkeit oder irgendein wichtiges Teilstück vernichtet. Das Zentrum – das Herz – des Netzwerkes ist überall. Eine bürokratische Organisation ist so schwach wie ihr schwächstes Glied. In einem Netzwerk können viele Menschen die Funktionen anderer übernehmen.«

Sie sehen also, es besteht kein Grund, vor der Übermacht des »Faktischen« die Segel zu streichen; wir alle sind für das verantwortlich, was auf dieser Welt im Großen wie im Kleinen geschieht, und wir alle haben die Möglichkeit, wenn wir an uns selbst arbeiten und den Mut finden, für unsere tiefsten Überzeugungen einzustehen, als einzelne wie in Gruppen auf den »Lauf der Dinge« einzuwirken und unseren Beitrag zur Vermenschlichung der Welt zu leisten. Denn die »Macht« der Wahrheit und der Liebe ist letzten Endes stärker als alle Waffen.

Zusammenfassung

Im zweiten Teil dieses Buches haben wir uns ausführlich mit der Frage nach den Grenzen und Möglichkeiten der Selbstverwirklichung befaßt. Nur wenn Sie für sich persönlich in dieser Frage Klarheit gewonnen haben, werden Sie auch in der Lage sein, sich auf den bereits erwähnten »Punkt Omega« hin zu entwickeln und Ihr menschliches Potential voll zu entfalten und sich sinnvoll für die Gemeinschaft einzusetzen – etwa als »nicht eingetragenes Mitglied« der New-Age-Bewegung. Das ist ja gerade das Schöne an diesem neuen »Bund«, daß in ihm auch Einzelkämpfer Platz haben.

Um dieses Ziel zu erreichen, bedarf es jedoch erheblicher Anstrengungen und eines unermüdlichen Einsatzes.

Die Entwicklung eines Menschen schreitet in einem inneren und einem äußeren Kreis Stufe für Stufe voran. Die Entwicklung im inneren Kreis offenbart sich in einer schrittweisen Wandlung des Selbst: Ein denkender Mensch, der sich ein Ziel gesetzt hat, durchläuft auf dem Weg zu diesem Ziel eine Metamorphose. Er *wandelt* sich unaufhörlich, und in der Anstrengung, die diese ständigen Wandlungen erfordern, liegt bereits die Belohnung: *Der Weg ist das Ziel!*

Wir alle sind jedoch auch in eine Gesellschaft eingebunden. In Wirklichkeit heißt »leben« ja nichts anderes, als die unaufhörlichen Wechselbeziehungen mit anderen Menschen durchzustehen – so oder so! Die Kommunikationsfähigkeit des einzelnen entscheidet neben seiner persönlichen Zielsetzung ganz wesentlich darüber, ob er in einem »psychologischen« Sinne erfolgreich ist. Auch die persönlichen Beziehungen, in die ein Mensch tritt, gestalten sich nicht lebenslänglich in der gleichen Weise: sie wandeln sich entsprechend dem Grad der seelischen Reife, den das Individuum zu einem gegebenen Zeitpunkt erreicht hat.

Wir unterliegen jedoch nicht nur gesellschaftlichen, sondern auch noch einer Reihe anderer Einflüsse, deren wir uns in der Regel gar nicht bewußt sind: Wir sind Teil des gesamten Universums. Nun übt nicht nur der Kosmos Einflüsse auf den Menschen aus, sondern auch umgekehrt der Mensch auf den Kosmos, da er ja durch sein Handeln Energie freisetzt. Jedenfalls besteht nach neuesten wissenschaftlichen

Erkenntnissen nicht der geringste Zweifel daran, daß das ungeheure Energiepotential, das viereinhalb Milliarden Menschen auf der Erde in jeder Sekunde freisetzen, Auswirkungen auf zumindest jenes Milchstraßensystem hat, dem wir angehören. Wenn schon der relativ kleine, »kalte« Mond, der nur Energien zurückstrahlt, auf der Erde Ebbe und Flut (und möglicherweise auch noch andere Wirkungen) hervorruft, wie sollten da die Energien der »Masse Mensch« außerhalb unseres Planeten völlig wirkungslos »verpuffen«?

Trotz des Hohnes, den die Astrologie von seiten der etablierten Wissenschaften beständig erntet und der zum überwiegenden Teil den unseriösen »Zeitungsastrologen« zu verdanken ist, gibt es dennoch gewisse »astrosophische« Tendenzen, die man nicht einfach ignorieren kann. Besonders interessant sind die Prognosen dieser astrologischen Richtung hinsichtlich des »Wassermannzeitalters«, an dessen Beginn wir gerade stehen.

Das Wassermannzeitalter, das zweitausendeinhundert Jahre währt, wird durch eine Explosion des menschlichen Geistes charakterisiert sein. Das bedeutet, daß der Mensch lernen wird, seinen Verstand zu einer bisher ungeahnten Leistungsfähigkeit weiterzuentwickeln, beispielsweise mittels des gleichzeitigen Gebrauchs seiner beiden Hirnhälften. Außerdem wird auch das sogenannte intuitive Denken, mit dessen Hilfe sich die ungeahnten Ressourcen unseres Unterbewußtseins planmäßig »anzapfen« lassen, eine außerordentliche Bedeutung erlangen.

Die möglichen Konsequenzen dieser »Explosion des Geistes« liegen auf der Hand: Einerseits wird der Mensch heute noch unvorstellbare Erfindungen machen und sich mit großer Wahrscheinlichkeit auch im außerirdischen Raum bewegen beziehungsweise sich dort ansiedeln, auf der anderen Seite wird er aller Voraussicht nach in seiner Maßlosigkeit nicht nur die alten Wertsysteme und Ordnungen zertrümmern und beiseite werfen, sondern auch Katastrophen heraufbeschwören, wie sie die Menschheit noch nicht erlebt hat.

Gegen solche von amoralischen Wissenschaftlern und profitgierigen Unternehmern sowie machtbesessenen Militärs und Politikern verursachten Katastrophen wird sich der einzelne kaum zur Wehr setzen können. Diese denkbaren Katastrophen wird die Menschheit hinnehmen müssen. Die erste zeichnet sich bereits ab: die Umweltvergiftung. Allein in der Bundesrepublik Deutschland gibt es mindestens dreihundert wieder zuplanierte »Sondermülldeponien«, in denen Dioxin gelagert ist – das gefährlichste Gift, das »geniale« Chemiker je entwickelt haben. Diese »Zeitbombe« tickt nur noch so lange, bis die Metallbehälter, in denen sich das Gift befindet, durchgerostet sind. Dann sickert es ins Grundwasser und wird »dieses unser Land« in eine »Seveso-Provinz« verwandeln.

In der Zwischenzeit sind einige Forscher bereits damit beschäftigt, an menschlichen, tierischen und pflanzlichen Genen herumzumanipulieren. Und Eingeweihte geben hinter vorgehaltener Hand zu, daß die Ergebnisse dieser Forschungen das Leben der Menschheit mehr verändern werden als alle Computer dieser Welt zusammen. In dieser Prophezeiung sind mögliche »Ausrutscher« noch gar nicht berücksichtigt.

Der einzelne wird auch in Zukunft gegen die Folgen politischer, wirtschaftlicher und wissenschaftlicher Verantwortungslosigkeit wenig tun können. Wehren kann er sich indessen gegen die Richtungslosigkeit des »neuen Denkens« und gegen den Ausverkauf traditioneller Werte. Und damit sind wir wieder beim »inneren Kreis« angelangt.

Die wirklich großen Denker unserer Zeit, wie etwa GREGORY BATESON, ILYA PRIGOGINE, FRITJOF CAPRA, KARL POPPER und ALAN WATTS, um nur einige zu nennen, sind sich – übrigens mit den großen Mystikern des Ostens – darin einig, daß es nur einen Weg zur Rettung der Menschheit gibt, und zwar die Rückbesinnung des einzelnen Menschen auf seine geistige Mitte, das Selbst. Nach einer historischen Phase weitgehender »Veräußerlichung« müssen wir wieder lernen, daß wahrer menschlicher Fortschritt nur möglich ist, wenn wir unsere vernachlässigten und verkümmerten geistig-seelischen Möglichkeiten neu zur Entfaltung bringen, um auf diesem Wege wiederum zu einem Grundkonsens hinsichtlich der Grundfragen der Sittlichkeit zu gelangen.

Wenn wir dieses Ziel erreichen wollen, müssen wir uns allerdings auch mit den Schattenseiten unserer Existenz auseinandersetzen, um zu einer bescheideneren und somit realistischeren Einschätzung unserer Stellung als Individuum im unermeßlichen Universum zu gelangen.

Im übrigen wird in Zukunft der »Glaube«, und zwar unbehelligt von irgendwelchen kirchlichen Dogmen, wieder ganz erheblich an Bedeutung gewinnen. Wer sich jedoch gegenüber dieser Dimension des menschlichen Daseins verschließt, der wird als manipuliertes »Treibholz« der Weltgeschichte oder – anders ausgedrückt – als Anhänger einer einseitigen und kurzsichtigen Ideologie »auf Sparflamme« dahinleben, ohne die Schönheit des Lebens je in ihrer ganzen Tiefe zu erfahren.

Ein ganzheitlich denkender Mensch, der es sich zum Ziel gesetzt hat, all seine Anlagen zu einer harmonischen Entfaltung zu bringen, hat nicht nur Schwierigkeiten aus seiner Umwelt zu erwarten, sondern vor allem aus seiner »Innenwelt«. Die Ursache für diese inneren Probleme sind die lebensfeindlichen »Programmierungen«, die viele von uns infolge einer mehr oder weniger falschen Erziehung mitbekommen haben. Und dieser seelische Ballast, der auch noch unser Erwachsenendasein belastet und unser inneres Wachstum behindert, muß zunächst von uns erkannt und dann Schicht um Schicht abgetragen werden.

Erst wenn wir uns von falschen »Programmierungen« befreit haben, können wir darangehen, mit Hilfe eines von uns selbst gewählten »Ich-Ideals« unsere Persönlichkeitsentwicklung voranzubringen. Dieses Ich-Ideal ist das »Leitbild«, also das geistig vorweggenommene Ziel, das wir erreichen möchten. Um dieses Ziel jedoch wirklich zu erreichen, müssen wir uns im Geiste immer schon als den Menschen sehen, der wir eigentlich erst werden möchten, und diese Vorstellung mittels Autosuggestion in unser Unterbewußtsein versenken.

Was viele Menschen daran hindert, aktiv an ihrer Persönlichkeitsentwicklung zu arbeiten, ist die Tatsache, daß sie von der Macht ihrer Gedanken überhaupt keine Vorstellung haben. Nicht nur kann der Glaube Berge versetzen, sondern die durch das Denken ausgelösten Energieimpulse beeinflussen auch nachweislich Körpervorgänge. So lassen sich beispielsweise mit Hilfe des autogenen Trainings gezielt auch solche Prozesse im Körper beeinflussen, die normalerweise dem Willen nicht unterworfen sind. Und selbst schwerste Krankheiten, auch der von so vielen gefürchtete Krebs, kann man durch Gedankenkraft heilen. Ja, ich möchte sogar soweit gehen zu behaupten: Was der

Mensch ist oder was aus ihm wird, hängt allein von seinem Denken ab! MARIANNE STREUER (110) hat dies so formuliert: »*Jeder ist heute, was er gestern gedacht hat, und wird morgen sein, was er heute denkt.*«

Wenn Sie sich zu einer reifen Persönlichkeit entwickeln möchten, so genügt es nicht, daß Sie Ihre Selbstentfaltung nur im »Kopf« vollziehen; Sie müssen auch lernen, Ihre Gefühle auszudrücken, andernfalls sind Sie nur ein »reduzierter Mensch«, wie GERHARD SZCZESNY (113) sich ausdrückt. Der Mensch besteht aus Geist *und* Körper. Und da der Körper die Grundlage unserer Geistestätigkeit ist, werden alle Gedanken, die wir produzieren, gefühlsmäßig »eingefärbt«. Es passiert nichts in unserem Körper, einschließlich der Denkprozesse, was nicht einen wie immer gearteten gefühlsmäßigen »Beigeschmack« hätte. Daher müssen wir als »Menschen aus Fleisch und Blut« dreierlei lernen: Gefühle als etwas Selbstverständliches zu akzeptieren, anstatt sie zu unterdrücken; Gefühle anderen gegenüber auszudrücken und Gefühle von anderen entgegenzunehmen.

Nur ein Mensch, der die vorgenannten Bedingungen erfüllt, ist im strikten Sinne des Wortes fähig, auch für die Gemeinschaft, in der er lebt, positiv zu wirken, da er frei ist von der Parteilichkeit, dem Macht- und Profitstreben und dem (Gruppen-)Egoismus, die die »qualifizierenden« Merkmale der meisten heute aktiven Politiker sind. Denn auch wenn wir unterstellen, daß die gesamte Evolution spiralenförmig nach oben hin verläuft und in ihrem Rahmen auch die Menschheit sich immer höherentwickelt, bedarf es dennoch der inspirierenden, gereiften und begeisterten Einzelmenschen, um die Menschheitsentwicklung voranzutreiben. ERICH FROMM hat diese Notwendigkeit so formuliert: »Eine große Idee kann nur überleben, wenn sie in Individuen verkörpert ist, deren Leben selbst die Botschaft ist.«

Eben dieses Ziel haben sich die Anhänger der New-Age-Bewegung gesetzt: durch Vorbildlichkeit zu überzeugen. Dieser nichtorganisierte »Bund«, der keine Führer und keine Hierarchien kennt, verbreitet sich seit einigen Jahren in Form eines »Netzwerks« über die ganze Welt. Dieses Netzwerk hochmotivierter Menschen, die eine Neuverteilung der Macht beziehungsweise die Ablösung des alten

Machtbegriffs anstreben, und zwar ausschließlich auf dem friedlichen Weg einer Bewußtseinsveränderung, ist ohne Zweifel ein geeigneter Rahmen für jeden Menschen, der zum Wohl der Menschheit tätig werden möchte. In der New-Age-Bewegung finden alle, die friedlich für die Aussöhnung des Menschen mit sich selbst und der Natur eintreten, eine geistige Heimat.

Die höchste Aufgabe des Menschen – darin sind sich alle religiösen Traditionen einig – besteht in der Suche nach Gott und der geistigen Einswerdung mit dem unendlichen Geist. Wenn wir unsere Alltagsaufgaben in Familie und Gesellschaft erfüllt haben, bleibt uns ein Letztes zu tun: den Weg der Selbstentfaltung zu gehen. Diesen Weg möchte ich Ihnen nun im dritten und letzten Teils dieses Buches beschreiben.

Dritter Teil:
Der Homo mysticus – oder der Mensch auf der Suche nach Gott

»Es gibt drei Formen von Kultur:
Weltliche Kultur oder den bloßen Erwerb
von Informationen; religiöse Kultur oder
die Einhaltung von Regeln; Elitekultur oder
die Selbstentfaltung.«
Sufimeister HUJWIRI

KAPITEL 11

Die Versöhnung von wissenschaftlicher und mystisch-religiöser Welterkenntnis

Die umstürzenden Entdeckungen der modernen Physik

Wenn wissenschaftlich gebildete Menschen das Wort »Mystik« hören, so rümpfen sie nicht selten verächtlich die Nase. Ein ganzes Bündel von Vorurteilen hindert Rationalisten und Materialisten daran, einzusehen beziehungsweise zu akzeptieren, daß es Erscheinungen gibt, die man mit den Methoden der Naturwissenschaft weder erklären noch beweisen kann, die sich jedoch – dem Phänomen nach erwiesenermaßen – tagtäglich abspielen und für das Leben des Menschen von größter Bedeutung sein können.

Die wirklich bedeutenden Geister unter den Naturwissenschaftlern dieses Jahrhunderts sind längst einen anderen Weg gegangen: sie haben versucht, das unmöglich Scheinende zu erforschen. Das heißt, sie haben nach Beweisen für jene Phänomene gesucht, die es eigentlich gar nicht geben dürfte – und sie haben diese Beweise gefunden! In erster Linie sind da unsere großen Physiker zu nennen, von ALBERT EINSTEIN bis JEAN E. CHARON.

Nun ist das Verhältnis des Normalbürgers zur Physik ohnehin von wenig Verständnis getragen. Zum einen, weil der Laie das Denkgebäude der Physik einfach nicht mehr versteht, zum anderen, weil uns allen seit der Zündung der ersten Atombombe ein Trauma im Unterbewußtsein »sitzt«, das noch die nächsten tausend Generationen der Menschheit im kollektiven Unbewußten mit sich herumschleppen werden – der Sintflut und der Eiszeit vergleichbar.

Wenn wir Normalbürger, die wir physikalisch unbedarfte Steuerzahler sind, in der Presse oder im Fernsehen von riesigen Teilchenbeschleunigungsanlagen erfahren, die mit enormem Kostenaufwand in internationaler Zusammenarbeit erbaut beziehungsweise betrieben werden, so sind wir geneigt, das Ganze für eine teure Spielerei zu halten, bei der im Prinzip nicht viel mehr herauskommt als ein paar Nobelpreise für ehrgeizige Wissenschaftler. Mit dieser Einschätzung machen wir es uns allerdings erheblich zu leicht.

Wenn wir heute mehr über die »letzten Dinge« wissen, über das, »was die Welt im Innersten zusammenhält«, so verdanken wir das allein den Forschern, die sich mit der Physik der Elementarteilchen befassen beziehungsweise befaßt haben. Es ist deshalb an dieser Stelle notwendig, die Ergebnisse der heutigen Atomforschung wenigstens stichwortartig zu referieren, bevor wir uns eingehend mit der Mystik beschäftigen. Denn zwischen den Weltbildern der modernen Physik und der Mystik gibt es erstaunliche Parallelen.

Um Ihnen eine ungefähre Vorstellung von den Größenverhältnissen in einem Atom zu vermitteln, ist vielleicht die folgende Analogie hilfreich: Stellen Sie sich vor, ein Atom hätte das Ausmaß des Petersdoms in Rom. Dann hätte der Atomkern etwa die Größe eines Salzkörnchens, das inmitten dieser Leere schwebt. Sie haben ganz richtig gelesen: Die Leere ist das charakteristische Merkmal des Atoms. Nun kreisen ja, wie Sie wahrscheinlich noch aus der Schule wissen, um den Atomkern einige bis etliche Elektronen. Wenn wir sie orten beziehungsweise beobachten und ihre Gestalt beschreiben wollten, so stünden wir vor einem unlösbaren Problem, denn ein Elektron besitzt keinen Ort im Raum, sondern ist in seiner Winzigkeit und Schnelligkeit im Rahmen der Wahrscheinlichkeit nur irgendwo zu vermuten. Und dennoch existieren diese unendlich kleinen komplexen Systeme, die sich zu immer höheren Ordnungskategorien entwikkeln.

Das Innere eines Elektrons wird durch den gekrümmten Raum seiner Umgebung bestimmt. Innerhalb dieses Raumes herrscht eine andere Zeit als unsere Raumzeit, nämlich eine Geistzeit, die rückwärts läuft. Das heißt, der Geist des Elektrons, von dem noch die Rede sein wird, kommt zwangsläufig immer wieder mit den Ereignissen der Elektronenvergangenheit in Berührung und vergleicht »Erinnerungen« mit neuen Erfahrungen. Denn das Elektron hat, als einziges unteilbares Teilchen seit Beginn des Universums vorhanden, alles in seinem »Gedächtnis« gespeichert, was seit dem Urknall passiert ist.

Im Inneren des durch den gekrümmten Raum bestimmten Elektronmilieus treffen wir auf die Photonen, die nichts anderes sind als Licht, und innerhalb der Photonen auf jene Spins, die weder Raum einnehmen noch Gestalt oder Gewicht haben, sich aber mit Lichtgeschwindigkeit um die eigene Achse drehen, entweder rechts oder links herum. Und diese Spins sind die Träger des »Gedächtnisses« der Elektronen.

Wenn vorstehend gesagt wurde, daß ein Elektron ein komplexes System ist und die Tendenz hat, sich zu immer höheren Ordnungskategorien weiterzuentwickeln, so bedeutet dies, daß jedes Elektron über Matrizen verfügt, die jeden Zustand registrieren und in der Folge diesen Zustand durch Kommunikation mit anderen Elektronen verändern. Auf diese Weise werden die Erinnerungsdaten »unseres« Elektrons immer wieder verändert, und zwar im Sinne der Zuordnung und Speicherung neuer Erfahrungen, des Vergleichs mit alten Aufzeichnungen und der selbständigen Kombination alter und neuer Erfahrungen, woraus sich wiederum ganz neue Matrizen ergeben. Mit anderen Worten: Elektronen *denken*. Denn wie sonst sollte man den Vergleich alten Datenmaterials mit neuem, die Erstellung neuer Matrizen mittels der Kombination alter und neuer Speicherungen bezeichnen, besonders da die Elektronen in diesem Prozeß außerdem noch aktiv werden und mit anderen Elektronen Energiequanten austauschen und auf diese Weise Spins »umtörnen« und neue Kommunikationsmöglichkeiten mit anderen Elektronen eröffnen, und zwar nur mit solchen, die dem jeweiligen Elektron an Erfahrung mindestens gleichwertig sind!

Genausowenig wie wir uns die Größe eines Atoms vorstellen können, sind wir in der Lage zu verstehen, daß ein Mensch von sechzig Kilo Gewicht aus einer Anzahl von Elektronen besteht, die durch die Ziffer 4, gefolgt von 28 Nullen, darstellbar ist. Oder daß in einem Kubikmeter Luft mehr Elektronen enthalten sind als es Sterne im Universum gibt; und daß es in diesen Elektronen Speicherungsmöglichkeiten gibt, die ein Millionenfaches dessen ausmachen, was in unserem normalen Raum möglich ist. Jedenfalls kann man als eine Art Resümee der Erkenntnisse der modernen Teilchenphysik festhalten, daß

- unser materieller Körper, genau wie jede andere Materie auch, aus einer unvorstellbar großen Zahl von Elektronen besteht – und daß der Abstand zwischen den einzelnen Elektronen von leerem Raum erfüllt ist;
- diese Elektronen alle Ereignisse seit der Entstehung des Universums in Form von »Erinnerungen« gespeichert haben, und zwar entsprechend ihrem »Aufenthalt« in Steinen, Pflanzen, Tieren, Menschen;
- Elektronen imstande sind, miteinander zu kommunizieren und innerhalb des gesamten Universums Erfahrungen auszutauschen oder Veränderungen an anderen Elektronen herbeizuführen, so zum Beispiel ein »Umtörnen« der Spindrehung;
- Elektronen mit Hilfe ihrer Erfahrungsmatrizen »geistige« Vorgänge produzieren, die man ohne weiteres als Denken bezeichnen kann.

Es ist also erwiesen, daß Elektronen Tätigkeiten vollziehen, die man in Analogie zu unserer makrokosmischen Erfahrung als Denken bezeichnen könnte. Die Grundlage unseres Denkens auf makrokosmischer Ebene ist folglich in der geistigen Aktivität der Elektronen auf mikrokosmischer Ebene zu suchen.

In dieser kurzen und laienhaft gehaltenen Abhandlung über Parallelen zwischen mystischer und physikalischer Welterkenntnis müssen wir uns noch mit einem weiteren für unser Leben elementaren Phänomen beschäftigen – mit der Liebe:

Bekanntlich sprechen fast alle bedeutenden philosophischen und religiösen Systeme davon, daß im Universum eine Dualität herrscht: daß es zwei Kräfte gibt, die einerseits gegensätzlich sind, sich andererseits jedoch zur Ergänzung dringend brauchen. Solch ein Gegensatzpaar ist beispielsweise das von den Chinesen als Yin und Yang bezeichnete Kräfteduo; Yin bezeichnet das weibliche, Yang das männliche Prinzip. Mit anderen Worten: Im gesamten Universum herrscht als Grundgesetz das Bestreben zweier antagonistischer Kräfte vor, sich in der Ergänzung auszugleichen. Dieses Phänomen des Ausgleichs und der Bereicherung durch die Aufgabe der starren Grenzen zwischen zwei »Kraftzentren« bezeichnet man als »Liebe«.

Wie »Liebe« auf makrokosmischer Ebene nicht zwischen beliebigen Individuen möglich ist, so auch nicht auf mikrokosmischer Ebene zwischen zwei beliebigen Elektronen. Physiker haben beobachtet, daß Elektronen, die einander nichts zu geben haben, auch nicht miteinander kommunizieren können. Ein Elektron zum Beispiel, das bisher nur in mineralischen Stoffen gewirkt hat, und ein anderes, das bereits in tierischen oder menschlichen Körpern »anwesend« gewesen ist, sind hinsichtlich ihrer »Erfahrung« so weit voneinander entfernt, daß jene eigentümliche Affinität oder innere Verwandtschaft, die wir »Liebe« nennen und die in der Tat der Liebe zwischen Lebewesen entspricht, zwischen ihnen nicht möglich ist. Die »Liebe« zwischen zwei Elektronen ist um so intensiver, je differenzierter die Spinmatrizen der beiden »liebenden« Elektronen sind. »Liebe« hat also auch in der Welt des Mikrokosmos mit gegenseitiger Bereicherung und »Befruchtung« zu tun.

Eine spezifische Affinität zwischen zwei Elektronen trägt also entscheidend zu ihrer jeweiligen Höherentwicklung bei. Aus diesem Grund muß sich laut JEAN E. CHARON das geistige Niveau des Kosmos progressiv erhöhen. Dies geschieht im Durchlauf vieler aufeinanderfolgender »Lebenserfahrungen« der elementaren Materie, die für mehr oder weniger kurze Zeitspannen einmal dem Mineralischen, dann wieder den verschiedenen Stufen des Lebendigen angehört und den im Zuge dieser sukzessiven Lebenserfahrungen angesammelten Informationsschatz nie wieder verlieren kann.

Da wir schon über die elementarsten Formen des Lebens und der Liebe sprechen, ist es an dieser Stelle gewiß auch angebracht, die Meinung des namhaften Atomphysikers Jean E. Charon über den Tod wiederzugeben. Er schreibt:

»Tatsächlich hat ... jedes einzelne Teilchen eine ›Geschichte‹, die bis zu den Anfängen des Universums zurückreicht; daraus folgt, daß jedes Teilchen andere Erfahrungen durchlebt hat als das Nachbarteilchen, bevor sie beide in die komplexe Struktur dieses besonderen Organismus eingingen. Tod, das also ist deine Niederlage! Wenn wir unserem ›Ich‹ den Stellenwert einräumen, der ihm gemäß den neuesten Erfahrungen der Teilchenphysik zuzukommen scheint, so gibt es für uns keinen ›richtigen‹ Tod mehr – ebensowenig übrigens wie es dann noch eine ›richtige‹ Geburt gibt. Auf der Ebene des Geistes leben wir das Leben des Universums selbst mit.«

Diese Ausführungen mögen genügen, um zu verdeutlichen, wie die Wissenschaft selbst, die es sich in den vergangenen Jahrhunderten zum Ziel gesetzt zu haben schien, auch noch die letzten religiösen Gewißheiten und Tröstungen zunichte zu machen, inzwischen zu Schlußfolgerungen gelangt ist, die gerade die jahrtausendealten Kernaussagen der »Mystik« zu bestätigen scheinen.

Was ist eigentlich Mystik?

Wenn Sie in einem Lexikon unter dem Stichwort »Mystik« nachsehen, so werden Sie wahrscheinlich folgende Definition finden: Mystik ist eine besondere Form der Religiosität, die es dem Menschen ermöglicht, durch Selbstaufgabe und Versenkung zu persönlicher Vereinigung mit Gott zu gelangen (»Unio mystica«). Ziel der »Esoterik« ist es hingegen, den letzten, »geheimsten« Dingen auf den Grund zu gehen.

Der Esoteriker muß nicht unbedingt religiös gebunden sein. Er befriedigt zunächst eine mehr intellektuelle Neugier. Aber je mehr er in das Gebiet des Spirituellen eindringt, desto demütiger und »frommer« wird er normalerweise. Diese Erfahrung haben viele unserer modernen Physiker gemacht, so zum Beispiel ALBERT EINSTEIN, der gesagt hat: »Religion ohne Wissenschaft ist blind, und Wissenschaft ohne Religion ist lahm.«

Nun hat die gelebte Religion in den westlichen Ländern in den vergangenen zweihundert Jahren, besonders in den letzten Jahrzehnten, erheblich an Bedeutung verloren. In unserer Kultur geht es heutzutage in allererster Linie um Fakten und Sachen, um materielle Wünsche, die befriedigt werden wollen. Das »Geistige« steht in unserer westlichen »Industriekultur« in keinem sonderlich hohen Ansehen. Spirituelle Werte spielen in unserem Alltagsleben keine Rolle mehr und werden bestenfalls in Randzonen geduldet, wo sie keinen Schaden anrichten können: in der Musik, der Malerei, der Literatur – und in der konventionellen religiösen Betätigung. Kurzum: Unsere Hauptbeschäftigungen sind »Anschaffen und Ausgeben«, und alles, was nicht meßbar ist, erscheint uns schon beinahe suspekt.

Die spirituelle Weltsicht der Mystiker beruht auf dem genau entgegengesetzten Standpunkt. Für den Mystiker ist die Welt des schöpferischen Geistes das Primäre, weil der Geist der Urgrund allen Seins ist – und die Materie nur eine Folgeerscheinung des Geistes. Deshalb betont diese spirituelle Weltsicht stets die Einheit aller Lebenserscheinungen, weil sie alle aus dem *einen* Geist hervorgegangen sind und an ihm teilhaben.

Inzwischen gelangt auch bei uns eine wachsende Zahl von Menschen zu der Einsicht, daß der Geist, das heißt irgendeine schöpferische Intelligenz, die Grundlage des Universums ist und daß jeder von uns in seinem innersten Kern einen Funken dieses göttlichen Geistes besitzt. Deshalb muß der Mensch wie alles Leben im Universum unsterblich sein. Zwar ist unser Leib sterblich, aber unser göttlicher Funke ist unvergänglich und ewig.

Aus diesem Grund betrachten es nach spiritueller Wahrheit suchende Menschen als unangemessen, in bezug auf das wahre Wesen und den Geist des Menschen von »Tod« zu sprechen. Wie KRISCHNA in der *Bhagawadgita* sagt:

»Die wirklich Weisen trauern weder um die Lebenden noch um die Toten. Niemals gab es eine Zeit, in der ich nicht existierte, noch du, noch irgendeiner dieser Fürsten, noch wird je eine Zeit kommen, da wir nicht mehr sein werden. Körper haben ein Ende, so sagt man, aber das, was dem Körper innewohnt, ist ewig.«

Wenn sich ein wahrhaft religiöser Mensch die Frage nach dem Sinn des Lebens stellt, gelangt er immer nur zu einer Antwort, und die lautet: Unser irdisches Leben ist eine Zeit der Prüfung und Bewährung.

Die fernöstlichen Religionen, insbesondere der Buddhismus, vertreten die Ansicht, es gebe viele Seinsebenen, in denen die Seele des Menschen sich aufhalten kann. Die Erde mit ihrem Gravitationsfeld ist dieser Auffassung zufolge die niedrigste dieser Ebenen; denn die Seele gehört eigentlich höheren und reineren Sphären an. Sie inkarniert sich auf Erden nur, um sich in der »Dichte« der irdischen Materie gewisse Erfahrungen anzueignen – die irdische Existenz ist nur eine notwendige Erziehungsphase in der Entwicklung der Seele. Die

Inkarnation ist natürlich eine drastische Einschränkung einer an sich freien spirituellen Wesenheit. So gesehen ähnelt das Geborenwerden in einem Körper in der Tat eher dem Eintritt in ein grabähnliches Gefängnis. Es ist eine Art Tod, den die Seele bei ihrem Eintritt in diese Welt erleidet. Aus dieser Sicht ist unser physischer Tod gleichsam eine Wiedergeburt, die uns neuerlich den Zutritt zu der höheren Ebene eines erweiterten Bewußtseins gestattet, von der wir in unsere leibliche Hülle hinabgestiegen sind.

Eine ähnliche Auffassung vertritt auch der englische Esoteriker GEORGE TREVELYAN (118), der sagt: »Die Vorstellung verschiedener Bewußtseinsebenen, deren niedrigste und dichteste die Erde ist, ist grundlegend für die Weltsicht, um die es uns hier geht. Das ›spirituelle Wesen Mensch‹ steigt von einer feineren Ebene herab, um einen Körper anzunehmen, die notwendige Hülle für das Leben im Bereich der irdischen Schwingungen. Dieser Körper ist nichts als eine Art Mantel, den man ablegen kann, sobald er abgetragen ist.«

Wer daher auf dem Wege der Meditation seine unterentwickelten spirituellen Fähigkeiten fördert und schärft, der ist irgendwann auch imstande, »höhere Wesen« wahrzunehmen. So behaupten beispielsweise Menschen mit mystischen Erfahrungen einhellig, daß wir alle einen »Schutzengel« haben, einen unsichtbaren Führer sozusagen, der nur darauf wartet, mit uns in Verbindung zu treten, um uns Hilfe angedeihen zu lassen. Was immer man sich unter einem solchen Schutzengel vorstellen mag – Einigkeit herrscht unter Mystikern darüber, daß wir lernen müssen, auf unsere »innere Stimme« zu hören. Denn unser innerstes Selbst weiß am besten, was gut für uns ist und was nicht! Der gleichen Ansicht sind im übrigen auch unkonventionelle Ärzte, die, von der chinesischen Heilkunst beeinflußt, behaupten, der menschliche Körper wisse selbst am besten, was zu seiner Heilung notwendig sei – man müsse nur auf ihn hören.

Mystiker aller Zeiten haben immer wieder darauf hingewiesen, daß mystische Erfahrungen sich sprachlich niemals angemessen wiedergeben lassen, daß entsprechende Aussagen nur symbolisch zu verstehen seien. Auffallend ist jedoch, daß spirituelle Menschen über alle Kultur- und Religionsgrenzen hinweg immer wieder zu den gleichen Grunderkenntnissen gelangt sind, daß nämlich die Welt Teil des universellen Geistes ist und der Mensch teilhat an diesem Geist. Wer in diesem Bewußtsein lebt, für den relativieren sich alle menschlichen Probleme, da er sich in Gott geborgen weiß.

Aus den genannten Gründen können die mystischen Überlieferungen der Jahrtausende jedem Menschen Trost und Zuspruch spenden, der sich ihrer uralten Weisheiten überläßt.

Tod und Wiedergeburt

Wer auch nur ein einziges Mal in seinem Leben das Erlebnis des Einsseins mit Gott gehabt hat – in einer Minute höchsten Glückes oder höchster Not –, der wird nie wieder so sein, wie er zuvor gewesen ist! Daher ist es auch so schwierig, einem Menschen, der über diese persönliche Erfahrung nicht verfügt, besonders natürlich einem skeptischen Intellektuellen, klarzumachen, woher ein spiritueller Mensch die Gewißheit nimmt, mit der er über Themen wie »Tod« oder »Wiedergeburt« spricht.

Wer an den ewigen göttlichen Funken in sich glaubt, kann weder daran zweifeln, daß seine Seele, das heißt sein Geist-Ich, schon einmal dagewesen ist, noch daran, daß sie in irgendeiner Form wiedergeboren wird. Denn selbst wenn ein Mensch die Erleuchtung im Sinne BUDDHAS erstrebt, so bedarf es immer noch vieler Leben, um auch die letzten Spuren des Karmas auszulöschen.

Karma, das »Gesetz der wirkenden Tat«, ist jene unbewußte Erfahrung, die wir aus früheren Existenzen bereits in dieses Leben mitbringen. Je nach dem Ergebnis unserer Bemühungen in vergangenen Inkarnationen bringen wir entweder ein gutes oder ein belastendes Karma mit, das unser gegenwärtiges Schicksal mitbestimmt.

Dieser Glaube an die Macht des Karmas, daß nämlich jede Tat ihre Folgen in sich selbst trägt, hat weitreichende Konsequenzen für das Leben des einzelnen. Die Vorstellung von der wirkenden Tat findet im Christentum Ausdruck im Bild des »Fegefeuers« beziehungsweise der »Hölle«. Der grundlegende Unterschied zwischen Christentum und Buddhismus (oder Hinduismus) ist indessen, daß das Christentum zu den »Erlöserreligionen« zählt, der Buddhismus hingegen nicht. Das heißt, während CHRISTUS stellvertretend für *alle* Menschen gestorben ist und sie somit ein für allemal erlöst hat, nimmt nach buddhistischer Auffassung ein Mensch, der in einem Leben »schwach« gewesen ist und nichts für seine Höherentwicklung getan hat, diese Hypothek mit ins nächste Leben. Von diesem Gesichtspunkt aus betrachtet ist auch der Selbstmord keine Lösung, da jeder Mensch seine Probleme »mitnimmt« und sich im nächsten Leben wieder mit ihnen auseinandersetzen muß.

Nun beeinflußt zwar ohne Zweifel das Karma unser Leben, aber es muß nicht die Bedeutung einer unerbittlichen Schicksalsmacht haben, wie sie uns in den Tragödien des alten Griechenland entgegentritt. Aus diesem Grund sagte auch BUDDHA, es sei ein Privileg, in menschlicher Gestalt geboren zu werden. Damit wollte er zum Ausdruck bringen, daß der Mensch durchaus die Möglichkeit hat, auch ein belastendes Karma zu überwinden und sich Schritt für Schritt vom Leiden zu befreien.

Der alte Gegensatz Wissenschaft–Religion ist inzwischen zum Anachronismus geworden. Es besteht heute zwischen vorurteilslosen Wissenschaftlern, insbesondere Physikern, und undogmatischen Vertretern einer religiösen Erneuerung in vielen Grundfragen eine derartige Übereinstimmung, daß man keinesfalls mehr von einer Gegensätzlichkeit, sondern im Gegenteil von einer echten Ergänzung und gegenseitigen Bereicherung sprechen kann. Wer hätte es vor zwanzig Jahren für möglich gehalten, daß ein Atomphysiker und Spezialist für Teilchenphysik 1979 schreiben würde: »An dein ›Ich‹ werden sich deine Elektronen erinnern, solange sie existieren; wenn deine Mitmenschen dich einmal für ›tot‹ erklären, werden sie dein ›Ich‹ mit sich in ihr zukünftiges Leben tragen. Dieses zukünftige Leben aber wird ein sehr langes sein, faktisch ebenso lang wie das Leben des Universums selbst – ein ewiges Leben.«

Und dann gibt der Autor dieser Zeilen, JEAN E. CHARON, noch einen beherzigenswerten Hinweis: »Wenn du zu sehen verstehst, kleiner Mensch, wenn du ein Weiser bist, dann wirst du begreifen, daß dein ›Ich‹ tatsächlich mit dem Denken der Elektronen verschmolzen ist, die dir das Leben verliehen haben; daß auch dein ›Ich‹ in einer ewigen Vergangenheit wurzelt und bis in Ewigkeit auch künftig teilhaben wird am Werdegang des Universums.«

Sie sehen also, mystische Welterfahrung und moderne Naturwissenschaft gelangen auf verschiedenen Wegen beide zu der Erkenntnis, daß es keinen wirklichen Tod gibt! Natürlich sind wir Menschen trotzdem sterblich; aber verliert nicht unser persönlicher Tod an Bedrohlichkeit, wenn wir hoffen dürfen, als Teil eines größeren Ganzen weiterzuleben?

KAPITEL 12

Der Weg der Selbstentfaltung

Selbstvervollkommnung hat ihren Preis

Es gibt Gurus, die irgendwo in Indien oder im Himalaja als Eremiten leben, kein Aufheben von sich machen und auch keine Schar von Schülern um sich versammeln. Sie haben nach ihrer eigenen festen Überzeugung ihr »letztes Leben« erreicht und sind nur noch darauf bedacht, die noch verbliebenen Schlacken ihres Karmas erlöschen zu lassen, um endlich in das Nirwana, den Zustand der Ichlosigkeit, eingehen zu können. Will man von der Weisheit dieser Männer »profitieren«, so muß man eine beschwerliche Reise auf sich nehmen, die Sprache des Gurus sprechen lernen und mit viel Geduld darauf warten, bis der Meister einige Brosamen aus dem Schatz seiner Erkenntnisse freigibt.

Ein solcher Guru war zum Beispiel SHRI RAMANA, der bis 1950 in Indien lebte. Daß wir von ihm Kunde haben und wenigstens ein Teil seiner Einsichten überliefert ist, verdanken wir dem früh verstorbenen Schweizer Indologen HEINRICH ZIMMER (128). Den von Zimmer festgehaltenen Gedanken dieses Gurus habe ich einige »Leitsätze« entnommen, wie sie so oder ähnlich auch von anderen Weisen überliefert sind, die also zum Allgemeingut der »Wissenden« gehören.

In diesem Zusammenhang wäre zunächst einmal die Frage anzusprechen, die besonders von Suchenden des Westens immer wieder gestellt wird: Brauche ich zur Selbstvervollkommnung unbedingt einen Meister? Die Antwort auf diese Frage lautet: Ob ein Suchender einen Meister beziehungsweise einen Lehrer braucht, hängt davon ab, wie weit dieser Mensch es im Sinne einer Selbstentfaltung bisher gebracht hat, wie also sein Karma beschaffen und wie groß seine Bereitschaft ist, an sich zu arbeiten. Der beste Lehrer – das wissen wir alle aus der Schule – kann einem Schüler, der nichts lernen will, auch nichts beibringen.

Letztlich hängt der Fortschritt im Leben von der Motivation ab. Und wenn ein Mensch sich entschließt, zugunsten der eigenen Selbstentfaltung Opfer, Entbehrungen und Verzichte verschiedenster Art auf sich zu nehmen, so braucht er, um erfolgreich zu sein, Mut und Ausdauer. Wer diese notwendige innere Einstellung nicht mitbringt, dem kann auch kein Meister helfen. Deshalb sagen zum Beispiel die Sufis: Es hat keinen Zweck, sich einen Meister zu suchen. Der Meister wird einen zu sich rufen, wenn man reif dazu ist!

Da die meisten von uns dieses Stadium jedoch noch nicht erreicht haben, besteht unsere erste Aufgabe darin, uns über unser Ziel klarzuwerden und uns zuversichtlich auf den Weg zu begeben. Wer über das Wesen der Mystik mehr erfahren möchte, findet zu diesem Thema im übrigen eine umfangreiche Literatur, die ihm helfen kann, in der Verwirrung der heutigen Zeit die Orientierung nicht zu verlieren.

Ansonsten bleibt dem Suchenden nur eines: Er sollte sich so häufig wie möglich meditierend in sein Inneres versenken und sich immer wieder die Frage stellen: Wer bin ich? Das ist nämlich die Frage aller Fragen! Die Antwort ist allerdings in keinem Buch nachzulesen, und jeder von uns muß sie für sich selbst finden.

Wer nach Selbsterkenntnis strebt, kann Hilfe in erster Linie nur bei sich selbst, in seinem eigenen Inneren finden. In letzter Hinsicht können uns auf geistig-seelischer Ebene andere Menschen immer nur das geben, was wir ohnehin schon, wenn auch nur keimhaft, in uns haben. Man kann einem Menschen deshalb immer nur solche Zusammenhänge erklären, die er gewissermaßen schon verstanden hat, und nur solche Empfindungen und Wahrnehmungen in ihm wecken, die im Grunde genommen schon in ihm »angelegt« sind.

Viele gebildete Menschen des Westens, die sich mehr oder weniger beiläufig mit fernöstlicher Weisheit beschäftigen, sind sich der Konsequenzen gar nicht bewußt, die ein echtes Bemühen um Erkenntnis und Selbstentfaltung nach sich zieht.

Wie schon weiter vorne erwähnt, besteht unser »Ich« mehr oder weniger aus der Summe der Konditionierungen oder Prägungen, die unseren Charakter in der Kindheit und Jugend geformt haben und – wenn wir uns nicht bewußt mit ihnen auseinandersetzen – unser Verhalten lebenslänglich bestimmen. Dieses Ich enthält daher Elemente, Illusionen, Ängste und Vorurteile, die mit unserem *wahren Selbst* recht wenig zu tun haben. Deshalb muß der Mensch buddhistischer Auffassung zufolge zuerst sein »altes« Ich ablegen, bevor er vom Leiden erlöst werden kann.

In diesem Zusammenhang sei noch ein anderes Problem angesprochen, vor das wir uns als Europäer gestellt sehen. Wie soll es in unserer auf Konkurrenz-, Profit- und Leistungsdenken beruhenden Gesellschaftsordnung möglich sein, ein meditatives Leben zu führen? Wahre Selbstvervollkommnung läßt halbe Lösungen nicht zu. Wenn Sie also unbedingt die Buddhaerleuchtung erringen wollen, dann »steigen Sie aus«, lassen Sie alles hinter sich und gehen Sie als Eremit in die »Wüste«, die auch in Mitteleuropa sein kann.

Wer jedoch – aus welchen Gründen auch immer – nicht bereit oder in der Lage ist, ein ausschließlich meditatives Leben zu führen, der kann sich dennoch in Demut und Bescheidenheit, die *nicht* identisch sind mit Unterwürfigkeit und Kleinmütigkeit, üben. Unsere technisierte Zivilisation hat uns mit ihren Errungenschaften zum Größenwahn verführt und uns vergessen lassen, welch unbedeutende »Würmchen« wir im Verhältnis zur ungeheuerlichen Größe des Universums sind. Solche Bescheidenheit würde auch im zwischenmenschlichen Bereich uns der Vollkommenheit ein Stück näherbringen, ohne daß wir deshalb der Welt ganz zu entsagen bräuchten.

Gestalten wie BUDDHA oder JESUS waren Ausnahmeerscheinungen, die vermutlich bereits eine lange Reihe von Reinkarnationen hinter sich hatten, ehe sie zu ihrer letzten »Erdenreise« antraten.

Die Augen des ewigen Bruders

Ich möchte in diesem Zusammenhang noch auf eine Frage zu sprechen kommen, die von Erfolgsmenschen im allgemeinen genauso übersehen wird wie von »Aussteigern«, nämlich auf das Problem der Schuld, die wir alle – meist ungewollt oder unbedacht – durch bestimmte Handlungen auf uns laden.

Eine der eindrucksvollsten Novellen, die ich in meinem Leben gelesen habe, ist STEFAN ZWEIGS *Die Augen des ewigen Bruders* (130). Im Vorwort zu diesem Buch schreibt der Autor:

»Dieses ist die Geschichte VIRATAS, den sein Volk rühmte mit den vier Namen der Tugend, von dem aber nichts geschrieben ist in den Chroniken der Herrscher noch in den Büchern der Weisen und dessen Andenken die Menschen vergaßen.«

Virata war Feldherr eines Königs und wegen seiner Tüchtigkeit als Soldat und Führer berühmt. Eines Tages bekämpfte er ein aufständisches Heer, das in das Königreich eingefallen war, setzte mit seinen Mannen nachts über eine Furt und metzelte die feindlichen Soldaten nieder, während sie schliefen. Als es Morgen wurde, sah er sich den Schauplatz des nächtlichen Gemetzels an und blickte unversehens in die noch offenen Augen seines Bruders, den er ahnungslos während der Nacht erschlagen hatte. Diese Augen ließen ihn nicht mehr los; und so erbat er sich vom König eine andere Position am Hofe, er wollte nie mehr in die Lage kommen, einen anderen Menschen töten zu müssen.

Der König machte ihn daraufhin zum obersten Richter. Dieses Amt übte Virata jahrelang aus und wurde wegen seiner gerechten Urteile weithin gerühmt. Und zwar verurteilte er die Angeklagten zu Freiheitsstrafen, die in einem unterirdischen Felsenkerker, in den nie ein Lichtstrahl kam, abgebüßt werden mußten. Eines Tages wurde ein junger Viehräuber gefaßt, der durch seine Raubzüge großen Schaden angerichtet hatte. Virata verurteilte den jungen Mann zu zehn Jahren Kerker – da begehrte dieser auf: »Weißt du überhaupt, was du einem freiheitsliebenden Menschen mit einer derartigen Strafe antust?«

Diese Worte gingen Virata nicht mehr aus dem Sinn. Und so machte er einen geheimen Vertrag mit einem Freund, daß er ihn nach vier Wochen wieder befreien solle, und ließ sich nachts unerkannt in das Verließ sperren. In der folgenden Nacht wurde er – wie es dort üblich war – ausgepeitscht und in seine blutenden Wunden wurde Salz gerieben. Dieser Prozedur mußten sich die anderen Gefangenen jeden Monat unterziehen. Immerhin kam die Tochter des Kerkermeisters heimlich in Viratas Verließ und kühlte seine Wunden.

Während der ersten zwei Wochen fühlte sich Virata noch relativ wohl. Er hatte Zeit zum Nachdenken. Da schoß ihm plötzlich der Gedanke durch den Kopf: Und was geschieht, wenn mich mein Freund nicht herausholt? Er kann ja auch in der Zwischenzeit ums Leben kommen! Die folgenden zwei Wochen waren daher für Virata die Hölle auf Erden. Und als er endlich glücklich befreit worden war, gab er sein Richteramt auf und zog sich auf sein Landgut zurück.

An einem warmen Abend, da er meditierend auf dem flachen Dach seines Hauses umherwandelte, hörte er plötzlich furchtbare Schmerzensschreie von unten aus dem Hof. Als er sich nach der Ursache erkundigte, erfuhr er, daß seine Söhne einen Sklaven auspeitschten, der bei einem Fluchtversuch gefaßt worden war. Er verbot seinen Söhnen, andere Menschen derart zu peinigen, doch diese erwiderten höhnisch: »Willst du vielleicht selbst die Arbeit auf den Feldern machen?«

Virata dachte einige Tage lang über den Vorfall nach und kam zu der Erkenntnis, daß er nicht weiterhin Schuld auf sich laden wolle, indem er solches Unrecht in seinem Hause zulasse. Also teilte er das Erbe unter seine Söhne auf und verließ sein Gut, um sich im Wald als Eremit niederzulassen.

Er lebte nun jahrelang zufrieden in einer Hütte und pflegte vertrauten Umgang mit den Tieren. Eines Tages kam ein Bote zu ihm und bat ihn, doch zu einem Sterbenden in das einige Kilometer entfernte Dorf zu kommen, dessen letzter Wunsch es sei, den berühmten Heiligen zu sehen.

Virata wollte sich dem Wunsch eines Sterbenden nicht versagen und pilgerte zu jenem Dorf. Als er durch die Dorfstraße ging und von den Einwohnern ehrfürchtig gegrüßt wurde, fiel ihm eine junge Frau auf, die ihm wütende Blicke zuwarf und daraufhin ostentativ im Inneren ihrer Hütte verschwand.

Als Virata seinen Krankenbesuch hinter sich hatte, ging er zu der jungen Frau in die Hütte und fragte sie, warum sie sich so wütend von ihm abgewandt habe – er habe ihr doch nichts getan? »O doch!« erwiderte die Frau. »Du hast meinen Mann verführt, ebenfalls als Einsiedler in den Wald zu ziehen. Mich und meine Kinder hat er deinetwegen verlassen – jetzt müssen wir hungern!«

Aufgrund dieses Erlebnisses beschloß Virata, auch das Einsiedlerleben aufzugeben. Er war inzwischen schon recht alt geworden und wußte nicht, wohin. So ging er an den Hof des jungen Königs, dessen Vater er so lange gedient hatte. Dieser kannte ihn nicht. Als Virata demütig um irgendeine Stelle bat, wies man ihm die Arbeit des »königlichen Sauhüters« zu. Virata übernahm sie mit Freuden und lebte noch einige Jahre zufrieden mit seinen Tieren im Schweinestall – froh, daß er jetzt keine Gelegenheit mehr hatte, durch irgendeine Tat Schuld auf sich zu laden. Und als man ihn eines Morgens tot auffand, warf man seine Leiche kurzerhand auf den Misthaufen – denn so niederen Menschen wurde nicht einmal die übliche Verbrennung gewährt.

Das ist die Geschichte Viratas, die ich immer dann erzähle, wenn ein mir nahestehender Mensch eine Entscheidung zu treffen hat, die weitreichende Konsequenzen für seine Umgebung haben könnte. Auch der plötzliche Entschluß eines Managers »auszusteigen« kann tragische Konsequenzen für seine Angehörigen und Mitarbeiter haben.

Die Geschichte vom Sand

Es gibt jedoch grundsätzlich keine Selbstentfaltung ohne Selbstaufgabe. Wer an seinem starren, aus Vorurteilen, Ängsten und Illusionen bestehenden »Ich« festhält und den Sprung ins Unbekannte nicht wagt, wird niemals die wahre Selbstoffenbarung erfahren. Diese Notwendigkeit erläutert IDRIES SHAH in seinem im Diederichs Verlag erschienenen Buch *Die Sufis* (104) anhand einer Parabel: *Die Geschichte vom Sand.*

»Ein munter sprudelnder Bach erreichte die Wüste und fand, daß er sie nicht überqueren konnte; seine Wasser versickerten zu schnell in dem feinen Sand. Laut sagte er: ›Es ist meine Bestimmung, diese Wüste zu überqueren, aber ich sehe nicht, wie.‹

Dies ist die Situation des Schülers, der einen Meister benötigt, aber keinem vertrauen kann; die bemitleidenswerte Situation des Menschen.

In der verhüllten Sprache der Natur antwortete die Wüste:

›Der Wind geht über die Wüste hin, das ist auch dein Weg.‹

›Aber sooft ich es versuche, trocknet der Sand mich fort. Und selbst wenn ich Anlauf nehme, schaffe ich nur ein kurzes Wegstück.‹

›Der Wind stürmt nicht gegen den Sand der Wüste an.‹

›Aber der Wind kann fliegen, und ich nicht.‹

›Du denkst in die falsche Richtung. Erlaube dem Wind, dich über den Sand zu tragen.‹

›Aber wie soll das gehen?‹

›Geh auf im Wind.‹

Das gefiel dem Bach gar nicht. Er fürchtete, auf diese Weise seine Individualität zu verlieren. Würde er denn dann überhaupt noch existieren? Dies, sagte der Sand, sei eine Form der Logik, die mit der Realität nichts zu tun habe. ›Der Wind nimmt die Feuchtigkeit auf, trägt sie über die Wüste und läßt sie dort zur Erde niederregnen. Und der Regen wird wieder ein Bach.‹

›Aber woher weiß ich, daß das auch wahr ist?‹

›Es ist so, und du mußt es glauben, sonst wird der Sand dich weiterhin aufsaugen, bis du nach ein paar Millionen Jahren ein Sumpf wirst.‹

›Aber wenn das so ist, werde ich derselbe sein wie jetzt... drüben?‹

›Jedenfalls kannst du nicht genau so bleiben, wie du jetzt bist. Aber du hast gar keine Wahl; das scheint dir nur so. Der Wind wird von dir nehmen, was ungreifbar ist, dein Wesen. Wenn du in den Bergen jenseits des Sandes wieder ein Bach wirst, mag wohl der Mensch dich dort anders nennen, aber du wirst wissen, daß du im Innersten derselbe bist. Du magst dich heute als einen Bach dieser oder jener Art bezeichnen, doch weißt du nicht, welcher Teil von dir dein Wesen ist.‹

So erhob sich der Bach in die geöffneten Arme des Windes, der ihn langsam und behutsam aufnahm, über die Wüste trug und auf den Berggipfeln eines fernen Landes sanft und sicher wieder absetzte. ›Jetzt‹, sagte der Bach, ›weiß ich wirklich, wer ich bin.‹

Eine Frage aber beschäftigte ihn noch: ›Warum konnte ich das nicht selbst herausfinden; warum hat der Sand es mir sagen müssen? Was wäre geschehen, wenn ich ihm nicht zugehört hätte?‹

Wispernd kam die Antwort, es war die Stimme eines Sandkorns: ›Nur der Sand weiß; er hat es sich ereignen sehen, und er erstreckt sich vom Fluß bis in die Berge. Er ist die Verbindung, und er erfüllt seine Aufgabe wie jedes Ding. Der Weg, den der Strom des Lebens auf seiner Reise nimmt, ist in den Sand geschrieben.‹«

In meiner Interpretation ist nun der »Wind« eine tragende Idee, zum Beispiel das Streben nach Selbstentfaltung. Die »Wüste« steht für die durch Trägheit, Machtgier, Profitsucht und andere menschliche Unzulänglichkeiten bedingten Schwierigkeiten des Lebens. Es ist die Bestimmung des Menschen, diese Wüste zu überqueren. Dies kann er nur, indem er im »Wind«, das heißt in einer tragenden Idee, aufgeht. Diese Selbstaufgabe führt nur vordergründig gesehen zum Verlust der Individualität; wer er wirklich ist, weiß der Mensch erst nach der Überquerung der Wüste.

Es ist der Zweck dieses Buches, dem Leser einen Eindruck davon zu vermitteln, wie man eine solche tragende Idee entwickeln und mit ihrer Hilfe die »Wüste« überqueren kann. Jeder besitzt diese Fähigkeit. Wem es jedoch an einer solchen Idee ermangelt, der ist nicht nur in seiner persönlichen Entwicklung behindert, sondern er ist auch den unvermeidlichen Schicksalsschlägen des Lebens hilflos ausgeliefert.

Wenn wir in Erfahrung bringen wollen, welchen Weg wir einschlagen müssen, um zu Selbsterkenntnis und -entfaltung zu gelangen, so müssen wir lernen, auf unsere innere Stimme zu lauschen. Diese innere Stimme wird jedoch zumeist vom Lärm des Tages, von Hoffnungen und Ängsten und dem inneren Mono- oder Dialog unserer Gedanken übertönt. Wir müssen daher diesen inneren Aufruhr besänftigen, um zu erfahren, was gut für uns ist. Diese innere Stille herbeizuführen ist Zweck der Meditation, mit der wir uns im folgenden Kapitel beschäftigen wollen.

KAPITEL 13

Meditation – oder der Weg nach innen

Bedeutung und Wesen der Meditation

Über Meditation zu schreiben erfordert großes Einfühlungsvermögen. Sie ist jedoch das Kernstück jeder praktischen Übung zur Selbstentfaltung.

Das lateinische Verbum »meditari« bedeutet soviel wie »über etwas nachdenken«; »auf etwas sinnen«; »Vorstudien anstellen«; »sich einüben«. Das Wort verweist also auf eine fortgesetzte, »ritualisierte« geistige Tätigkeit. Meditation ist dem Wortsinn nach folglich ein Akt der Selbstbesinnung und sollte nach Möglichkeit stets zur gleichen Stunde, im gleichen Raum und bei gedämpftem Licht stattfinden. Die Exerzitien der katholischen Kirche sind ein Beispiel dafür, daß die Meditation auch in Europa auf eine lange Tradition zurückblicken kann.

Ziel jeder Meditation ist Selbstbesinnung oder Zwiesprache mit Gott, was – richtig verstanden – im Grunde genommen das gleiche ist. Der meditierende Mensch tritt aus dem Zweckdenken der alltäglichen Lebensbewältigung heraus und öffnet sich der Wirklichkeit in ihrem So-Sein, ohne auch nur in Gedanken an ihr »herumzumanipulieren«. Diese nicht kommentierende oder bewertende »Gleichschaltung« mit der Wirklichkeit, aus der dem Meditierenden ungeheure Kraft zuströmen kann, bedarf jedoch der kontinuierlichen Übung. Der Meditierende muß lernen, sich selbst loszulassen und sich selbst so anzunehmen, wie er ist. Erfolgreiche Meditation führt daher immer auch zu einer besseren Kommunikation des jeweiligen Menschen mit sich selbst und mit anderen.

Im übrigen hat die Meditation auch überaus positive praktische

Folgen. Wer täglich zu einer bestimmten Zeit meditiert, meistert sein berufliches Tagewerk viel leichter als andere. Ein solcher Mensch ist ausgeglichen und gelassen und bewältigt auch einen hektischen Arbeitstag, ohne sich psychisch und physisch zu überlasten.

Praktische Voraussetzungen erfolgreichen Meditierens

Es gibt eine umfangreiche Literatur über Meditationstechniken, die sich in der Praxis bewährt haben. Ich möchte Sie im folgenden nur mit jenen Regeln bekanntmachen, die Sie unbedingt beachten müssen, damit Ihnen die Meditation zu einer Quelle der Kraft wird:

- Meditieren Sie nicht mit vollem Magen, sondern frühestens ein bis zwei Stunden nach einer Hauptmahlzeit. Und nehmen Sie, bevor Sie meditieren, keine »Muntermacher« zu sich, wie etwa Coca Cola oder starken Kaffee.
- Wählen Sie zum Meditieren einen möglichst ruhigen Raum ohne Telefon und sorgen Sie dafür, daß Sie nicht gestört werden. Vermeiden Sie einfach alles, was Sie ablenken könnte.
- Meditieren Sie im Sitzen und wählen Sie Ihre Position so, daß Sie irgendeinen schönen Gegenstand vor Augen haben, dessen Anblick Ihnen wohltut. Das kann für den einen eine Grünpflanze, für den anderen eine Kleinplastik, für einen dritten ein »psychedelisches« Meditationsbild sein. Auch Räucherstäbchen, wenn ihr Geruch nicht zu süßlich ist, oder Meditationsmusik können zu einer gelösten Stimmung und Haltung beitragen. Übrigens kann das wiederholte Abspielen einer Musik, die nicht rhythmisiert sein sollte, Ihren Körper auf die Meditation einstimmen. Das heißt: Wenn Sie Ihre Meditation jedesmal mit der gleichen Musik beginnen, so stellt sich Ihr Organismus automatisch darauf ein und entspannt sich.
- Wählen Sie Ihren Platz so, daß Sie das Licht im Rücken haben, und beleuchten Sie den Gegenstand, den Sie möglicherweise als Fixierpunkt benützen, nur schwach. Jedenfalls sollte im Raum eine Art Dämmerung herrschen.
- Befreien Sie sich vor Beginn der Meditation von allen beengenden

Kleidungsstücken, legen Sie Uhr und Schmuckstücke ab und ziehen Sie die Schuhe aus. Der Kontakt mit dem Erdboden ist bei allen Entspannungs- und Meditationsübungen wichtig! Man verstärkt auf diese Weise die Verbindung mit der »Mutter«, die uns trägt und nährt, und zieht – einem geerdeten Blitzableiter vergleichbar – die kosmischen Strahlungen auf sich.

- Nehmen Sie eine bequeme Stellung ein. Quälen Sie sich nicht mit dem Lotussitz, wenn Sie ihn nicht spielend beherrschen. Wichtig ist, daß Ihr Gesäß nicht direkt den Boden berührt; setzen Sie sich daher beispielsweise auf ein flaches Kissen, weil Ihre Beine und Füße in dieser Haltung weniger verspannt sind.
- Beenden Sie Ihre Meditation nicht abrupt, sondern bleiben Sie nach deren Abschluß noch etwa zwei Minuten sitzen und führen Sie das »Erwachen« bewußt herbei. Stehen Sie nach Beendigung der Meditation niemals abrupt auf, da Sie andernfalls Ihren Kreislauf überfordern.
- Ein gewisses Problem stellt das rechtzeitige »Aufwachen« dar. Eine Meditationsübung sollte vor allem in der Anfangszeit nicht länger als zwanzig Minuten dauern. Sie können sich nach Ablauf dieser Frist zum Beispiel von einer Eieruhr »wecken« lassen, die nur zart schnarrt. Oder Sie verwenden immer eine Meditationsmusik, wie beispielsweise eine Platte von CHAITANYA HARI DEUTER, die genau einundzwanzig Minuten läuft.
- Falls Sie während der Meditation gestört werden, etwa durch ein Familienmitglied, das an die Tür klopft, dann springen Sie nicht sogleich auf, sondern lassen den andern kurz warten.

Zwei Wege der Einstimmung auf die Meditation

Es gibt zwei Wege, in einen meditativen Zustand zu gelangen. Entweder Sie konzentrieren sich auf einen Gegenstand, ein Bild oder ein Wort und gelangen so zu Assoziationen, die die Tiefe Ihres Unbewußten immer weiter öffnen, oder Sie beginnen mit körperlicher Entspannung, stellen sich vollkommen ruhig und warten nun, welche Botschaften aus der Tiefe aufsteigen. Ohne Zweifel ist der erste Weg für den Anfänger leichter, vor allem, wenn er keine Entspannungsmethode beherrscht.

Grundsätzlich gibt es jedoch die beiden beschriebenen Möglichkeiten, in einen meditativen Zustand zu gelangen. Um mit JOHANNES LOTZ zu sprechen: Man kann vom Gehalt zur Haltung kommen oder von der Haltung zum Gehalt.

Ich habe schon davon gesprochen, wie schwierig es für einen gehetzten Europäer sein kann, täglich zur gleichen Zeit zu meditieren. Wenn ich mir beispielsweise einen ständig reisenden Manager oder einen Handelsvertreter vorstelle, der jede Nacht in einem anderen Hotel verbringen muß – wie soll ein solcher Mensch noch in Ruhe meditieren?

Es gibt indessen eine Methode, sich mit Hilfe des autogenen Trainings in jeder Situation, an jedem Ort und zu jeder Zeit zu entspannen. Wer diese Technik beherrscht, ist fähig, sich jederzeit in einen meditativen Zustand zu begeben.

Drei Meditationstechniken

Im folgenden möchte ich Sie mit drei Meditationstechniken bekanntmachen, die für den Laien, der das Meditieren ohne Meister erlernen will, in relativ kurzer Zeit erlernbar sind. Es handelt sich um:
1. die Mantrameditation,
2. die visuelle Meditation und
3. die Atemmeditation.

Die Mantrameditation

Der LAMA GOVINDA, ein wirklicher Experte auf dem Gebiet der Meditation, weist in seinem Werk *Grundlagen tibetischer Mystik* (42) mit Nachdruck darauf hin, daß die Kraft eines Mantras, also eines Wortes oder einer Silbe, auf die der Meditierende seine ganze Aufmerksamkeit richtet, nicht in der Wirkung von Tonwellen oder Schwingungen kleinster Partikel auf den Organismus beruht. Auch den von gewissen europäischen Wissenschaftlern genährten Aberglauben, daß die

Wirksamkeit eines Mantras von seiner Betonung abhänge, bekämpft Govinda. So gibt er zum Beispiel zu bedenken, daß in Tibet alle Mantras ihren Sinn und ihre Wirkkraft verloren haben müßten, weil sie dort nicht nach den Lautregeln des Sanskrit ausgesprochen werden.

Ein Mantra bezieht folglich im wesentlichen seine Kraft und seine Wirkung aus der geistigen Haltung, dem Verantwortungsbewußtsein und der seelischen Reife des Meditierenden, der es verwendet. Mantras haben Kraft und Bedeutung daher nur für den Eingeweihten, folglich nur für den, der durch besondere Erfahrungen und Erlebnisse hindurchgegangen ist, mit denen das Mantra unlösbar im Innersten des Anwendenden verknüpft ist. Deshalb sagt Govinda:

»Mantras sind also keine Zauberworte, wie selbst namhafte Gelehrte des Westens immer wieder behaupten, das heißt, sie wirken nicht kraft ihrer eigenen Natur, sondern nur durch das Medium des sie erlebenden Geistes. Ihnen selbst wohnt keine Macht inne; sie sind nur Mittel, bereits vorhandene Kräfte zu konzentrieren – einem Brennglas vergleichbar, das selbst keine Hitze enthält, aber bei richtiger Anwendung die an sich harmlosen Sonnenstrahlen zur flammenentfachenden Glut zusammenfassen kann.«

Ein »geheimes persönliches Mantra« macht also aus »Otto Normalverbraucher« noch lange keinen Erleuchteten. Ein Mantra können Sie sich auch selbst bilden, dazu bedürfen Sie keines Gurus.

Ich möchte jedoch nicht den Eindruck erwecken, als ob ich nichts von Mantras hielte oder gegen jegliche Mantrameditation sei. Ganz im Gegenteil! Aber der eigentliche Wert eines Mantras hängt von der inneren Einstellung des Meditierenden ab. Wenn Sie zum Beispiel die heilige Silbe Om meditieren, so müssen Sie innerlich beten. Mit der Silbe Om ruft der Meditierende Gott an, damit dieser ihn mit der Energie des Universums erfülle. Nur wenn Sie die Silbe in diesem Geiste meditieren, wachsen Ihnen wirklich neue Kräfte zu.

Sie können sich aber auch selbst ein Mantra bilden: beispielsweise ein Phantasiewort, das wohlklingend und Ihnen sympathisch ist. Genausogut können Sie jedoch ein Wort wählen, das Ihnen beispielsweise noch aus der Kindheit in Erinnerung und emotional positiv besetzt ist.

Wenn Sie sich beim Sprechen, Singen oder Denken Ihres Mantras auf den Teil Ihres Körpers konzentrieren, den Sie speziell beeinflussen wollen, so müssen Sie wissen, daß

- »i« das Gehirn, die Hypophyse und Epiphyse beeinflußt. Konzentrieren Sie sich deshalb auf die Mitte der Stirn, auf Ihr »drittes Auge«, während Sie dieses Mantra singen.
- »e« besonders auf Hals und Kehlkopf einwirkt;
- »a« den Brustraum bis zum Zwerchfell erfüllt;
- »o« im gesamten Bauchraum wirkt und
- »u« den »fleischlichen Sattel« des Beckenbodens, das heißt das gesamte Urogenitalsystem, beeinflußt.

Ihr Mantra, das Sie niemandem mitteilen dürfen, wird, je öfter Sie es anwenden, eine um so größere Bedeutung für Sie erlangen. Verwenden Sie es nicht nur während der Meditation; sagen Sie es sich im Laufe des Tages in stillen Minuten immer wieder vor. Aber »stellen« Sie es stets in den Rahmen des »großen Vorsatzes«, den Sie gefaßt haben, nämlich Ihre Persönlichkeit zu entfalten. Wenn Sie von dieser Idee nicht wirklich erfüllt sind, nützen Ihnen auch alle Mantras nichts!

Während Ihrer täglichen Meditation sollten Sie eine bequeme Sitzhaltung einnehmen und Ihr Mantra leise vor sich hinsprechen, und zwar immer wieder, bis Sie schließlich nur noch an dieses Wort oder diese Silbe denken. Und dann lassen Sie zu, daß sich Ihr Mantra verändert. Ganz ohne Zwang und wie von selbst werden andere Worte aus Ihrem Mantra erwachsen, und irgendwann werden Gedanken in Ihnen aufsteigen, die vielleicht eine Problemlösung beinhalten, oder Bilder, die Ihnen etwas ganz Neues über Ihr Selbst sagen. Wichtig ist nur, daß Sie alles mit sich geschehen lassen. Meditation ist ein Zustand kreativer Passivität. Nehmen Sie daher nur zur Kenntnis, was mit Ihnen geschieht, und versuchen Sie nicht, Ihre Gedanken und Gefühle zu beeinflussen!

Die visuelle Meditation

Hinsichtlich der visuellen Meditation, die man auch Bild- oder Gegenstandsmeditation nennen könnte, gehen die Ansichten beziehungsweise Anweisungen der Meditationslehrer auseinander.

Es gibt gewissermaßen zwei Schulen der visuellen Meditation. Die eine Richtung empfiehlt, der Meditierende solle einen Gegenstand, zum Beispiel eine kleine Skulptur, vor sich auf einen niedrigen Tisch stellen und diesen Gegenstand als »Fixierpunkt« verwenden – ohne ihn jedoch im üblichen Sinne des Wortes zu sehen. Dieser Gegenstand soll einfach nur in das Gesichtsfeld des Meditierenden eintreten und allmählich auf dessen Bewußtsein einwirken.

Wenn Sie sich auf diese Weise in einen meditativen Zustand versetzen wollen, sollten Sie über den Gegenstand vor sich nicht analytisch nachdenken, also vergessen, was er ist, was er bedeutet, wie er heißt und zu welcher Kategorie von Gegenständen er gehört. Sehen Sie den Gegenstand so unbefangen an, wie ein Kind dies tun würde, und warten Sie, welche Gedanken vor Ihrem geistigen Auge auftauchen. Versuchen Sie jedoch nicht, die aufkommenden Gedanken, Bilder und Gefühle irgendwie zu steuern oder zu unterdrücken.

Die zweite Richtung der visuellen Meditation, der auch der Meditationslehrer JOHANNES F. BOECKEL (14) angehört, vertritt die Ansicht, der Meditierende solle über den Gegenstand oder das Bild, worauf er seine Aufmerksamkeit richtet, reflektieren. Am Beispiel einer Holzplastik von ERNST BARLACH (»Der Mann im Stock«) erläutert J. F. BOECKEL diese Form der Meditation. Er empfiehlt, etwa folgendermaßen zu meditieren:

»Hier ist einer am Tiefpunkt, bewegungsunfähig gemacht, Hände und Hals eingeschlossen in diesen Stock, der Schande preisgegeben. Jeder kann seine demütigende Lage sehen.

Was hat ihn an den Pranger, in den Stock gebracht? Hat er's wohl selbst verschuldet? Bin ich in einer ähnlichen Lage? Und wenn ja: Wovor habe ich Angst? Was ist für mich das Beschämende, das Beengende, das Erzwungene?«

Ich selbst habe diese Form der Textmeditation bereits seit vielen Jahren angewandt – allerdings ohne daß mir bewußt gewesen wäre, daß ich meditierte. Ich hielt diese Form der Selbstbesinnung schlicht für Nachdenken. Mich hat allerdings immer wieder das Ergebnis überrascht, weil ich während solcher Reflexionen häufig zu völlig neuen Einsichten über mich selbst gelangt bin. So erinnere ich mich zum Beispiel, daß ich mich vor einigen Jahren anläßlich der Vorbereitungsarbeit zu einem Buch über Macht sehr intensiv mit Goebbels und dessen ausgefeilten Propagandamethoden auseinandersetzte. Als ich mich während meiner täglichen Meditation mit dieser Frage beschäftigte, mußte ich zu meiner Verblüffung feststellen, daß ich diese Methoden »im Grunde meines Herzen« guthieß und potentiell ohne Zweifel in der Lage wäre, ähnliche Methoden anzuwenden und daß mich diese Art von Tätigkeit im übrigen auch noch sehr befriedigen würde. Ich stellte also fest, daß ich durchaus skrupellos handeln könnte. Ich bin ganz schön erschrocken damals, weil ich mich immer für einen »waschechten Liberalen« gehalten hatte. Ähnliche meditative Selbsterfahrungen habe ich hinsichtlich meiner Sexualität gemacht. Auch in dieser Hinsicht war ich über mich selbst erstaunt.

Die Textmeditation ist also eine durchaus geeignete Technik, um Aufschluß über das eigene Unterbewußtsein zu erhalten.

Die dritte Meditationstechnik, die ich Ihnen nunmehr vorstellen möchte, ist die:

Atemmeditation

Daß wir leben, indem wir atmen, weiß jedes Kind. Eigenartigerweise scheinen viele gebildete Erwachsene diese Tatsache jedoch vergessen zu haben, da in unserer Kultur die Bedeutung einer richtigen Atmung für das körperliche und seelische Wohlbefinden erst in jüngster Zeit erkannt wurde.

Ich möchte Sie daher zunächst einmal mit einigen grundlegenden physiologischen Tatsachen bekanntmachen, bevor wir uns der »Kunst des Atmens« im Rahmen der Meditation zuwenden. Was passiert eigentlich in unserem Körper, wenn wir atmen?

Die »zentrale Instanz« des ganzen Atmungsvorganges ist das Zwerchfell. Das Zwerchfell ist eine solide, etwa in der Mitte unseres Rumpfes horizontal angeordnete Muskelplatte, die sich beim richtigen Atmen auf- und abbewegt, und diese rhythmische Bewegung hat die verschiedensten Folgen:

Beim Einatmen bewegt sich das Zwerchfell nach unten. Dabei zieht es den an ihm angewachsenen Herzbeutel in die Länge und unterstützt somit die Diastole, also das Rückströmen des verbrauchten Blutes in den rechten Vorhof. Außerdem weitet sich in diesem Vorgang die Leber und wird von arteriellem Blut durchströmt. Des weiteren werden beim Einatmen die Lungenflügel vom Zwerchfell nach unten gezogen, so daß Frischluft leichter in sie einströmen kann. Und schließlich übt das Zwerchfell bei seiner Abwärtsbewegung Druck auf die Därme aus und regt somit die Peristaltik, also die Verdauung an.

Beim Ausatmen bewegt sich das Zwerchfell nach oben. Es preßt den Herzbeutel zusammen und unterstützt damit die Systole, das Ausströmen des Blutes aus der linken Herzkammer in die Aorta. Gleichzeitig wird die Leber zusammengepreßt und auf diese Weise ihre Entleerung gefördert. Die Lungenflügel werden nach oben gedrückt, so daß die verbrauchte Luft vollständig aus der Lunge entweicht. Und schließlich entsteht infolge der Aufwärtsbewegung des Zwerchfells im Bauchraum ein Vakuum, so daß der Rückfluß des venösen Blutes aus den Beinen wesentlich erleichtert wird.

Wenn Sie also täglich etwa vierzig Atemzyklen mittels Zwerchfelltiefenatmung durchführen, so tun Sie bereits eine ganze Menge für Ihre Gesundheit: Der Gasaustausch in den Lungen wird gesteigert, die Arbeit des Herzens unterstützt, die Durchblutung der Leber, unseres »Zentrallabors«, gefördert; außerdem wird die Verdauung aktiviert, was einer Verstopfung vorbeugt; im übrigen verbessert sich die Durchblutung der Beine, so daß Krampfadern gar nicht erst entstehen, und schließlich verstärkt sich die Durchblutung des Beckenraumes, was der sexuellen Empfindungsfähigkeit zugute kommt. Nun frage ich Sie: Lohnt es sich nicht alleine schon aus den angeführten physiologischen Gründen, der eigenen Atmung mehr Beachtung zu schenken?

Nun gibt es aber auch seelische Auswirkungen der Zwerchfellatmung, die genauso erheblich sind wie die körperlichen. Eines sollten Sie nämlich nie vergessen: Sie *sind* ein Körper und leben *durch* Ihren Körper! Unser vielgepriesener Intellekt wäre gar nicht vorhanden, wenn unser Körper nicht funktionierte. Und auch unser seelisches Befinden hängt ganz maßgeblich von unserem körperlichen Zustand ab und diesbezüglich wiederum ganz erheblich von der Qualität unserer Atmung.

Da das Wissen um die immense Bedeutung der Atmung für unser körperliches und seelisches Wohlbefinden aus dem Fernen Osten zu uns gekommen ist, möchte ich an dieser Stelle auf die chinesische

Atemtherapie näher eingehen, die STEPHAN PALOS in seinem Standardwerk *Atem und Meditation* (81) ausführlich beschrieben hat. In den folgenden Ausführungen stütze ich mich maßgeblich auf diese fundierte Darstellung.

Nach chinesischer Auffassung beruht die in der gesamten Materie wirksame Energiebewegung auf dem Gegensatz zwischen dem Kräftepaar Yin und Yang. Letztlich ist indessen dieses anscheinend antagonistische Kräftepaar die Manifestation einer einzigen Kraft, die die Chinesen Ch'i nennen. Obwohl diese Kraft scheinbar gegensätzliche Erscheinungen aufweist, ist sie in Wirklichkeit einheitlich, harmonisch und befindet sich in einem beständigen Fließgleichgewicht; sie ist in ihrer Grundtendenz ausgleichend und überall existent. Das Bemühen des einzelnen Menschen, sein Leben mit dieser allumfassenden Energie Ch'i in Übereinstimmung zu bringen, bezeichnen die Chinesen als Tao oder Weg.

Wir werden im folgenden noch auf die gezielte Lenkung dieser Energie mittels der Atmung zu sprechen kommen, und deshalb ist die nachstehende Passage aus *Atem und Meditation* für uns ganz wesentlich:

Das Ch'i bezeichnet »die Tätigkeit des neurohormonalen Systems. Die Atemtherapie, die den chinesischen Namen Ch'i-kung führt, bedeutet wörtlich übersetzt die ›Übung des Atmens‹, ›Ausprägung des Atmens‹ und zugleich auch die ›Bearbeitung der Energie‹, nämlich die Regulierung und Lenkung der Energie. Die chinesische Medizin besteht bedingungslos auf der Berücksichtigung der beiden verschiedenen Bedeutungen von Atmung und Energie, weil nach ihrer Auffassung nur die beiden Bedeutungen zusammen den wirklichen Inhalt des Begriffes Ch'i wiedergeben können.«

Diese Ausführungen zeigen deutlich, daß für die spirituellen Meister, aber auch für die Ärzte des Fernen Ostens der Atem stets eine Doppelbedeutung hatte: Er war Träger der universellen Lebensenergie und hinsichtlich seines rhythmischen Wechsels steuernder Beeinflusser *aller* physischen und psychischen Funktionen. Aus dieser Sicht ist es verständlich, daß alle Yoga- beziehungsweise Meditationspraktiken dem richtigen Atmen eine so große Bedeutung beimessen.

Wenn Sie mit der Zwerchfelltiefenatmung noch keine Erfahrung haben, sollten Sie am Anfang Ihrer Atemübungen eine Grundregel besonders beherzigen: Atmen Sie niemals forciert oder gepreßt. Lassen Sie den Atem kommen und gehen, wie er will. Hilfreich ist es, wenn Sie sich dabei folgendes vorstellen: Sie gehen am Meeresstrand entlang. Eine Welle rollt an den Strand, benetzt fast Ihre Füße und rollt wieder ab, und dann kommt die nächste Welle. Nun sollten Sie an Ihrem Atem ebenso »entlanggehen« wie ein Strandwanderer am Saum des Meeres. Sie sollten beobachten, wie die einzelne Atemwelle kommt, bis in den Unterbauch hinunter spürbar wird und wieder geht. Sie werden dann nach einer Weile den Eindruck gewinnen, daß »es« Sie atmet.

Atmungsspezialisten sind sich darin einig, daß man langsam ausatmen sollte und daß das vollständige Ausatmen wichtiger ist als das übermäßige Einatmen. Tiefes Ausatmen bewirkt nämlich den Ausstoß auch der verbrauchten Residualluft – jener abgestandenen Luft also, die der Flachatmer dauernd mit sich herumträgt.

Ein weiterer wichtiger Grund, weshalb man möglichst tief ausatmen und dann das Atmen für einige Sekunden einstellen sollte, besteht nach chinesischer Auffassung darin, daß in diesen Augenblicken der Mensch mit dem Energiefeld oder dem Geist des Universums verbunden ist. In dieser kurzen Zeitspanne ist der Mensch eins mit dem Kosmos und aus dieser Einheit fließt ihm besondere Kraft zu.

Wenn Sie Atemübungen betreiben, sollten Sie so langsam und ruhig wie möglich einatmen, so daß sich ein kleiner imaginärer Faden vor Ihrer Nase überhaupt nicht bewegen würde. Wenn Sie dann wieder ausatmen, sollten Sie sich sogar noch mehr Zeit lassen als beim Einatmen. Wichtig ist, daß Sie möglichst viel von der verunreinigten Restluft wieder ausstoßen; dabei können Sie auch, nachdem Sie normal ausgeatmet haben, wie eine alte Dampflokomotive vor sich hin schnauben, bis wirklich keine Luft mehr in Ihrer Lunge ist.

Machen Sie jetzt, bevor Sie wieder einatmen, eine kurze Pause. Wenn Sie können, stellen Sie das Atmen für zwei bis drei Sekunden ein. Doch wenn es Ihnen schwerfällt, dann verzichten Sie im Anfangsstadium Ihrer Atemübungen auf diesen Atemstillstand. Tun Sie grundsätzlich nichts, was Ihren inneren Organen oder Ihrem Atemsystem schaden könnte.

Atmen Sie immer »im« Bauch – und beobachten Sie Ihre Bauchatmung, indem Sie Ihre Hände etwas unterhalb des Nabels auf den Bauch auflegen.

Wenn Sie das Ein- und Ausatmen in der empfohlenen Weise beherrschen, dann sollten Sie sich beim Atmen vorstellen, daß Sie nicht nur durch Mund und Nase ein- und ausatmen, sondern durch Ihren gesamten Körper, gewissermaßen durch alle Poren. Yogis können das: Wenn man ihnen Mund und Nase luftdicht verschließt, atmen sie durch die Haut weiter.

Die wirklich großen Wirkungen aber erzielen Sie erst, wenn Sie das mechanische Atmen mit bestimmten Vorstellungen verbinden. Denn das bewußte Atmen ist immer ein Gebet: eine Danksagung an das Leben und eine Bitte um Kraft.

Übung nach Sri Chinmoy:
Stellen Sie sich beim Inhalieren vor, daß Sie nicht Luft, sondern kosmische Energie einatmen. Fühlen Sie, daß mit jedem Atemzug gewaltige kosmische Energien in Sie fließen, die Sie dazu verwenden, Ihren Körper, Ihren Geist, Ihr Herz und Ihre Lebenskraft (Vitalenergie) zu reinigen. Fühlen Sie, daß es keinen Ort in Ihrem Körper gibt, der nicht von diesem Fluß kosmischer Energie erfaßt würde. Diese Energie fließt wie ein Strom durch Ihren ganzen Organismus und wäscht und reinigt Ihr gesamtes Wesen.

Wenn Sie dann anfangen, durch alle Poren auszuatmen, fühlen Sie, daß Sie sämtlichen »Unrat«, der sich in Ihnen angesammelt hat, ausatmen – alles Schlechte und Unsaubere. Fühlen Sie, daß Sie alles, was an Ihnen unrein ist, ausatmen.

Diese Übung können Sie aber auch variieren. Wenn Sie beispielsweise deprimiert sind, dann stellen Sie sich einfach vor, daß Sie Freude, unendliche Freude einatmen und Sorgen, Leiden und Melancholie ausatmen.

Atmung und Energiefluß

Nun wollen wir uns der schon erwähnten Methode zuwenden, wie Sie mit Hilfe der Atmung den Energiefluß in Ihrem Körper willentlich lenken können.

Die folgenden Übungen habe ich von meinem Freund CARNO WEISS in München, einem begnadeten Psychotherapeuten, übernommen. Dieser Mann gilt als medizinisches Wunder und müßte eigentlich schon seit Jahren tot sein, da seine beiden Karotisarterien zugelegt sind. Daß er noch lebt, verdankt er nach eigener Einschätzung zwei Umständen: seiner infolge meditativer Erfahrungen erworbenen Gewißheit, Teil des Universums und in dieses eingebunden zu sein, und der Fähigkeit, aus dem Universum immer dann zusätzliche Energie aufzunehmen, wenn seine Kraft nicht mehr ausreicht. Außerdem beherrscht er die Kunst, seine Meridiane, also bestimmte Körperbahnen, einzeln zu beatmen und so den Energiefluß in den einzelnen Meridianen mittels seines Atems zu steuern.

Falls Sie sich noch nie mit Akupunktur beschäftigt haben, sollte ich Sie zunächst mit einigen grundlegenden Fakten vertraut machen, damit Sie die folgenden Übungen verstehen und erfolgreich nachvollziehen können:

Nach chinesischer Überlieferung fließt unsere Lebensenergie in festgelegten Bahnen durch den Körper. Diese Bahnen sind die sogenannten Meridiane. Es gibt zwölf Meridiane. Außerdem gibt es noch zwei Meridiane, die in der Längsachse des Körpers verlaufen. Der eine dieser Meridiane, das »Gouverneursgefäß«, beginnt am Steißbein und verläuft über das Kreuzbein, die Lenden-, Brust- und Halswirbel zum Hinterhaupt und von dort aus über die Scheitellinie zur Stirn, zur Nase und zur Oberlippenrinne.

Der andere dieser beiden Meridiane, das »Konzeptionsgefäß«, verläuft vom Anus über die Symphyse und den Bauch zum Nabel; vom Nabel über das Brustbein zum Hals und von dort über das Kinn zur Unterlippe.

Der bauchseitige Meridian, das sogenannte Konzeptionsgefäß, ist Yin-bestimmt, der rückwärtige Meridian hingegen, das sogenannte Gouverneursgefäß, ist Yang-bestimmt. Sie können daher, je nachdem durch welche der beiden Meridiane Sie Ihre Lebensenergie fließen lassen, entweder Yang, das männliche, oder Yin, das weibliche Wirkprinzip aktivieren.

Diese beiden Meridiane wirken in ihrem oberen Teil die Psyche aktivierend, in ihrem unteren Teil hingegen die Physis aktivierend. Wenn Sie sich also körperlich schwach fühlen, dann sollten Sie, während Sie Ihre Atemübungen durchführen, die untere Körperhälfte aktivieren; bedürfen Sie jedoch einer seelischen und geistigen Stärkung, dann müssen Sie die Lebensenergie in besonderem Maße in die obere Körperhälfte lenken.

Übung 1 zur psychischen Aktivierung: Atmen Sie langsam ein und stellen Sie sich dabei vor, daß Sie die durch alle Poren aufgenommene Energie in Ihrem Kopf konzentrieren. Atmen Sie nun langsam wieder aus und stellen Sie sich vor, wie die gesammelte Energie oben an der Scheitellinie aus dem Kopf austritt und in zwei Strömen an dem vorderen und dem hinteren Meridian entlang nach unten wandert und schließlich in Nabel- beziehungsweise Lendenwirbelhöhe wieder in den Körper eintritt.

Übung 2 zur physischen Aktivierung: Atmen Sie langsam ein und stellen Sie sich vor, daß sich die eingeatmete Energie im unteren Becken konzentriert. Atmen Sie nun langsam wieder aus und stellen Sie sich vor, wie die gesammelte Energie durch den Damm austritt und in zwei Strömen an den Meridianen entlang nach oben wandert und ebenfalls in Nabel- beziehungsweise Lendenwirbelhöhe wieder in den Körper eintritt.

Übung 3 zur Yin-Aktivierung: Atmen Sie langsam ein und sammeln Sie die Energie in Ihrem Kopf. Atmen Sie nun langsam wieder aus und lassen Sie die Energie aus dem Mund austreten und durch das Konzeptionsgefäß, also den vorderen Meridian, nach unten wandern und am Damm wieder in den Körper eintreten.

Übung 4 zur Yang-Aktivierung: Atmen Sie langsam ein und sammeln Sie die Energie im kleinen Becken. Atmen Sie nun langsam wieder aus und lassen Sie die Energie am Damm austreten und durch das Gouverneursgefäß, also den hinteren Meridian, über Rücken, Kopf, Stirn und Nase zum Mund wandern, wo sie wieder in den Körper eintritt.

Sie können diese Übungen sowohl kombinieren als sich auch auf die Atemübungen beschränken, die Ihnen in Ihrem gegenwärtigen Zustand am notwendigsten erscheinen. Die Übungen 3 und 4 sollten Sie allerdings täglich durchführen, um Ihren gesamten Energiekreislauf zu aktivieren.

Erst wenn Sie gelernt haben, richtig zu atmen, wenn also Ihr Atem frei und ohne daß Sie sich verspannen in Sie ein- und wieder aus Ihnen ausströmt – erst dann können Sie dazu übergehen, auf Ihrem Atem zu meditieren. Jede Atemmeditation ist jedoch sinnlos, solange Sie sich noch auf das Atmen als solches konzentrieren müssen. Ihre Konzentration sollte völlig ungerichtet sein, wenn Sie meditieren – ansonsten bleibt Ihr Unterbewußtsein verschlossen.

Wenn Sie also auf Ihrem Atem meditieren wollen, dann nehmen Sie eine bequeme und entspannte Sitzhaltung ein und überlassen sich völlig willenlos Ihrer Atmung. Lauschen Sie auf Ihren Atem und erspüren Sie, was sich infolge Ihrer Atmung in Ihnen bewegt oder verändert. Was fühlen Sie? Wahrscheinlich werden Sie einzelne Organe wahrnehmen, deren Dasein Ihnen normalerweise gar nicht bewußt ist. Spüren Sie Ihren Herzschlag? Nehmen Sie die Bewegungen Ihres Darms wahr? Irgend etwas passiert in unserem Körper ja immer, und Sie bekommen jetzt auf einmal ein Gefühl für diese innerkörperlichen Vorgänge.

Und irgendwann tauchen dann Bilder auf. Aus dem Hineinhorchen in die physischen Vorgänge entwickeln sich Antworten auch im psychischen Bereich. Ein Meditierender hat die Grenze zu jener Seinsebene überschritten, auf der das Leben sich in seiner ursprünglichen »Wirklichkeit« offenbart.

Mehr zu sagen wäre an dieser Stelle nutzlos. Jeder Meditierende muß seine eigenen Erfahrungen sammeln. Jeder wird einen anderen Weg entdecken. Alle erfolgreich Meditierenden kommen allerdings irgendwann zu derselben Erkenntnis, und zwar aufgrund eigener Erfahrung, daß wir nämlich eins sind mit dem Universum und in ihm trefflich aufgehoben und geborgen.

Da sich dieses Buch an intelligente Menschen mit hohen Zielen wendet und da solche Menschen im allgemeinen gegenüber allen Lebenserscheinungen, die sich noch nicht wissenschaftlich erklären lassen, skeptisch sind, habe ich mit einer gewissen Ausführlichkeit erörtert, was Meditation ist und wie Sie sie zu Ihrem eigenen Vorteil einsetzen können. Wir wollen indessen den Zweck dieses Buches nie aus den Augen verlieren, und daher möchte ich am Ende dieses Kapitels nochmals jene Punkte auflisten, die Sie unbedingt berücksichtigen müssen, wenn Sie in Ihrer Selbstentfaltung wirkliche Fortschritte erzielen möchten:

- Halten Sie sich stets die unumstößliche Wahrheit vor Augen: Der Mensch ist, was er denkt! Vertrauen Sie der Macht Ihrer Gedanken!
- Gehen Sie den Weg Ihrer persönlichen Selbstentfaltung ganz konsequent und lassen Sie sich von niemandem beirren! Es geht um Ihr Leben – für das allein Sie die Verantwortung tragen.
- Lernen Sie zuerst, sich zu entspannen. Welche Methode Sie zu diesem Zweck wählen, ist gleichgültig. Jede praxisbewährte Entspannungstechnik ist geeignet. Sie müssen sie nur konsequent anwenden.
- Probieren Sie die besprochenen Meditationsmethoden in aller Ruhe aus und entscheiden Sie sich für diejenige, die Ihnen am meisten zusagt.

Nachdem ich vorstehend in erster Linie die technische Seite der Meditation dargestellt habe, möchte ich nun im folgenden Kapitel über die Frage der Transzendenz sprechen, denn der Ausgangspunkt und das Ziel jeder Meditation ist die Hinwendung zu Gott.

KAPITEL 14

Es ist nur eine Religion

Wer glaubt, wird selig

In seinen religionsphilosophischen Schriften sagt IMMANUEL KANT an einer Stelle: »Es ist nur eine (wahre) Religion, aber es kann vielerlei Arten des Glaubens geben.«

Ich habe noch keinen Menschen getroffen, der nicht an irgend etwas glauben würde; selbst Atheisten gehen von nicht beweisfähigen Annahmen aus, an die sie glauben. Im Laufe meines Lebens bin ich zu der Überzeugung gelangt, daß ein wie immer gearteter »Glaube an eine höhere Macht« dem Menschen eingeboren und in unserem von C. G. JUNG so genannten kollektiven Unbewußten verankert ist. Wenn gewisse Menschen jedoch behaupten, daß sie an nichts glauben und die Religion als »Opium des Volkes« abtun, so gibt es meines Erachtens für eine derartige Einstellung zwei hauptsächliche Gründe: zum einen eine gewisse Angst vor der Tiefe des Problems und vor den Konsequenzen rückhaltlosen Nachdenkens und zum anderen Selbstüberhebung.

Zwar ist der Glaube bekanntlich eine Gnade, aber das bedeutet noch lange nicht, daß wir nicht auch unseren Verstand, dieses uns von Gott anvertraute »Pfund«, nutzen sollten. Wenn uns der Schöpfer also Intelligenz mitgegeben hat, so sollten wir von dieser Gottesgnade auch Gebrauch machen.

Wer sich einmal gründlich mit den historischen Fakten im Zusammenhang mit der Entstehung des Christentums befaßt hat, für den wird es schwierig sein, den Lehrmeinungen und Dogmen der Kirchen in allem zu folgen. So werfen, um nur ein Beispiel zu nennen, die Funde der sogenannten Qumran-Rollen ein völlig neues Licht auf den »Rabbi J.«.

Im übrigen stellt das christliche Dogma, vor allem jenes katholischer Prägung, den zweifelnden Sucher vor Fragen, die auch Theologen in einer intellektuell befriedigenden Weise nicht beantworten können. Hingewiesen sei hier nur auf Begriffe wie Erlösung, Gnade und Rechtfertigung, die seit MARTIN LUTHERS Zeiten die Theologen beider christlicher Lager beschäftigen und entzweien. Für die nächste Zukunft ist auch in diesen essentiellen Fragen keine Einigung abzusehen und eine wie immer geartete Vereinigung der beiden christlichen Kirchen nicht zu erwarten – auch wenn hin und wieder einmal ein Papst eine Geste in dieser Richtung andeutet.

Das Christentum zählt zu den Erlöserreligionen – wodurch es sich grundlegend von anderen Weltreligionen, zum Beispiel dem Hinduismus und dem Buddhismus, unterscheidet.

Erlösung im christlichen Sinne bezeichnet die Befreiung des Menschen von der Sünde durch den Kreuzestod JESU. Eine Selbsterlösung des Individuums – etwa auf dem Wege einer höheren Erkenntnis, wie sie im Altertum von der Gnosis, heute von Theosophie und Anthroposophie angestrebt wird, oder auf dem Wege der asketischen Selbstüberwindung – ist nach christlicher Lehre nicht möglich.

Ich möchte jedoch nicht mißverstanden werden. Wenn Sie in den christlichen Glauben eingebunden sind und in diesem Glauben eine Sinngebung finden – so kann man Sie nur beglückwünschen. Für Sie gilt dann wirklich der Ausspruch: »Wer glaubt, wird selig!« Im übrigen liegt es mir auch ferne, mit diesen Zeilen irgend jemanden zum Abfall vom christlichen Glauben anstiften zu wollen. Ich nehme aber für mich in Anspruch, daß mir das Recht zusteht, mich als denkender Mensch auf der Suche nach einer tragfähigen Glaubensbasis auch mit anderen Religionen auseinanderzusetzen und mich möglicherweise dann auch für eine dieser anderen Glaubensrichtungen zu entscheiden. Das ist es, was ich unter Toleranz verstehe.

Die Lehre Buddhas oder die Psychologie der Selbsterlösung

Es ist sicherlich kein Zufall, daß so viele Menschen in den hochindustrialisierten Ländern sich heute für die religiöse Tradition des Fernen

Ostens öffnen. Diese Tatsache signalisiert vor allem, daß es bei uns in religiöser Hinsicht ein gewaltiges Vakuum gibt, das von den christlichen Amtskirchen mit ihren manchmal recht starren Dogmen nicht mehr ausgefüllt werden kann. Es erhebt sich also die Frage: Warum finden die religiösen Lehren des Fernen Ostens bei uns einen solchen Widerhall?

Die Antwort müssen wir im Welt- und Menschenbild des Hinduismus und des Buddhismus suchen, die beide aus einer gemeinsamen Wurzel stammen. Daß der Buddhismus zwischenzeitlich von den Hindus erbittert bekämpft und zeitweise in Randzonen oder über die Grenzen des indischen Subkontinents abgedrängt worden ist, lag nicht so sehr an der Unvereinbarkeit der Glaubensinhalte, sondern entsprang in erster Linie dem Machtstreben der Hindupriester, der Brahmanen. Sie machten sich das naive Bedürfnis des »gemeinen« Volkes, Götterbilder zu verehren, zunutze und entwickelten komplizierte Rituale zur Anbetung dieser Götter; diese Rituale wiederum machten die Brahmanen als Priester unentbehrlich.

BUDDHA hingegen sagte von sich selbst, er sei kein Gott und wolle nicht als Gott verehrt werden. In seiner Bescheidenheit ging er sogar soweit, ausdrücklich festzustellen: »Es waren viele Buddhas vor mir, und es werden noch viele nach mir kommen ...« Als ihm die Erleuchtung zuteil geworden war, verließ er sofort seinen Aufenthaltsort unter dem alten Baum, wo er sieben Jahre verweilt hatte, und eilte zu seinen ehemaligen Klosterbrüdern in Benares, um ihnen ebenfalls den Weg zur Erleuchtung zu weisen. Der Buddhismus ist also eine »psychologische« Religion, die dem einzelnen hilft, den Weg der Selbsterlösung zu finden – und dazu bedarf es keiner Priesterkaste.

Die heiligen Texte des Hinduismus, dessen Symbol die Silbe Om ist, sind die Weden, die in Sanskrit abgefaßt und etwa zwischen 1500 und 500 v. Chr. niedergeschrieben worden sind. Sie bestehen aus vier »Grundwerken«, denen um etwa 800 v. Chr. die philosophischen Traktate der *Upanischaden* angefügt wurden. Von den Upanischaden hat ARTHUR SCHOPENHAUER gesagt: »Die belohnendste und erhabenste Lektüre, die auf der Welt möglich ist: Sie ist der Trost meines Lebens gewesen und wird der meines Sterbens sein.« Diese Texte enthalten die Quintessenz des hinduistischen Glaubensgutes.

Inzwischen haben die Weden jedoch an Bedeutung verloren. Die meisten Hindus halten sich heute in ihren metaphysischen Vorstellungen und in ihren Riten an die in den Werken der heiligen Überlieferung (Smriti) enthaltenen Lehrmeinungen, die von bestimmten, als geschichtlich geltenden Heiligen verfaßt sein sollen.

Was für den Menschen des Westens den Hinduismus so verwirrend und undurchschaubar macht, ist die Vielzahl der in dieser Religion verehrten Götter, zum Beispiel BRAHMA, WISCHNU, SCHIWA und KRISCHNA, um nur einige zu nennen. Was uns jedoch noch zusätzlich verwirrt, ist die für unser christliches Religionsverständnis völlig ungewöhnliche Betonung der Sexualität, wie sie zum Beispiel in den in verschlungenen Körpern dargestellten Figuren indischer Tempelbauten zum Ausdruck kommt.

Nun, die Erklärung dieser Erscheinung ist einfach: Die ältere wedische Poesie ist HELMUT VON GLASENAPP (40) zufolge ganz auf irdische Ziele ausgerichtet. Die Sänger erhofften, mit Hilfe ihrer Lieder den Sieg in der Schlacht, Besitz von Frauen, Kühen und anderem irdischen Gut zu erlangen. Der ursprüngliche Hinduismus war also eine ausschließlich weltlich ausgerichtete Religion, von der sich die Menschen Unterstützung hinsichtlich der Befriedigung ihrer immer gleichbleibenden Bedürfnisse erhofften: sie wollten gesund und sexuell potent sein, Macht und Reichtum erlangen und so fort. Dazu schufen sie sich eine Unzahl von Göttern und Göttinnen, an die sie sich mit ihren Wünschen wenden konnten.

Die religiöse Haltung, allerdings nur der gebildeten Schicht, veränderte sich jedoch, als die *Upanischaden* entstanden waren. In diesen Texten brach sich ein ganz neues religiöses Selbstverständnis Bahn: An die Stelle des Glaubens an eine Vielheit wunscherfüllender Götter trat das Streben, durch die Versenkung in das eigene Innere das Absolute, das Brahma, zu erfassen. Die Vorstellung von einem Fortleben in einer jenseitigen Himmelswelt wurde verdrängt durch den Glauben, daß die Seele entsprechend ihren guten oder bösen Taten (Karma) nach dem Tode in göttliche, menschliche, tierische oder teuflische Körper eingehe und daß dieser Kreislauf der Wiedergeburten ohne Anfang und im gewöhnlichen Verlauf der Dinge ohne Ende ist. Die weltzugewandte Haltung, die den Arier in den alten Hymnen wünschen ließ, »hundert Herbste zu erleben«, machte nunmehr dem Wunsch Platz, der Welt zu entsagen und durch die Einswerdung mit Brahma die Erlösung zu erreichen.

Für den Hindu gibt es also ein dem Kosmos immanentes sittliches Gesetz, das in der automatischen Vergeltung aller weltverhafteten Taten (Karma) durch neue Wiedergeburten seinen Ausdruck findet. Aufgabe des Menschen ist es daher, in seinem ureigenen Interesse durch sittliches Handeln für einen Aufstieg im Verlauf seiner Wiedergeburten zu sorgen.

Wenden wir uns nunmehr dem Buddhismus zu, der sich ja aus dem Hinduismus entwickelt hat – allerdings aufgrund der Einzelinitiative eines begnadeten Menschen. FRITJOF CAPRA beschreibt diesen Vorgang in *Das Tao der Physik* (18) so:

»Im Gegensatz zum Hinduismus geht der Buddhismus auf einen einzelnen Gründer zurück, auf SIDDHARTA GAUTAMA, den historischen BUDDHA. Er lebte in Indien in der Mitte des sechsten Jahrhundert v. Chr., zu einer außergewöhnlichen Zeit, in der so viele spirituelle und philosophische Genies geboren wurden: KONFUZIUS und LAOTSE in China, ZARATHUSTRA in Persien, PYTHAGORAS und HERAKLIT in Griechenland.

Der Hinduismus ist mythologisch und ritualistisch ausgerichtet, der Buddhismus ausgesprochen psychologisch. Der BUDDHA war nicht daran interessiert, menschliche Neugier über den Ursprung der Welt, die Natur des Göttlichen oder ähnliche Fragen zu befriedigen. Ihn kümmerte ausschließlich die menschliche Situation, die Leiden und Frustrationen der Menschen. Seine Lehre war daher psychotherapeutisch, nicht metaphysisch. Er wies auf den Ursprung menschlicher Frustrationen hin und auf den Weg, diese zu überwinden.«

Buddhas Lehre gipfelt in den »vier edlen Wahrheiten«:

1. Die erste edle Wahrheit beinhaltet, daß des Menschen Situation Leiden oder Frustration sei. Dieses Leiden rührt daher, daß wir nicht erkennen wollen, daß alles um uns herum unbeständig und nur ein Übergang ist. Deshalb gibt es auch kein »Selbst«: Die Idee eines selbständigen Individuums ist eine Illusion.
2. Die zweite edle Wahrheit behandelt die Ursache allen Leidens,

»Trischna«, das heißt das Klammern. Der Mensch klammert sich an Dinge, die er für beständige Realität hält – wiewohl es doch nur vorübergehende Erscheinungen sind.
3. Die dritte edle Wahrheit behauptet, daß Leiden und Frustration beendet werden können, indem man das Nirwana, das Erwachen, erreicht.
4. Die vierte edle Wahrheit ist Buddhas Rezept für die Beendigung allen Leidens: der achtfache Weg der Selbstentwicklung, der zum Zustand der Buddhaschaft führt.

Was in der vom Christentum geprägten Welt oft übersehen (oder geleugnet) wird, ist die Tatsache, daß Liebe und Barmherzigkeit auch wesentliche Bestandteile der buddhistischen Religion sind. Deswegen genießt auch in buddhistisch geprägten Kulturkreisen der BODHISATTWA eine solche Verehrung. Der Bodhisattwa ist ein Mensch, der die Erleuchtung zwar erreicht hat und damit dem Kreislauf der Wiedergeburten enthoben ist, aber freiwillig darauf verzichtet, nach dem physischen Tod in das Nirwana einzugehen; er nimmt eine weitere Inkarnation auf sich, um auch anderen Menschen den Weg in das Nirwana zu weisen.

Wie müssen wir uns nun das für einen Buddhisten so erstrebenswerte Nirwana vorstellen? Dazu schreibt HELMUT VON GLASENAPP (41): »Das Nirwana (Verwehen, Verlöschen) ist das schon in diesem Leben zu verwirklichende Freiwerden von den drei Kardinallastern Haß, Gier und Wahn. Beim Tode erreicht der Heilige einen Zustand, in dem alle Gruppen von Daseinsfaktoren, die seine Persönlichkeit bildeten, vernichtet sind und nicht die Möglichkeit besteht, daß wieder neue entstehen können. Das Nirwana ist demnach vom Standpunkt des Weltmenschen aus gesehen ein Nichts, weshalb es häufig mit leerem Raum verglichen wird. Es ist aber ein relatives, kein absolutes Nichts, weil es von denen, die es erlangten, als eine unsagbare, überweltliche Wonne empfunden wird.«

Ich habe in dieser kurzen Abhandlung über Hinduismus und Buddhismus versucht, dem Leser zu verdeutlichen, daß es neben der christlichen Auffassung von der stellvertretenden Erlösung des Menschen durch JESUS CHRISTUS auch noch Wege der Selbsterlösung gibt, die gleichermaßen zur Versöhnung des Menschen mit sich selbst führen: zu jener Rückbindung an eine schöpferische Urkraft, die wir Gott, Brahman, Atman oder wie immer nennen mögen. Allerdings ist dieser Weg der Selbsterlösung gewiß der anstrengendere. In der alten Palischrift *Dhammapadam* (77) wird dies so ausgedrückt:

»Gar wenige des Menschenvolks
Durchkreuzen diesen Weltenstrom;
Das ganze übrige Geschlecht
Eilt nur am Ufer hin und her.
Doch jene Wahrheitsdürstenden,
Ergeben einem einzigen Ziel,
Dem völlig klar verkündeten,
Dem klar erkannten Wahrheitswerk:
Sie werden kreuzen dieses Reich,
Den ungeheuren Todesstrom.«

Das sufische Gesetz des Lebens

Die Sufis sind die Vertreter einer alten mystischen Tradition innerhalb des Islams. Der religionswissenschaftlich nicht vorgebildete Mitteleuropäer, der mit dem Wort »Islam« nur die Vorstellung des AJATOLLA KHOMEINI und seiner militanten Mullahs verbindet, macht sich nicht nur ein schiefes, sondern ein völlig falsches Bild von der Lehre MOHAMMEDS. Wer sich indessen der Mühe unterziehen und wenigstens den ernsthaften Versuch unternehmen will, ein wenig in das Wesen des Islams einzudringen, der muß sich unbedingt mit dem Sufismus beschäftigen. Ich möchte daher am Leitfaden der beiden Bücher *Das Sufitum* von WILLIAM STODDART (109) und *Die Sufis* von IDRIES SHAH (104) versuchen, die Grundzüge der sufischen Lebensauffassung herauszuarbeiten.

Das Mittel zur Verwirklichung ist im Sufismus die unaufhörliche Erinnerung an Gott (Dhikr Allah) mit Hilfe der ununterbrochenen Anrufung des göttlichen Namens. Diese Praxis ähnelt dem »Gebet ohne Unterlaß« wie es PAULUS gefordert hat und wie es noch heute im Jesugebet der Ostkirche praktiziert wird.

Nach sufischer Auffassung ist der Mensch ein Gefangener seiner

Existenz. Das menschliche Dasein ist durch seine Vergänglichkeit charakterisiert, und diese Vergänglichkeit bringt unweigerlich Trennung, Leiden und Tod mit sich. Kernstück der islamischen Spiritualität ist deshalb die Annahme, daß allein der »göttliche Grund« ewig sei und daß deshalb der Gläubige mittels der unablässigen Anrufung des göttlichen Namens Allah sich über die Beschränktheit des Daseins und die damit verbundenen Leiden erheben könne. Diese Anrufung muß allerdings aus tiefster Seele kommen.

Die wesentliche Bedingung für eine wirksame Anrufung Gottes ist »Faqr«, das heißt geistige Armut oder Selbstauslöschung. Eine routinemäßig ausgeübte Anrufung ohne Faqr ist nur Selbsttäuschung und Hochmut – und deshalb ein gefährliches Gift für die Seele. Allein der »Fakir«, also ein Mensch, der »arm im Geiste« ist, kann ein »Dhakir« sein: einer, der Gott wirklich anruft.

Der Sufismus akzeptiert jede Art Frömmigkeit, die als Stütze der Erinnerung an Gott dient. Ein Hilfsmittel solcher Frömmigkeit ist beispielsweise der »Wird« oder Rosenkranz, den viele Gläubige morgens und abends beten. Das Wird-Gebet enthält drei Formeln aus dem Koran; jede von ihnen wird hundertmal aufgesagt: Die erste Formel bezieht sich auf den einzelnen Menschen; sie soll Reue wecken, aber auch die Entschlossenheit, sich zu ändern, also »tätige Reue«. Die zweite Formel enthält den Namen des Propheten und sucht dem Fakir jenen vollendeten Zustand vor Augen zu führen, in dem der Mensch ursprünglich geschaffen war. Die dritte Formel schließlich enthält den Namen Gottes und trägt das Geheimnis der Einung in sich.

Diese drei Formeln entsprechen den drei Stufen, die in den mystischen Traditionen der verschiedenen Religionen als Reinigung, Vollendung und Einung bekannt sind. In ihrem Wesen entsprechen sie den drei Grundaspekten jeglicher Geistigkeit: Demut, Liebe, Wahrheit. Diese drei Forderungen an den wahrhaft Gläubigen *jeder* Religion sind identisch mit der »islamischen Dreiheit«:

- Furcht Gottes,
- Liebe Gottes,
- Erkenntnis Gottes.

Furcht, Liebe und Erkenntnis (oder Gnosis) können entweder als gleichzeitige oder als aufeinanderfolgende Zustände betrachtet werden. Sie entsprechen im übrigen der »Hindu-Dreiheit«:

- Weg der Handlung,
- Weg der Liebe,
- Weg der Erkenntnis.

Im engeren Sinne sind es nur Liebe und Erkenntnis, die mystische Gotteserfahrung begründen: Wahre Spiritualität ist entweder der Weg der Liebe oder der Weg der Erkenntnis oder eine Verbindung von beiden.

Es fällt religionsgeschichtlich interessierten und gebildeten suchenden Menschen natürlich auf, daß starke Parallelen beziehungsweise Zusammenhänge zwischen Hinduismus und Sufismus bestehen. So ist zum Beispiel in den *Slokas*, einer Sammlung von Sprüchen, die ein Sufimeister seinen Schülern übermittelt, viel hinduistische Volksweisheit enthalten.

Die Sufis betonen ausdrücklich, daß die *Slokas* in ihrer verbreiteten Form nur die eine Hälfte eines zweifachen Unterweisungssystems darstellen. Man kann sie nämlich wie die Fabeln des AESOP zum einen als für die Kindererziehung nützliche Parabeln betrachten. Man kann sie aber auch auf ihre innere Bedeutung hin lesen. Beispiel:

Sloka: »Der tugendhafte Mensch kann mit einem großen blattreichen Baum verglichen werden; selbst der Hitze der Sonne ausgesetzt, spendet er Kühlung den anderen, die er mit seinem Schatten bedeckt.«

Kommentar des Sufimeister AJAMI zu diesem Sinnspruch: »Die Tugend des guten Menschen hilft dem Lauteren, doch sie schwächt den Unbelehrbaren. Das schützende Obdach gewährt nur einen Aufschub von der Arbeit.«

Diese Interpretation der zitierten *Sloka* beinhaltet auch die sufische Überzeugung, daß man Erleuchtung nicht ohne die Hilfe eines Meisters erlangen könne. Wie schon erwähnt, kann sich ein Schüler jedoch seinen Meister nicht suchen; vielmehr wird der Suchende von einem Meister »erkannt« und aufgefordert, diesem zu folgen.

Über die Lehrer-Schüler-Beziehung schreibt IDRIES SHAH (103): »Der erste Schritt zum Leben des Derwischs ist, einen Lehrer zu finden. Dessen Funktion ist es, aus dem Bewußtsein des Schülers den ›Rost zu entfernen‹, damit ihm die ewigen (objektiven) Tatsachen zugänglich werden. Gedanken der modernen Psychologie vorwegnehmend, wird ... betont, daß der Meister keine subjektiven Gründe dafür haben darf, Führer zu werden. Der wahre Führer wird ›Bewerber‹ so lange nicht als Schüler annehmen, bis er sicher ist, daß er keine solchen selbstischen Antriebe hat.«

Ähnliche Anforderungen werden ja auch in unserer Kultur an jeden Psychoanalytiker gestellt; er muß sich zunächst selbst einer Analyse unterziehen und bei sich selbst Ordnung schaffen, bevor er andere behandeln darf. In der Praxis ist es jedoch manchmal leider so, daß hilflose Helfer, die nicht in der Lage sind, ihre eigenen Konflikte aufzuarbeiten, sich auf die Behandlung anderer stürzen.

Was hier über den Sufilehrer gesagt wurde, erinnert natürlich stark an die legendären Zenmeister, deren Grundsatz »Der Weg ist das Ziel« bereits mehrfach erwähnt wurde. Tatsächlich weist auch Idries Shah (104) ausdrücklich auf die Ähnlichkeiten zwischen beiden Schulen hin:

»Sehr interessant ist die Ähnlichkeit zwischen dem Denken und der Praxis des Sufismus und dem fremdartigen, erklärtermaßen typisch buddhistischen Kult des Zen, wie er in Japan praktiziert wird. Das Zen beansprucht, eine verborgene Lehre außerhalb des offiziellen Buddhismus zu sein, überliefert durch das individuelle Beispiel und die individuelle Unterweisung. Es ist historisch nicht sehr alt, und selbst seine Anhänger bringen Zen nicht mit irgendeinem Ereignis im Leben BUDDHAS in Zusammenhang.«

Allerdings behaupten die Zenbuddhisten nicht, daß man den Weg der Erleuchtung nur mit Hilfe eines Meisters erfolgreich gehen könne. Der bei D. T. SUZUKI (112) zitierte große Zenmeister YENGO antwortete bereits um 1600 n. Chr. auf die Frage »Was ist Zen?«:

»Die große Wahrheit des Zen ist jedermanns Besitz. Schau hinab in dein eigenes Wesen und suche es nicht durch andere. Dein eigener Geist ist jenseits aller Form, ist frei und still und sich selbst genügend. Immerwährend prägt er sich selbst in deinen sechs Sinnen und in den vier Elementen. In seinem Lichte löst sich alles auf. Bringe die Zweiheit von Subjekt und Objekt zum Schweigen, vergiß beide, überspringe den Intellekt, trenne dich vom Verstand und dringe unmittelbar in die Tiefe bis zur Identität mit dem Buddha-Geist; außerhalb seiner gibt es keine Wirklichkeit.«

Die Aufforderung, die von den großen spirituellen Meistern an die Suchenden ergeht, enthält stets den gleichen Kern:

»Die große Wahrheit ist in jedermanns Besitz. Schau hinab in dein eigenes Wesen und suche sie nicht durch andere!«

Sie sehen also, wir alle haben die Möglichkeit, die Wahrheit in uns selbst zu entdecken, wenn wir bereit sind, das von Scheich ABDULLAH ANSARI überliefert »sufische Gesetz des Lebens« in unser Herz zu versenken. Jeder von uns sollte sich demnach bemühen um:

- Güte gegenüber der Jugend,
- Freigiebigkeit gegenüber den Armen,
- guten Rat für die Freunde,
- Nachsicht gegenüber den Feinden,
- Gleichgültigkeit gegenüber Narren,
- Hochachtung vor den Wissenden.

KAPITEL 15

Wer immer strebend sich bemüht ...

Der Steckbrief des »Selbstverwirklichers«

Zu den bedeutendsten Psychologen unseres Jahrhunderts zählt ABRAHAM MASLOW, der zugleich ein großer Philosoph gewesen ist und die Psychologie immer im größeren Rahmen der Philosophie interpretierte.

Maslow beschrieb den angeborenen menschlichen Trieb, der über das reine Selbsterhaltungsbedürfnis hinausgeht, als das Verlangen nach Sinn und Transzendenz. Sein Konzept der »Selbstverwirklichung« gewann schnell Anhänger. Maslow untersuchte eine Gruppe um Selbstverwirklichung Bemühter, sogenannte »Selbstverwirklicher«, die er als »Vorhut der Menschheit« bezeichnete, weil diese Menschen in ihrer Entwicklung über die herkömmlichen Kriterien psychischer Gesundheit hinausgewachsen waren.

Ich möchte nun in Anlehnung an Maslows Hauptwerk *Motivation und Persönlichkeit* (63) die Eigenschaften beschreiben, die um Selbstverwirklichung bemühte Menschen typischerweise charakterisieren. Maslow zufolge zeichnen sich Selbstverwirklicher gegenüber mehr oder weniger neurotischen »Durchschnittsmenschen« durch folgende Charakterzüge aus:

1. Bessere Wahrnehmung der Realität

Diese Fähigkeit manifestiert sich speziell in der außergewöhnlichen Begabung, das Unechte, Falsche und Unehrliche in einem Menschen zu entdecken und ganz allgemein Menschen richtig zu beurteilen. Auch in Kunst und Musik, auf intellektuellem Gebiet, in wissenschaftlichen Fragen, hinsichtlich politischer Maßnahmen und bezüglich öffentlicher Angelegenheiten scheinen Selbstverwirklicher imstande zu sein, die verborgene Realität rascher und richtiger als andere zu erkennen.

2. *Annahme der eigenen Person*
Selbstverwirklicher leiden weder an übermächtigen Schuldgefühlen noch an ungesunden Scham- oder extremen Angstgefühlen. Diese psychisch gesunden Menschen sind imstande, ihre eigene menschliche Natur mit stoischer Gelassenheit zu akzeptieren. Das heißt nicht, daß sie selbstzufrieden sind. Eher schon könnte man sagen, daß sie die Gebrechlichkeiten, Schwächen und Mängel der menschlichen Natur ebenso hinnehmen, wie man beispielsweise die Naturgesetze als gegeben hinnimmt.

3. *Spontaneität und Natürlichkeit*
Selbstverwirklicher sind in ihrem Verhalten und in ihren emotionalen Reaktionen meistens spontaner als Durchschnittsmenschen. Ihr Wesen ist von Schlichtheit und Natürlichkeit getragen. Künstlichkeit oder Effekthascherei ist ihnen fremd. Das bedeutet jedoch nicht, daß sie in ihrem Verhalten durchgängig unkonventionell wären.

Daß konventionelles Verhalten ein Mantel ist, der sehr leicht über den Schultern des Selbstverwirklichers hängt, und daß sich dieser Mantel leicht ablegen läßt, wird deutlich in der Tatsache, daß der Selbstverwirklicher nur selten der Konvention gestattet, ihn zu behindern. Der Grund dafür liegt darin, daß Selbstverwirklicher ethische Normen haben, die autonom und individuell und nicht konventionell sind. Der oberflächliche Beobachter könnte leicht glauben, daß Selbstverwirklicher keine ethischen Grundsätze haben, da sie nicht nur Konventionen, sondern auch Gesetze zu brechen scheinen, wenn es die Situation erfordert. Doch das genaue Gegenteil ist der Fall. Sie haben von allen Menschen die eindeutigsten Grundsätze, obwohl ihre Ethik nicht notwendig dieselbe ist wie diejenige der andern Menschen.

4. *Problemorientiertheit*
Selbstverwirklicher sind im allgemeinen stark auf Probleme außerhalb

ihrer selbst eingestellt. In der geläufigen Terminologie sind sie somit problem- und nicht ichorientiert. Im Gegensatz zu verunsicherten Menschen, die ständig Nabelschau betreiben, nehmen sie an den Problemen ihrer Mitmenschen teil. Sie haben meistens irgendeine Aufgabe im Leben, auf die sie einen Großteil ihrer Zeit und Energie verwenden.

Ganz allgemein könnte man sagen, daß Selbstverwirklicher sich gewöhnlich mit jenen Grundfragen und ewigen Problemen befassen, die wir in die Kategorie philosophisch oder ethisch einordnen würden.

Solche Menschen stehen im allgemeinen »über den Dingen« und kommen den Bäumen offenbar selten so nah, daß sie den Wald nicht mehr sehen. Sie sind in ihren Wertvorstellungen großzügig und nicht kleinlich, denken universal und nicht lokal, in Begriffen des Jahrhunderts und nicht des Augenblicks. Mit einem Wort: Diese Menschen sind alle im einen oder anderen Sinne Philosophen. Die Tatsache, daß sie über den kleinen Dingen stehen, einen weiteren Horizont haben und weiterblickend sind als der Durchschnittsmensch, daß sie im weitestmöglichen Bezugsrahmen leben und sich primär mit den ewigen Menschheitsfragen befassen, hat für ihr Leben allergrößte soziale und zwischenmenschliche Konsequenzen.

5. Objektivität und das Bedürfnis nach Privatheit

Es trifft für Selbstverwirklicher weitgehend zu, daß sie ohne Schaden einsam und ohne Unbehagen für sich selbst sein können. Sie ziehen Alleinsein und Privatheit dem Gesellschaftsleben vor.

In den meisten Situationen halten sie sich aus dem allgemeinen Getümmel heraus und lassen sich auch von Erfahrungen, die in anderen Menschen Stürme verursachen, nicht aus dem inneren Gleichgewicht bringen. Es fällt ihnen nicht schwer, distanziert, reserviert, ja sogar ruhig und heiter zu bleiben; daher ist es ihnen möglich, auch persönliches Unglück anzunehmen, ohne heftig zu reagieren, wie es der Durchschnittsmensch tut. Sie verlieren ihre Würde auch in einer unwürdigen Umgebung nicht, was zum Teil davon herrühren mag, daß sie sich immer auf ihre eigene Beurteilung der Situation verlassen und sich nicht auf die Meinung anderer stützen.

Selbstverwirklicher besitzen außerdem die Fähigkeit, sich in einem für gewöhnliche Menschen nicht üblichen Ausmaß zu konzentrieren. Intensive Konzentration führt aber auch zu der Fähigkeit, abzuschalten oder die Außenwelt zu vergessen. Daher verlieren Selbstverwirklicher auch in schweren Zeiten nicht das Vermögen, tief zu schlafen und einen gesunden Appetit zu entwickeln.

Autonome, also sich selbst verwirklichende Menschen sind aber auch fähig, sich selbst zu beherrschen; sie sind überdurchschnittlich verantwortungsbewußt, selbstdiszipliniert und entschieden in ihrem Handeln und daher nicht manipulierbar.

6. Unabhängigkeit von Kultur und Umwelt

Eine wesentliche Eigenschaft sich selbstverwirklichender Menschen ist ihre Unabhängigkeit von der physischen und sozialen Umwelt. Da sie von einer Wachstumsmotivation und nicht von einer Mangelmotivation angetrieben werden, sind Selbstverwirklicher hinsichtlich ihrer Hauptbefriedigungen nur bedingt von ihrer Umwelt oder von anderen Menschen abhängig.

Diese Unabhängigkeit von der Umwelt beinhaltet auch eine außerordentliche Stabilität angesichts harter Schicksalsschläge, Entbehrungen, Frustrationen und ähnlicher Erfahrungen. Autonome Menschen können eine unglaubliche Gelassenheit selbst noch inmitten von Umständen aufrechterhalten, die andere Menschen zum Selbstmord treiben könnten.

7. Ausgeprägte Beziehungsfähigkeit

Selbstverwirklicher sind in tiefere und wertvollere zwischenmenschliche Beziehungen eingebunden als andere erwachsene Menschen. Sie sind zu einer intensiveren Bindung und Liebe, weiterreichenderer Identifikation und einer radikaleren Aufhebung der Ich-Grenze fähig als andere Menschen. Allerdings sind sie hinsichtlich der Wahl von Freunden und Liebespartnern sehr wählerisch: Menschen, mit denen sich nach Selbstverwirklichung strebende Menschen verbinden, sind meistens ebenfalls um Selbstverwirklichung bemüht. Aus diesem Grund unterhalten Selbstverwirklicher nur mit wenigen Menschen eine tiefere Beziehung. Ihr Freundeskreis ist klein. Da eine tiefe zwischenmenschliche Beziehung Pflege, das heißt viel Zeit erfordert, gelangen sie zu der Überzeugung: Ich habe keine Zeit für viele Freunde.

Schließlich sei noch auf einen Punkt hingewiesen, der Selbstverwirklichern zuweilen Pein bereitet: die Bewunderung seitens gewisser »Verehrer«. Menschen, die andere überragen, haben häufig viele Bewunderer, ja sogar »Adepten«. Diese Bewunderer werden in der Regel mehr verlangen, als der Selbstverwirklicher zu geben bereit ist. Außerdem kann eine solche Art der Verehrung Verlegenheit bereiten, mitunter sogar peinlich sein. Deshalb trachten Selbstverwirklicher danach, sich derartige Verehrer möglichst vom Leibe zu halten.

8. Demokratische Charakterstruktur

Selbstverwirklicher sind in ihrer Charakterstruktur demokratisch. Sie sind zu allen Menschen, ungeachtet der Klasse, Erziehung, der politischen Überzeugung, der Rasse oder Hautfarbe, freundlich. Tatsächlich scheinen sie oft gewisse Unterschiede gar nicht wahrzunehmen, die für andere Menschen so wichtig sind. In ihrer demokratischen Haltung setzen sie sich über solche äußeren Unterschiede einfach hinweg. So lernen sie beispielsweise von jedem gern, der sie etwas zu lehren hat, ganz gleich welche anderen Eigenschaften dieser Mensch auch haben mag. In einer solchen Lernbeziehung versuchen sie nicht, irgendeine äußere Würde, einen Status, ein Prestige oder ähnliches aufrechtzuerhalten. Es ist Selbstverwirklichern ohne Pose möglich, ehrlichen Respekt oder auch Bescheidenheit gegenüber Menschen zu bezeugen, die Fähigkeiten haben, die sie selbst nicht besitzen, oder von denen sie etwas lernen können, das sie bisher noch nicht wissen. Sie zollen beispielsweise einem tüchtigen Handwerker ehrlichen Respekt wie auch jedem, der auf seinem Gebiet ein Könner ist.

Nach Selbstverwirklichung strebende Menschen, die selbst durch außergewöhnliche Fähigkeiten auffallen, suchen auch ihre Freunde in der Elite, und zwar in einer Elite des Charakters und des Geistes.

9. Ausgeprägte sittlich-ethische Sensibilität

Selbstverwirklicher sind stark ethisch motiviert. Sie haben definitive sittliche Normen, was dazu führt, daß sie meistens richtig handeln.

Abraham Maslow verweist im übrigen darauf, daß man noch vor

wenigen Jahrhunderten die Selbstverwirklicher als Menschen beschrieben hätte, die auf Gottes Pfaden wandeln, oder als Männer Gottes. Nur wenige von ihnen sagen, daß sie an einen persönlichen Gott glauben; sie verstehen unter dem Begriff »Gott« mehr eine metaphysische Wirklichkeit als eine Person im strikten Sinne des Wortes. Mit anderen Worten: In ihrem Verhalten sind Selbstverwirklicher zwar religiös – aber diese Haltung hat relativ wenig mit jener konventionellen Religiosität gemein, wie sie in den beiden großen christlichen Konfessionen im allgemeinen praktiziert wird. Vom Standpunkt der normalen Gläubigen aus gesehen sind sie Atheisten.

10. Anpassungsunwilligkeit
Selbstverwirklicher sind keine Konformisten im naiven Sinne des Billigens der jeweils gültigen kulturellen Werte. Sie lehnen Konventionen nicht grundsätzlich ab, aber man kann von ihnen sagen, daß sie immer eine gewisse innere Distanz jenem Kulturkreis gegenüber wahren, in dem sie leben.

Selbstverwirklicher sind auch nicht konformistisch in bezug auf Kleidung, Sprache und andere Äußerlichkeiten; sie sind mit Sicherheit aber auch nicht modisch, smart oder schick. Weil nämlich die Wahl der Schuhe oder der Frisur oder das gesellschaftliche Verhalten auf einer Party nicht von primärem Belang für sie ist, reagieren sie auf den Zwang zum Mitmachen nur mit einem Achselzucken. Modische und gesellschaftliche Extravaganzen sind für sie nicht von Interesse.

Selbstverwirklichung und Partnerliebe

Ich habe bereits darauf hingewiesen, daß ein um Selbstverwirklichung Bemühter immer auch ein guter Liebhaber ist. Die Untersuchungen ABRAHAM MASLOWS bestätigen diese Behauptung nachdrücklich. Er hat dem »Liebesleben der Selbstverwirklicher« große Aufmerksamkeit gewidmet. Ich werde im folgenden versuchen, Maslows Haupterkenntnisse in ihren Grundzügen darzustellen.

Ein ganz wesentliches Merkmal in den Liebesbeziehungen psychisch gesunder Menschen ist das Fehlen jeden Angstgefühls. Das zeigt sich in ihrer Spontaneität, ihrer raschen Aufgabe der Verteidigungshaltung und einprogrammierter Rollen. Nach Selbstverwirklichung strebende Menschen verzichten in ihren Liebesbeziehungen auf jegliches Rollenspiel, sie geben sich, wie sie sind, und sind auch nicht besonders bemüht, vor ihrem Partner die eigenen Schwächen oder physische und seelische Unzulänglichkeiten zu verbergen. Mit anderen Worten: Sie sind spontan, einander gut und somit fähig, einander zu lieben.

Selbstverwirklicher haben nicht nur die Kraft zu lieben, sondern sind auch bereit, Liebe anzunehmen. Das rührt unter anderem daher, daß diese Menschen, wie bereits in anderem Zusammenhang ausgeführt, Gefühle auszudrücken vermögen und Gefühle anderer selbstverständlich entgegennehmen können.

Die meisten Menschen möchten lieben und geliebt werden. Nur wissen viele nicht, wie sie es anstellen sollen. Dies trifft für den Selbstverwirklicher nicht zu. Er versteht zu lieben und tut es frei und natürlich.

Abraham Maslow setzt sich auch mit dem Rollentausch in den Partnerbeziehungen auseinander. Er hat dabei herausgefunden, daß seelisch gesunde Menschen »keine wirklich scharfen Unterscheidungen zwischen den Rollen der beiden Geschlechter« machen. Sie gehen nicht davon aus, daß Frauen passiv und Männer aktiv sein müssen, ob in der Partnerbeziehung überhaupt oder beim Geschlechtsverkehr im besonderen. Sie sind sich ihrer männlichen beziehungsweise weiblichen Identität so sicher, daß sie ohne Probleme »einige der kulturellen Aspekte der entgegengesetzten Geschlechtsrolle auf sich nehmen können«.

A. Maslow fährt fort: »Besonders bemerkenswert war, daß sie sowohl aktive als auch passive Liebhaber sein konnten, und dies war am deutlichsten im Geschlechtsakt. Küssen und geküßt werden, sich in der unteren oder oberen Position zu befinden, die Initiative zu ergreifen, ruhig bleiben und Liebkosungen empfangen, selbst liebkosen – dies trat bei beiden Geschlechtern auf. Die Berichte deuteten an, daß beides zu verschiedenen Zeiten von ein und derselben Person genossen wurde. Man betrachtete es als Unzulänglichkeit, nur auf aktiven oder passiven Geschlechtsverkehr beschränkt zu sein. Beides hatte spezielle Freuden für die selbstverwirklichenden Menschen.«

Die Fähigkeit, als Liebhaber bald aktiv und bald passiv zu sein, ermöglicht es seelisch gesunden Männern auch, sich von der Intelligenz, Stärke, Kompetenz und anderen »männlichen« Eigenschaften einer Frau angezogen statt bedroht zu fühlen, wie dies so häufig bei Durchschnittsmännern der Fall ist.

Typisch für Liebesbeziehungen solcher Gleichgesinnter scheint die Bedürfnisidentifikation zu sein. Das bedeutet, daß der eine Partner die Bedürfnisse des anderen so empfindet, als seien sie seine eigenen, und daher auch bis zu einem gewissen Grad das Gefühl hat, die eigenen Bedürfnisse empfinde auch der Partner. Das heißt, in einer solchen Partnerschaft entwickelt sich gleichsam *ein* Ich, das zwei Menschen umfaßt, und bis zu einem gewissen Grad sind die beiden tatsächlich eine einzige Einheit, eine Person, ein einziges Ich geworden.

Maslow weist im übrigen auf eine Tatsache hin, die von den meisten seriösen Sexualforschern häufig übersehen wird: daß nämlich in einer gesunden Liebesbeziehung Spaß, Fröhlichkeit, Begeisterung, Wohlbefinden und Heiterkeit einen breiten Raum einnehmen. Es ist charakteristisch für den Selbstverwirklicher, daß ihm die körperliche Liebe Freude und Erfüllung bereitet. Der Liebesakt ist für ihn daher häufig ein Fest, zu dem Freude und Übermut gehören.

Schließlich weist A. Maslow noch darauf hin, daß Selbstverwirklicher in einer Liebesbeziehung die Individualität des anderen respektieren, daß sie Liebe nicht mit Besitzanspruch verwechseln, sondern ihren Partner in seiner Einzigartigkeit lieben und akzeptieren.

Kein Mensch ist perfekt!

Es sollte hier nicht der Eindruck erweckt werden, nach Selbstverwirklichung strebende Menschen seien perfekt und ohne Fehl und Tadel. Die von ABRAHAM MASLOW beobachteten Selbstverwirklicher wiesen viele der kleineren menschlichen Schwächen auf: dumme, mehr oder weniger harmlose oder gedankenlose Angewohnheiten. Solche Menschen können also durchaus auch einmal langweilig, starrköpfig und irritierend sein. Sie sind nicht immer frei von Eitelkeit, Stolz und Eigendünkel.

Selbstverwirklicher sind gelegentlich infolge ihrer stetigen Konzentration, ihres faszinierten Interesses, ihrer Hingabe an eine Sache oder ein Problem zerstreut oder humorlos, oder sie verlieren mitunter kurzfristig ihre gewohnte heitere Gelassenheit. In solchen Phasen der »Abwesenheit« sind sie häufig an Gesprächen, Partys oder ähnlichem gesellschaftlichen »Schnickschnack« desinteressiert und legen zuweilen eine Sprache oder ein Verhalten an den Tag, das schockierend, beleidigend oder gar verletzend auf andere wirken kann.

In diesem Zusammenhang bemerkt A. Maslow:

»Was mich das gelehrt hat, sollten wir alle, meine ich, lernen: Es gibt keine perfekten menschlichen Wesen! Man kann Menschen finden, die gut sind, sehr gut, de facto großartig. Es gibt Schöpfer, Seher, Weise, Heilige; Menschen, die etwas in Bewegung gesetzt haben, und solche, die etwas verändern. Das gewährt uns sicherlich Hoffnung für die Zukunft der Menschheit, auch wenn außerordentliche Menschen selten sind und nicht dutzendweise auftreten. Und auch wenn diese Menschen bisweilen irritierend, launenhaft, egoistisch, zornig oder deprimiert sind. Um Enttäuschungen über das Verhalten der Menschen zu vermeiden, müssen wir zuerst unsere Illusionen über sie aufgeben.«

Da alle Maßstäbe relativ sind, fallen die Selbstverwirklicher zwangsläufig als perfektere – wenn auch nicht fehlerfreie – Menschen auf, weil sie so selten sind. Am Anfang dieses Buches habe ich behauptet, daß die Mehrheit der Menschen lau und manipulierbar ist. Wenn diese Behauptung richtig ist, so *müssen* ja die wenigen, die autonom sind, »unangenehm« auffallen, weil sie sich an ein für sie verbindliches Wertsystem halten und sich auf dieser Grundlage eine eigene Meinung bilden und weil sie im übrigen die Kapazität ihres Gehirns nicht nur zu zehn Prozent nutzen, sondern in einem erheblich größeren Umfang. Sie sind geistig ununterbrochen aktiv, und das ist ihr entscheidender Vorzug!

Wir nähern uns nun dem Ende dieses Buches. Für mich wäre es eine große Genugtuung, wenn es Ihnen nicht nur Denkanstöße und Aha-Erlebnisse vermittelt hätte, sondern Sie auch veranlassen würde, in manchen Punkten umzulernen und neue Verhaltensmöglichkeiten zu entwickeln. Wenn dieses Buch in Ihnen die Überzeugung zu wecken oder doch zu verstärken vermocht hat, daß wir alle Gott in uns tragen, daß wir ihn allerdings selbst in uns entdecken müssen, dann werden Sie vielleicht jetzt bereit sein, die notwendigen Schritte zu unternehmen, um sich von neurotischer Ichsucht zu befreien und Ihre seelische Ganzheit wiederherzustellen und voll Vertrauen auf Gott Ihr zukünftiges Leben in die Hand zu nehmen.

Zusammenfassung

Wahre Selbstentfaltung oder die Versöhnung des einzelnen Menschen mit sich selbst und der universalen Realität ist ohne eine gleichsam religiöse Demut vor dem unendlichen Geheimnis des Lebens und des Universums nicht möglich. Das ist die Botschaft der mystischen – das heißt von persönlicher und nicht konventioneller Frömmigkeit geprägten – Traditionen *aller* Religionen und Kulturen.

Der mystische Weg, die ganz persönliche Gottessuche, ist von den offiziellen Repräsentanten vieler Glaubenssysteme, insbesondere des Christentums, in der Geschichte immer wieder beargwöhnt, unterdrückt oder wenigstens lächerlich gemacht worden.

In unserer aufgeklärten Neuzeit ist der Kampf gegen die Mystiker, gegen solche Menschen also, die dem zergliedernden Denken die Eignung zu *letzter* Welterkenntnis absprechen, vor allem von seiten der Naturwissenschaften geführt worden. Wodurch unterscheidet sich nun aber das »mystische« vom »wissenschaftlichen« Weltbild? Die klassische Naturwissenschaft vertritt eine ausschließlich rationale, verstandesorientierte Weltsicht; für sie stellt die Materie die einzige Realität dar. Menschen hingegen, denen die mystische Gotteserfahrung zuteil geworden ist, betrachten den schöpferischen Geist als den Ursprung aller Erscheinungen.

Der Unterschied zwischen diesen beiden Einstellungen läßt sich analog auch an den beiden heute in der Heilkunde vorherrschenden Grundrichtungen aufzeigen: Viele sogenannte Schulmediziner sehen den Menschen noch immer in erster Linie als »Maschine« und suchen deshalb im Krankheitsfall – mit einem ungeheuren Apparateaufwand – nach den »kaputten Teilen« dieser Maschine, die repariert oder ausgetauscht werden müssen. Die Heilkundigen fernöstlicher Kulturen (oder in unseren Breitengraden beispielsweise die Anthroposophen) hingegen betrachten Krankheit in erster Linie als psychische Störung. Entsprechend beruht in fernöstlichen Kulturen die Krankenbehandlung immer auf einer Art Psychotherapie. Dem Patienten wird klargemacht, daß er sich selbst helfen muß und daß ihm der Arzt nur eine Hilfestellung leistet. Diese Tätigkeit entspricht auch exakt der Grundbedeutung des Wortes »medicus«, das soviel wie »klug ermessender Ratgeber« bedeutet.

Dem nach spiritueller Wahrheit suchenden Menschen geht es darum, intuitiv oder durch Einfühlung zu erkennen, »was die Welt im Innersten zusammenhält«. Für ihn ist das gesamte Universum Geist – der Geist des Schöpfers, an dem auch der Mensch teilhat.

Für den heutigen Physiker besteht das Universum aus einem riesigen elektromagnetischen Feld, in dem sich aufgrund der Wechselwirkung offener Systeme Verdichtungen bilden können, die wir als Materie bezeichnen. Der Unterschied zwischen diesen beiden Anschauungen besteht darin, daß man ein elektromagnetisches Feld messen kann, den Geist hingegen nicht, weshalb es nach Meinung der meisten Wissenschaftler ein eigenständiges geistiges Prinzip nicht gibt.

Es gibt jedoch inzwischen eine Anzahl hochqualifizierter Naturwissenschaftler, die dieses Dogma des Materialismus nicht mehr anerkennen. Zu ihnen gehören beispielsweise die Physiker FRITJOF CAPRA und JEAN E. CHARON. Diese toleranten und in der Tat aufgeklärten Menschen haben erkannt, daß sich fernöstliches und westliches Denken gar nicht diametral gegenüberstehen, sondern sich wunderbar ergänzen könnten.

Diese zwei einsamen Stimmen der Vernunft und ihre wenigen Mitstreiter werden jedoch vermutlich auf absehbare Zeit hinaus innerhalb ihrer Disziplin Ausnahmeerscheinungen bleiben. Da ihre wissenschaftliche und spirituelle Welterkenntnis vereinigende Anschauung in unserer Gesellschaft wohl so bald nicht die Oberhand gewinnen wird, bleibt dem einzelnen nichts anderes übrig, als frei von allen Ideologien die Wahrheit in sich selbst zu suchen. Und diese Suche ist der Weg mystischer Gottes- und Selbsterfahrung.

Mystische Erkenntnisse gewinnt man nicht aus Büchern, sondern aufgrund persönlicher Bemühung und Erfahrung. Der Weg zu dieser Erfahrung ist die Meditation, und nur mit Hilfe der Meditation ist der Schritt von der Selbstverwirklichung zur Selbstentfaltung möglich.

Während der nach Selbstverwirklichung strebende Mensch, wie A. MASLOW ihn beschrieben hat, in der Welt aktualisiert, was an Möglichkeiten in ihm steckt, und diese Möglichkeiten mit Hife eines selbstkonstruierten Ich-Ideals konkretisiert, geht der Mensch, der sein Selbst entfalten möchte, den genau umgekehrten Weg. Ihm geht es weniger um die Verwirklichung äußerer Ziele, sondern er strebt nach Selbsterkenntnis und nach innerem Frieden. Um dieses Ziel zu erreichen, muß er:

- schädliche »Programmierungen« in sich auflösen und sein Handeln frei gewählten sittlichen Werten unterstellen;
- sich von übermächtigen egozentrischen Bedürfnissen, Gefühlen und Leidenschaften befreien – wenigstens im meditativen Zustand;
- sich für die Wirklichkeit des eigenen Daseins – ungetrübt von jeglicher Voreingenommenheit – in ihrem So-Sein rückhaltlos öffnen.

Wer erfolgreich meditiert, lernt zwar auf der einen Seite seine eigenen Schattenseiten kennen, kann aber andererseits, wenn er die nötige Ausdauer und Geduld mitbringt, auch die Wirklichkeit in einer Klarheit erleben, wie es für unser Alltagsbewußtsein ganz unvorstellbar ist. Auf ihrer höchsten Stufe führt die Meditationserfahrung zur »Unio mystica«, zur Vereinigung mit Gott.

Die spirituellen Meister aller Traditionen behaupten übereinstimmend, daß ein Mensch, dem diese höchste mystische Erfahrung zuteil geworden ist, fortan gegen Todesangst gefeit sei, da er zu der Gewißheit gelangt ist, daß er Teil der ewigen kosmischen Ordnung und in ihr aufgehoben ist. Einem solchen Menschen erscheint der physische Tod daher als Übergang in die Welt des Geistes, aus der er auf diese Erde gekommen ist. Aus diesem Grund gehen auch Menschen, die regelmäßig meditieren, mit einer solch heiteren Gelassenheit durch unsere hektische und nicht selten aggressive Welt. Für sie haben sich die Probleme, mit denen die meisten Menschen sich herumschlagen, relativiert.

Natürlich muß jeder Mensch selbst entscheiden, ob er das hochgesteckte Ziel der Selbstentfaltung anstreben will. Nicht jeder hat den Wunsch oder auch nur die Möglichkeit, der Welt ganz zu entsagen. Setzen Sie sich daher ein Ziel, das Sie in Ihrem Leben für erreichbar halten, und bemühen Sie sich um dessen Verwirklichung. Und vergessen Sie nie, daß dem Lebensgrundsatz des Zenbuddhismus zufolge der Weg selbst schon das Ziel ist. Die Belohnung liegt also immer bereits in der Anstrengung, die Sie unternehmen, um Ihr Ziel zu erreichen.

Nachwort

Möglicherweise gibt es Leser, denen der Text meines Buches zu »oberflächlich« erscheint; weil Sie, als echte »Suchende«, die Verbindung zur Transzendenz vermissen. Ich füge deshalb dem Buchtext in diesem Nachwort zwei Statements an, die zu meinem persönlichen Credo gehören:

1. Kein denkender Mensch kann ohne Re-ligio, das heißt ohne Rückbindung zur Transzendenz, leben. Wer dies behauptet, belügt sich selbst. Und wer sich gar als Atheist gebärdet, auf den trifft das Wort Voltaires zu: »Wer mit Gott hadert, betet ihn an.«
2. Wer sich an die Heiligen Schriften hält, seien es die Upanishaden, die Sufi-Texte oder die Bibel, hat damit einen Wegweiser zur Verfügung, der ihm die schrittweise Bewältigung des »spirituellen Pfades« ermöglicht.

Ich möchte deshalb jenen »Weg in die Esoterik« beschreiben, der es mir ermöglicht hat, mein Leben aus einer völlig neuen Sicht zu sehen und zu leben.

Das Fundament

Für einen Menschen, der im Christentum aufgewachsen ist, ist die Bibel nach wie vor das »Buch der Bücher« – auch wenn man sich, aus Ärger über die Politik der »Amtskirche«, längst offiziell vom Christentum gelöst hat. Und je öfter man in der Bibel (oder in Apokryphen) liest, desto mehr erfaßt man den wahren Gehalt ihrer Geschichten und Gleichnisse. Und so steht, wie könnte es anders sein, am Anfang allen Lesens und Nachdenkens immer noch das erste Buch Mose, die »Genesis«.

Der Abschnitt, der einen Suchenden mit am meisten interessiert, ist jener über den »Sündenfall« (1.Mose 2,16–17):

Und Gott der HERR gebot dem Menschen und sprach: Du darfst essen von allen Bäumen im Garten, aber von dem Baum der Erkenntnis des Guten und des Bösen sollst du nicht essen; denn an dem Tage, da du von ihm issest, mußt du des Todes sterben.

Wesentlich ist wohl, daß Gott kein Verbot ausgesprochen hat: ». . . sollst du nicht essen.« Das war eher eine Warnung. Und er zeigte auch die Konsequenzen auf: ». . . mußt du des Todes sterben.« Für mich war es immer fraglich, ob Adam wohl wußte, was es bedeutet: zu sterben. Denn er hatte ja noch niemanden sterben sehen. Aber wie dem auch sei: wir kennen ja den Fortgang dieser Geschichte. Adam und Eva aßen von den Früchten des Baumes der Erkenntnis – und mußten fortan ständig Entscheidungen treffen und die Verantwortung für deren Konsequenzen übernehmen! Das bedeutet aber: Nicht das »Im Schweiße deines Angesichts . . .« und der noch unvorstellbare Tod erwiesen sich als die furchtbarste Strafe, sondern die Tatsache, daß der Mensch seit dem Sündenfall ständig, stündlich und manchmal minütlich Entscheidungen treffen muß; und daß er für diese Entscheidungen, vor allem für seine Fehlentscheidungen, auch noch gerade stehen muß!

Im übrigen gibt die Bibel auch Anweisungen, entweder offen oder in Gleichnissen, *wie* man leben sollte. So weist uns beispielsweise das »Gleichnis von den Talenten« (Matthäus 25, 14–30) darauf hin, daß wir verpflichtet sind, mit unseren Talenten, d. h. mit den uns vererbten Geistesgaben, zu »wuchern«. Wer seine ihm »geschenkte« Intelligenz und Kreativität nicht anwendet, um sein oder der Allgemeinheit Wohl zu fördern und zu vervielfachen, der soll »in die Finsternis hinausgeworfen werden, wo Heulen und Zähneklappern sein wird«. Einer der größten Psychologen der Neuzeit, Abraham Maslow, hat diese göttliche Forderung so formuliert: »Selbstverwirklichung« bedeutet, die ererbten Talente und Dispositionen zu aktualisieren.

Ein weiteres Gleichnis, das meines Erachtens zu den wichtigsten der gesamten Bibel gehört, ist jenes vom »Verlorenen Sohn«. Denn dieser Sohn trennt sich vom Vaterhause nicht, um sein Erbteil mit Huren zu verjubeln; sondern er zieht mit der Absicht in die Fremde, neue Erfahrungen zu gewinnen – die ihn als Persönlichkeit weiterbringen. Und so geschieht es ihm ja auch. Nach mannigfachen Erfahrungen, guten und schlechten, die ihn die Grenzen seiner Persönlichkeit erkennen ließen, kehrte er reumütig ins Vaterhaus zurück. Und als der ältere Sohn sich beklagte, sagte der Vater: »Mein Sohn, du bist allezeit bei mir . . .« Das bedeutet im Klartext: *Du hast es nie gewagt, dich den Imponderabilien des Lebens auszusetzen.* Du bist immer am sicheren Herd deines Vaters gesessen und hast ein bequemes, risikoloses Leben geführt. Aus welchem Grund sollte ich also einen Hammel für dich schlachten lassen?

Nun stehen ja die Geschichten des Alten und Neuen Testaments nicht vereinzelt für sich; da ist ein Zusammenhang zu erkennen – wenn man danach sucht. Und deshalb will ich Ihnen, als Ergänzung zu dem Gleichnis mit den Talenten, noch den Anfang einer Geschichte wiederholen, an die Sie sich vermutlich auch dunkel erinnern: Ich meine den Traum Jakobs von der Himmelsleiter. Darüber heißt es im 1. Mose, 10–13:

> Aber Jakob zog aus von Beerscheba und machte sich auf den Weg nach Haran
> und kam an eine Stätte, da blieb er über Nacht, denn die Sonne war untergegangen. Und er nahm einen Stein von der Stätte und legte ihn zu seinen Häupten und legte sich an der Stätte schlafen.
> Und ihm träumte; und siehe, eine Leiter stand auf Erden, die rührte mit der Spitze an den Himmel, und siehe, die Engel Gottes stiegen daran auf und nieder.

Warum erwähne ich gerade Jakobs Traum? Weil er, von seiner Ausdeutung her, in einem ganz eigenartigen Zusammenhang mit einer anderen Überlieferung steht.

Wie Sie sicherlich wissen, gibt es Texte, die bedeutend älter sind als die Bibel. Zu ihnen gehört jene mystische Tradition, die von den Ägyptern über die Juden auf uns gekommen ist. Bei den Juden hießen diese geheimen Texte, die nur wenigen Eingeweihten, eben den Esoterikern, anvertraut wurden, *Die Kabbala* (136). Dazu bemerkt PAPUS:

> Das Wort Kabbala, das im Hebräischen »empfangene Überlieferung« bedeutet, deutet schon an und für sich an, daß diese Wissenschaft von den Rabbinen als überlieferte Lehre betrachtet wurde.

Nach diesen besteht sie aus Überlieferungen, die in die allerältesten Zeiten zurückreichen, auf Moses, sogar bis auf Adam.

Nun wird die Kabbala meist als »Baum des Lebens« interpretiert und durch folgende Graphik symbolisiert:

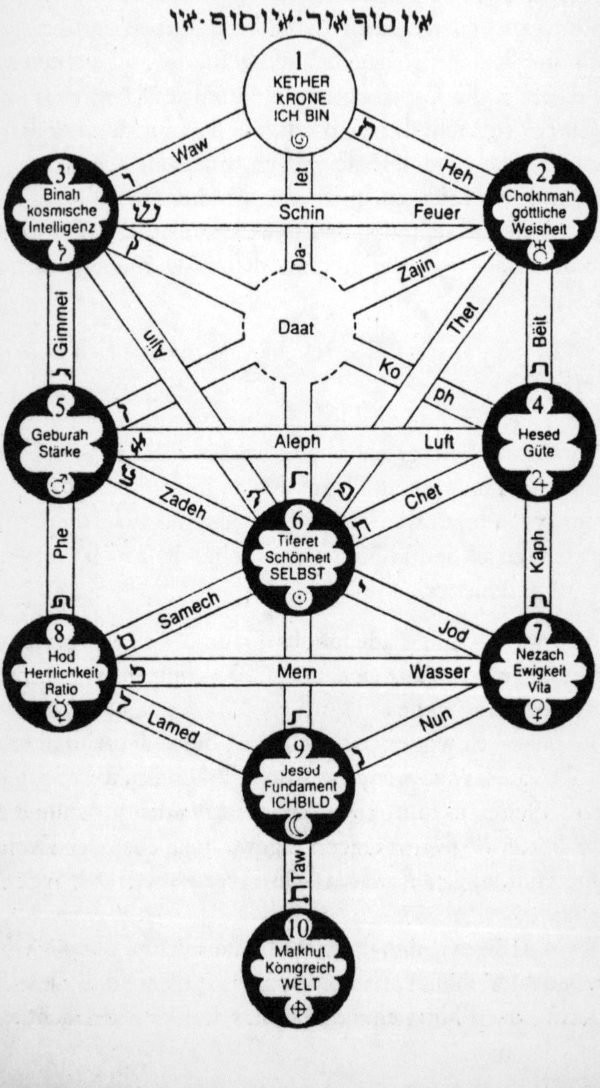

Dieses Sinnbild des Lebensbaumes offenbart dem Eingeweihten zweierlei: Zum einen, wie sich die Kraft Gottes über insgesamt zehn Emanationen (= Sephirot) im Universum »auslebt« und sich, bei KETHER, der KRONE, beginnend, über vier kabbalistische Welten nach MALKUTH, dem REICH, bewegt. Die Namen der vier Welten signalisieren dem Suchenden wiederum, worum es auf jeder Ebene geht: »Welt der Archetypen«, »Kreative Welt«, »Welt der Formen« und »Welt der Aktion«. Das bedeutet, daß die reine Geistigkeit Gottes sich, von Ebene zu Ebene, immer mehr »materialisiert«, d. h., ihre Frequenz modifiziert, um schließlich im REICH, der Menschenwelt, wirken zu können, ohne den irdischen Geschöpfen zu schaden.

Der Baum des Lebens signalisiert dem Suchenden indessen auch den Weg, den er beschreiten sollte, um sich, peu à peu, aufwärts zu entwikkeln, in Richtung auf den »Punkt Omega« des Teilhard de Chardin. Der »spirituelle Pfad« führt von der Sephira 10 (REICH), die den Status »Ich bin« symbolisiert, über die Sephira 9 (FUNDAMENT), die den Zustand meines Unbewußten anzeigt, zur Mitte des gesamten Baumes (TIPHERET), in die Balance meines wahren Selbst. Wesentlich ist bei Erklimmen dieses anstrengenden Aufwärtspfades, daß der Ausgleich zwischen den polaren Kräften von NEZACH (sexuelle Vitalität) und HOD (ordnende Vernunft) gelingt, sowie zwischen HESED (teilnehmende Güte) und GEBURAH (aggressive Stärke). Weiter als bis TIPHERET, zur ausgewogenen, ästhetischen Schönheit seines wahren Selbst, kann der Mensch durch eigene Anstrengungen nicht kommen. Die Sephirot 3 bis 1 erreicht der Mensch, zum Buddha geworden, nur, wenn ihm »von oben« die Hand gereicht wird, um ihn über den Abgrund (Thaum) zu ziehen, der die unteren sieben von den höchsten drei Sephirot trennt.

Jetzt, mit diesem Basiswissen über den Baum des Lebens, begreifen wir auch die Symbolik der Himmelsleiter in Jakobs Traum: die Engel versinnbildlichen im Herabsteigen die göttliche Energie und im Hinaufsteigen den möglichen »Höhenweg« der menschlichen Seele. Mit anderen Worten: Der Mensch hat, gestärkt durch die von KETHER nach MALKUTH emanierte göttliche Energie, die Möglichkeit, sich zunächst von MALKUTH nach TIPHERET »hochzuarbeiten« – wofür er viele Wiedergeburten benötigt. Dies ist die Botschaft des Baumes des Lebens, tradiert durch die KABBALA – als Hilfe für den suchenden Menschen.

Damit sind wir folgerichtig beim Reizthema »Wiedergeburt« angelangt. Ich zitiere dazu einen der bedeutendsten Esoteriker der Gegenwart, den Engländer SIR GEORGE TREVELYAN:

> Es muß nochmals betont werden, daß der Mensch in seinem Kern ein ewiges spirituelles Wesen ist, das eine Zeitlang in einem Körper wohnt. Diese Wahrheit über seine vielfältige Natur ist weitgehend in Vergessenheit geraten und wird erst jetzt wieder entdeckt. Als ein spirituelles Wesen gehört der Mensch dem Reich des Geistes an. Durch das Herabsteigen ins irdische Leben nimmt er eine drastische Begrenzung auf sich, und seine fünf Sinne sind in Wirklichkeit Filter. Nur Bruchteilen der Herrlichkeit des Lichts und der Harmonie der Schöpfung gestatten sie, in sein Bewußtsein einzudringen. Zu glauben, daß dieses freie spirituelle Wesen mit dem abgelegten und verwesenden Leichnam identisch ist, daß es im Grabe schläft oder im Feuer des Krematoriums vergeht, ist reine Blindheit, entstanden aus einer begrenzten Sicht. Unser Denk- und Vorstellungsvermögen muß sich darüber klar werden, daß das sich frei bewegende spirituelle Wesen in der Tat weiter in die Reiche des Lichts vorstoßen kann.
>
> Überall in der lebendigen Natur geschieht der Vorgang des Sterbens einzig nur zu dem Zweck, daß alte Formen durch einen Verwandlungsprozeß neuen Platz machen können. Jedes Sterben ist von einer Auferstehung begleitet, einem neuen »Werden«. Goethe, das Genie, der ebenfalls den Esoterikern zuzurechnen ist, hat den Vorgang des Sterbens und der Wiedergeburt dichterisch in einmalig schöner Form beschrieben:
>
> Und so lang du das nicht hast,
> Dieses: Stirb und werde!
> Bist du nur ein trüber Gast
> Auf der dunklen Erde.

Wenn man über die Wiedergeburt nachdenkt, stößt man zwangsläufig auf den Begriff des »Karma«. Was bedeutet dieser Begriff?

Karma, das »Gesetz der wirkenden Tat«, ist jene unbewußte Erfahrung, die wir aus früheren Inkarnationen in dieses Leben mitbringen. Je nach dem Ergebnis unserer Bemühungen auf vergangenen Erdenwegen bringen wir entweder ein helfendes oder ein belastendes Karma mit, das unser gegenwärtiges Schicksal mitbestimmt.

Dieser Glaube an die Macht des Karmas, daß nämlich jede Tat ihre Folgen in sich selbst trägt, hat weitreichende Konsequenzen für das Leben des einzelnen. Das Karma beeinflußt ohne Zweifel unser Leben, aber es muß nicht die Bedeutung einer unerbittlichen Schicksalsmacht haben, wie sie uns in den Tragödien der alten Griechen entgegentritt. Aus diesem Grunde sagte Buddha, es sei ein Privileg, in menschlicher Gestalt geboren zu werden. Damit wollte er zum Ausdruck bringen, daß der Mensch die Möglichkeit hat, ein belastendes Karma abzubauen und sich Schritt für Schritt, d. h. während einer Kette von Reinkarnationen, vom Leiden zu befreien. Mit anderen Worten: *Jede Wiedergeburt ist eine Chance!*

Es folgt eine Verständnisbrücke zu folgender Stelle (2,9) im Buch Mose:

> Und Gott der HERR ließ aufwachsen aus der Erde allerlei Bäume, verlockend anzusehen und gut zu essen, und den Baum des Lebens mitten im Garten und den Baum der Erkenntnis des Guten und des Bösen.

Jetzt können wir begreifen, welchen Verlust die Menschheit erlitten hat, weil deren erstes Paar nach der verbotenen Frucht gegriffen hat: Wir haben uns mit der Vertreibung aus dem Paradies um die Chance gebracht, das Geheimnis des Lebensbaumes zu ergründen und durch ihn zu verstehen, nach welchen Regeln das Universum funktioniert und wie sich der Mensch sukzessive, d. h. über viele Inkarnationen, in Richtung Gottähnlichkeit entwickeln könnte, um eines Tages wieder den Eintritt ins Paradies zu erlangen.

Doch Gott ist gnädig. Deshalb hat er dem Moses auf dem Berge Sinai jenes Geheimwissen um Sinn und Zweck des Lebensbaumes anvertraut, das seither von jüdischen Auserwählten von Generation zu Generation weitergegeben worden ist, bis in unsere Tage. Das ist es, was die KABBALA dem ernsthaft Suchenden zu bieten hat: die Weisheit eines erfüllten Lebens zu erlangen und sich der Erleuchtung Schritt um Schritt zu nähern, wobei die dazu benötigte Zeit keine Rolle spielt. Denn das Universum funktioniert in Äonen, und deshalb wurde gesagt: »Vor Gott sind tausend Jahre wie ein Tag.«

Es gibt indessen (außer der Astrologie, die ich wegen Unkenntnis ausspare) noch einen weiteren »Wegweiser« für das Wandeln auf dem »spirituellen Pfad«: den Tarot. Dieses von den meisten verkannte »Kartenspiel« zeigt dem Wissenden an, welche Situationen der Mensch in 21 Schritten bewältigen sollte, um eine problematische Ebene des Lebens zu überwinden und den Schritt auf die nächsthöhere zu schaffen als Folge der esoterischen Erkenntnis: »Das Leben ist eine Zeit der Bewährung«. Und der Tarot signalisiert dem Fragenden zudem exakt, an welcher Stelle des Weges er sich im Augenblick des Befragens befindet. Im übrigen ist der Tarot in die Pfade des Baumes des Lebens integriert. Wer also, als Folge eifrigen (und langjährigen) Bemühens, die essentiellen Aspekte von Kabbala und Tarot beherrscht, kann bei Interpretation der Karten wahrhaft verblüffende »Wahrsageergebnisse« erzielen.

Last not least muß ein weiterer Mythos erwähnt werden, der dem Esoterik-Adepten wertvolle Aufschlüsse zur Führung seines Lebens liefern kann: die Geschichte von Hermes Trismegistos, einem sagenhaften Halbgott ägyptischer Herkunft. Wie die Sage berichtet, entdeckte Alexander der Große nach der Unterwerfung Ägyptens an jenem Ort, der bis heute Alexandria heißt, das Grab des Hermes Trismegistos. Als er das Innere betrat, erblickte er die Mumie des Toten, die eine Tafel aus Smaragd in der Hand hielt. Auf dieser Tafel waren jene Gesetze eingraviert, die der Funktion des Universums zugrunde liegen. Das heißt, wer diese Gesetze kennt, begreift, warum das Universum und der Mensch, der ja Teil des Universums ist, so funktioniert, bzw. wie sie funktionieren. Und angeblich soll ein Mensch, in Kenntnis dieser universalen Gesetze, mit Hilfe der Magie sogar in das universelle Geschehen verändernd eingreifen können. Dieses Geheimwissen des Hermes Trismegistos, der bei den Ägyptern Toth hieß, wurde nach Eroberung des Nillandes durch die Perser von Pythagoras und seinen Schülern weitergereicht – bis in unsere Tage! Die Bildsymbolik dieses Geheimwissens ist der Tarot.

Nun, wir »gemeinen Suchenden« haben keine magischen Ambitionen. Wir sind zufrieden, wenn es uns gelingt, mit Hilfe dieser Gesetze unser Leben erfolgreicher und mit weniger Streß zu bewältigen. Deshalb sollten wir die »Hermetischen Gesetze der Smaragdenen Tafel« kennen und so weit wie möglich berücksichtigen. Hier sind diese Gesetze, in ihren wesentlichen Aussagen:

- *Wie oben, so unten.* Das heißt: Alles, was auf einer oberen Ebene vorhanden ist oder geschieht, findet seine Entsprechung auch auf den unteren Ebenen. So ist der Mensch ein Mikrokosmos im Makrokosmos, für dessen Funktionen die gleichen Gesetze gelten wie für das Universum.
- *Alles im Universum ist polar.* Das bedeutet, daß alles, was ist, gewissermaßen in zwei Ausgaben, in zwei Polen, vorhanden ist, die zueinander in einem Spannungsverhältnis stehen, wie etwa männlich-weiblich, positiv-negativ, hell-dunkel, usw. Bei den Chinesen heißt dieses Prinzip »Yin-Yang«.
- *Aus zwei entgegengesetzten Polaritäten entsteht etwas Neues, ein Drittes,* das mit den beiden Ursprungspolen eine neue Einheit bildet, die wiederum zum Spannungspol wird.
- *Das gesamte kosmische Sein verläuft zyklisch und rhythmisch; das oberste Gesetz heißt Ausgewogenheit.*

Ausdruck für dieses Gesetz der Harmonie ist die »Lemniskate«, graphisch gesehen eine liegende Acht. Ihre Ausgewogenheit offenbart sich in den beiden gleich großen Schleifen. Aber die Lemniskate ist kein statisches Symbol. Sie ist kein in sich ruhender Zustand, sondern sie ist ebensosehr Ausdruck von Dynamik und Bewegung, die sich rhythmisch und zyklisch äußern.

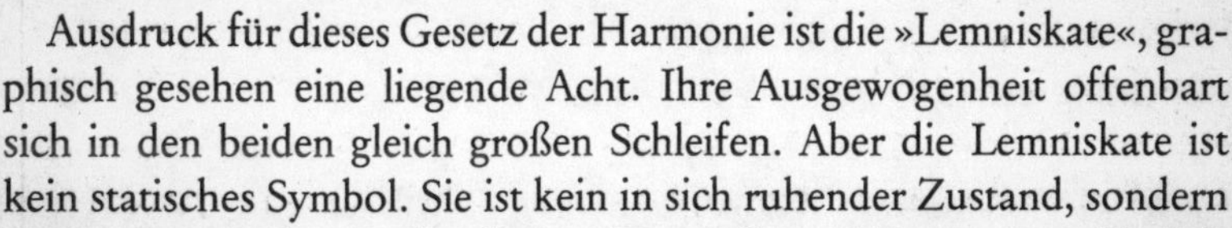

Damit wären die Grundlagen des esoterischen Weltbildes dargestellt. Eines Weltbildes übrigens, das einen *Glauben* beinhaltet. Wenn also ein Mensch sagt, »Ich bin Esoteriker«, so entspricht dies genau der

Feststellung anderer Menschen, die sich als Christen, Mohammedaner oder Buddhisten bezeichnen. Daraus ergibt sich zwangsläufig, daß es unsinnig ist, von einem Esoteriker »Beweise« zu verlangen, daß es, beispielsweise, eine Wiedergeburt gibt. Glaubenssätze müssen nicht bewiesen werden, wie schon Tertullian um 200 n. Chr. festgestellt hat: »Credo, quia absurdum« (»Ich glaube es, weil es absurd ist«).

Abgesehen davon, daß Glaubenssätze eben nicht beweisbar sind, kann man noch eine andere interessante Feststellung machen, wenn man mit Angehörigen verschiedener Religionsgemeinschaften diskutiert: Durchaus nicht alle Christen verstehen das gleiche, wenn es beispielsweise um den Begriff »Gnade« geht; und nicht alle Moslems, die über ihrem Glauben das Denken nicht verlernt haben, bejahen die religiösen Ansichten des Ajatollah Khomeini, sondern fühlen sich allein unter dem Derwischmantel der Sufis geborgen. Will sagen: Jeder intelligente Mensch macht sich seine Religion (und damit auch seine Moral) selbst, indem er fein säuberlich sortiert, was für ihn tragbar und was nicht annehmbar ist. Und deshalb gilt natürlich auch, daß eine gewisse Relativierung immer angebracht erscheint, wenn ein Mensch, wie beispielsweise ich, sagt: »Ich bin Esoteriker«. Womit ausdrücklich darauf hingewiesen sei, daß meine hier geäußerten Anschauungen durchaus nicht von allen Esoterikern geteilt werden müssen.

Resümee esoterischen Wissens

Eine Auflistung jener essentiellen Grundwahrheiten, die mir am wesentlichsten erscheinen, sieht so aus:

- Das Universum ist das Werk einer schöpferischen Urkraft, die wir »Gott« nennen.
- Über das Wesen Gottes zu reflektieren ist sinnlos und müßig.
- Grundlage des Universums ist ein schwingendes Energiefeld, dessen unterschiedliche Manifestationen ihre Ursache in den Frequenzunterschieden seiner Schwingungen haben.
- Bestimmte Frequenzen führen zu Verdichtungen des Energiefeldes, die uns als Materie erscheinen.

- Jede Art von Materie ist von einem höher frequenten Energiefeld durchtränkt, das wir »Astralleib« oder »Seele« nennen.
- Der Mensch besteht aus Körper, Seele und Geist.
- Der »Geist« sollte als ein »Fünkchen Gottes« begriffen werden, das uns die Verbindung zur Transzendenz ermöglicht.
- Die Seele enthält die »Blaupausen« für unser gegenwärtiges Leben: die Betriebsanleitungen für Wachstum und Aufrechterhaltung des laufenden Betriebes unseres Körpers. In diese Blaupausen ist Krankheit nicht eingezeichnet.
- Das »Koordinationszentrum« unserer Seele nennen wir »das Unbewußte«. Es enthält ein Gedächtnis für vor- und frühzeitliche Ereignisse (Karma-Engramme, Planetenzusammenstöße, Sintfluten, Feuerstürme und Eiszeiten) sowie kollektive, d. h. allen Menschen gemeinsame Führer- und Helfer-Bilder (»Archetypen«). Zu diesen Symbolen zählen der »Ur-Vater« als Herrscher per se; die »Ur-Mutter« als Symbol der Liebe, Geborgenheit, Fruchtbarkeit usw.
- Das Unbewußte kann aber auch Steuerungsfunktionen wahrnehmen und beispielsweise das Vegetativum so beeinflussen, daß der Mensch Gefahrensituationen oder Krankheiten übersteht.
- Das Körperorgan »Gehirn« produziert mehrere Arten differenzierter Wellen, die als »Gedanken« und »Intuition« die Grundlage unseres »Intellekts« bilden.
- Aufgrund der intellektuellen Leistung des Gehirns ergibt sich unser »Bewußtsein«. Es befähigt uns, uns als »menschliche Wesenheit« aus Körper, Seele und Geist zu begreifen.
- Der anscheinend aus unserem Bewußtsein kommende Antrieb zu bestimmten Handlungen bzw. Verhaltensweisen wird als »Wille« bezeichnet. Allerdings ist dieser »Wille« oft nichts anderes als das Ergebnis von Programmierungen in Elternhaus und Schule. Die Gesamtheit aller Programme, von FREUD als »Über-Ich« bezeichnet, ist auch für die Entstehung jener Persönlichkeitsmaske verantwortlich, die wir als »Ich« bezeichnen.
- Das »Ich«, von ALLAN WATTS »soziale Fiktion« genannt, hindert uns daran, unser Unbewußtes zu erforschen. Deshalb muß das Ich durch Meditation oder Hypnose umgangen werden.

- Das Unbewußte figuriert u. a. als »Drehscheibe« zwischen dem Bewußtsein einer Person und dem Bewußtsein anderer, z. B. bei Phänomenen wie »Telepathie« oder »Geistheilung«.
- Das Unbewußte dient ebenfalls als »Umschaltstation«, wenn der Mensch Verbindung mit dem Geist des Universums, d. h. mit Gott, aufnehmen will.

Esoterische Wahrheiten

- Esoteriker gehen davon aus, daß es die generelle Aufgabe einer menschlichen Seele sei, sich bis zu einem »Punkt Omega« aufwärts zu entwickeln, an dem sie »gottähnlich« geworden ist und in Gott aufgehen kann – wie ein Wassertropfen im Ozean.
- Um diesen gottähnlichen Zustand zu erreichen, sind viele Wiederverkörperungen (»Reinkarnationen«) notwendig. Buddha hat, nach eigener Angabe, 547 Wiederverkörperungen benötigt, bis er die »Erleuchtung« erreicht hatte.
- Aus dieser Sicht entspricht der körperliche Tod eines Menschen für dessen Seele einer Befreiung aus einem (viel zu engen) Gefängnis.
- Wenn die Seele nach dem körperlichen Tod in jene Sphären zurückkehrt, in denen sie eigentlich »zu Hause« ist, stehen ihr andere Aufgabenbewältigungen bevor, die vermutlich mit dem Aufenthalt auf anderen Planeten oder Sternensystemen gekoppelt sind.
- Welchen »Reifegrad« so eine seelische Wesenheit erreicht hat, ergibt sich aus ihrer Bilanz von Glücks- oder Schuldzuweisung, die durch ihr »Karma« repräsentiert wird.
- Aus dem individuellen Karma folgt die Notwendigkeit einer Wiederverkörperung und die Art der »Lebensaufgabe« im »nächsten Leben«. Allerdings kann die Seele wählen, zu welchem Zeitpunkt und auf welchem Kontinent sie wieder verkörpert werden will. (Deshalb ergeben sich aus dem Horoskop Hinweise auf das Wirken in der letzten und auf die Aufgabe in der gegenwärtigen Verkörperung).

- Manche Esoteriker vertreten die Meinung, der Planet Erde sei so etwas wie eine »Hölle des Universums«. Deshalb gäbe es hier Völker, die immer verfolgt, gefoltert und dezimiert worden sind, wie beispielsweise die Juden, Kurden und Afghanen. Diese Ansicht beinhaltet, daß alle gequälten Angehörigen solcher Völker auf diese Weise ein furchtbares Karma abtragen. Denn die von uns allen stillschweigend implizierte »göttliche Gerechtigkeit« dürfte es nicht zulassen, daß Unschuldige so leiden müssen.
- Menschen, die sich unwiderstehlich zu esoterischen Disziplinen hingezogen fühlen, wie z. B. zur Astrologie, Magie oder zum Tarot, und jahrelang konsequent dabei bleiben, waren vermutlich schon sehr oft wiederverkörpert. Man bezeichnet sie deshalb als »alte Seelen«.
- Das erneute Verkörpertwerden bedeutet für die an die unendliche Freiheit des Universums gewöhnte Seele jedesmal wieder eine schmerzhafte Einengung in ein leibliches Gefängnis und das Vergessen ihrer »Herkunft«, so lange die Verkörperung währt. (Kinder erinnern sich zuweilen an Einzelheiten früherer Inkarnationen).
- Die wiederverkörperte Seele muß nun sehen, wie sie mit den in der Reinkarnation auftretenden Problemen fertig wird. Das ist eine Möglichkeit, sich als unsterbliches Wesen weiter zu entwickeln. Deshalb sagte Buddha, jede Wiederverkörperung sei eine Chance.
- Die Freiheit eines Menschen besteht nach esoterischer Auffassung in erster Linie darin, auftretende Probleme zwecks Bewältigung anzugehen – oder ihnen aus dem Wege zu gehen. Falls letzterer Modus die Regel wird, war die ganze Reinkarnation vergebens: die gleiche Lebensaufgabe muß in der nächsten Verkörperung erneut bewältigt werden. Aus diesen Gründen ist für Esoteriker der Selbstmord keine Lösung. Man entrinnt seinen Problemen nicht!
- Die wichtigste Aufgabe eines Menschen, der die bisher genannten Prämissen akzeptiert, muß es deshalb sein, eine Antwort auf die Frage »Wer bin ich?« zu finden.
- Die Antwort auf diese Frage kann in erster Linie mittels Meditation oder (Selbst-) Hypnose aus den Tiefen des Unbewußten »ans Tageslicht« gebracht werden. Weil in unserer Tiefe die Erinne-

rungen an frühere Verkörperungen, die Karma-Bilanz, und die im gegenwärtigen Leben zu bewältigende Aufgabe gespeichert sind.

- Eine weitere, bewährte Methode besteht darin, bewußt nach seinen »Schatten« zu suchen. Ein Hinweis, welche Schwächen man bei sich selbst verdrängt hat, ergibt sich aus jenen Charakterfehlern, die man bei anderen besonders intensiv bekämpft.
- Die »Ethik« des gegenwärtigen Daseins ergibt sich also in erster Linie aus der karmisch mitbestimmten Lebensaufgabe: »Aus dem Gesetz, nach dem du angetreten«, wie Goethe dies formuliert hat. »Moralgesetze« irgendeiner Religion spielen allenfalls eine sekundäre Rolle. Im übrigen sollte sich auch ein auf seine hohe Intelligenz stolzer Mann daran gewöhnen, bei Entscheidungen mehr auf seine »innere Stimme« zu hören.

Die neue kopernikanische Revolution

Zunächst sei vorweggenommen, daß es seit dem Mittelalter den Ausdruck »Philosophia perennis« gibt, das heißt »Ewige Philosophie«. Gemeint ist damit, daß alle bekannten philosophischen Systeme, sieht man von ihrem schmückenden Beiwerk ab, einen Kern gemeinsamer Anschauungen aufweisen. Diese »Axiome«, die unmittelbar einleuchten und nicht bewiesen werden müssen, sind unzerstörbar, also »ewig«.

Nun wurde der Ausdruck »Ewige Philosophie« immer wieder von Autoren entliehen und in einen anderen Zusammenhang gestellt. So auch von ALDOUS HUXLEY, der die großen religiösen Systeme verglich und zur selben Einsicht kam wie die Philosophen: Wenn man die großen Religionen ihrer kulturellen Verbrämungen und der von späteren Kommentatoren und Übersetzern angebrachten Zusätze entkleidet, kommt eine allen gemeinsame Grundlehre zum Vorschein: *Wir sind im tiefsten Innern eins!* Und zwar eins mit uns selbst und eins mit dem Universum.

Das Trostreiche an der »Ewigen Philosophie« im Sinne HUXLEYS ist deren Feststellung, daß die Verwirklichung unseres essentiellen Einsseins nicht nur wenigen Auserwählten vorbehalten ist. Denn da das Innere, das »reine Selbst« ja universal, d. h. allen gemeinsam ist, haben wir auch alle die latente Kraft in uns, uns unseres wahren Wesens bewußt zu werden

Einer der erfolgreichsten wissenschaftlichen Autoren der Gegenwart, der Engländer PETER RUSSELL, hat eines seiner Bücher *Die erwachende Erde* (138) betitelt. Der bereits von mir erwähnte Esoteriker SIR JOHN TREVELYAN referierte dieses Buch u. a. mit folgenden Sätzen: »PETER RUSSELL hat Großes geleistet . . . Das Thema dieses Buches ist von allerhöchster Wichtigkeit, und es ist in hohem Maße geeignet, unser Denken und unser Verständnis für eine Expansion des Bewußtseins zu erhellen.«

Ich zitiere zunächst einmal eine Passage aus RUSSELS Buch, die mir besonders wichtig erscheint:

> Wir sollten nicht versuchen, das Modell des hautverkapselten Ich abzuschaffen, denn dieses Gefühl der individuellen Einmaligkeit und des Getrenntseins ist von entscheidendem Wert für unsere biologische Identität und Autonomie. Die vielen Probleme und falschen Verhaltensweisen, die wir an früherer Stelle betrachtet haben, rühren nicht von diesem egozentrischen Selbstmodell her, sondern von unserer Abhängigkeit von ihm als der *einzigen* Selbst-Form. Der Identitätswechsel muß deshalb das Modell des hautverkapselten Ich als ein wertvolles, allerdings nur partielles Selbst-Bild beibehalten.
>
> WILLIS HARMAN, Futurologe am Stanford Research Institute, hat diesen Bewußtseinswandel als »neue kopernikanische Revolution« bezeichnet. Bei der kopernikanischen Revolution hatte man das geozentrische Modell des stofflichen Universums auf den Kopf gestellt: Die Erde war ihrer Stellung als Mittelpunkt der Welt verlustig gegangen und die Sonne zum Zentrum geworden, um das sich die Erde dreht. Bei der neuen kopernikanischen Revolution wird unser egozentrisches Modell ähnlich umgedreht. Das individuelle Ich, das so lange als Mittelpunkt unseres inneren Alls gegolten hat, rückt in seine richtige Position, das heißt, *es kreist um das reine Selbst, das wahre Zentrum allen Bewußtseins* – T. S. ELIOTS »Ruhepunkt der sich drehenden Welt«.

Mein Versuch einer graphischen Umsetzung dieser Aussage sieht so aus:

Um das reine Selbst (RS) kreisen, wie um einen Atomkern, die diversen Bestandteile des Ichs, vor allem »Programme« (P) und Verhaltensmodelle verschiedener, in der Vergangenheit bewältigter Situationen, hier durch »Puppen« symbolisiert. Der amerikanische Psychologe ROBERT DE ROPP (137) drückt dies (sinngemäß) so aus: In Wirklichkeit hat der Mensch kein permanentes Ich, sondern nur ein ständig wechselndes Muster von Ichs. Diese diversen Ichs, in der Erscheinung von beispielsweise Akademikern, Studenten, Handwerkern, aber auch von Zwergen, Krüppeln, Schwachköpfen und Trotteln (beiderlei Geschlechts), sind einfach mechanische Puppen, die in einer adäquaten Situation »aus dem Kästchen springen« und ihre Show abziehen – wie gehabt. Denn wir haben nur ein begrenztes Repertoire von Verhaltensmodellen, die wir immer wieder reaktivieren.

Wenn Sie also, wie auf Seite 98 empfohlen, mit Hilfe eines konstruierten Ich-Ideals und der Autosuggestion Ihre Persönlichkeitsstruktur modifizieren wollen, *so nehmen Sie diese Korrektur tatsächlich an der um das reine Selbst kreisenden Ich-Konfiguration vor* – allerdings mit Unterstützung des Energiepotentials aus dem Unbewußten. Dieses zusätzliche Potential wird durch die Autosuggestion mobilisiert und fokussiert.

Ich fasse die Essenz von PETER RUSSELS Ausführungen kurz zusammen. Das heißt, jene Gedanken, die mich so sehr beeindruckt haben:

- Das Ich ist nicht das Zentrum unserer Persönlichkeit, sondern das reine Selbst ist der absolute Mittelpunkt.
- Das Ich umkreist das reine Selbst wie die Erde die Sonne oder wie Elektronen den Atomkern. Diese Ich-Schale deckt den Kern ab und verhindert, daß wir mühelos Zugang zum reinen Selbst gewinnen.

- Durch ehrliches Bemühen (und bestimmte meditative Übungen) kann es allmählich gelingen, die Erfahrung zu gewinnen, daß wir eins mit dem reinen Selbst und durch es mit dem Kosmos sind. Je öfter diese Art von Erfahrung stattfindet, desto mehr wird die Bedeutung unseres Ichs relativiert. Es verliert seinen Einfluß auf uns immer mehr, wodurch wir unangreifbar und sicherer werden.
- Das Gefühl des Einsseins mit unserem reinen Selbst und dem Kosmos führt immer näher an einen Zustand heran, den Esoteriker als »Erleuchtung« bezeichnen. Schon deren Vorstufen vermindern das Gefühl der Bedrohung, die viele von uns als essentiellen Bestandteil ihrer Wiederverkörperung empfinden.
- Auch wer als »aktiver Esoteriker« sich in kleinen Schrittchen dem Zustand der Erleuchtung nähert, lebt deshalb nicht »heiligmäßig«. Auch jener Mensch, der sich – nach Goethe – immer strebend bemüht, bleibt zunächst einmal der Mensch, als der er »angetreten«. Seine Bemühungen, im Sinne von »Der Weg ist das Ziel«, konzentrieren sich letztlich auf die Verbesserung seines Karmas. Dieses Bestreben ehrt ihn – auch wenn er ab und zu einmal »ganz menschlich« aus der Haut fährt.

Freiheit, die ich meine . . .

Ein tibetischer Text, übersetzt von dem englischen Esoteriker KEITH DOWMAN, trägt den Titel *Der heilige Narr* (134). Und den Untertitel: »Das liederliche Leben und die lästerlichen Gesänge des tantrischen Meisters Drugpa Künleg«. Die »geheime Biographie« eines großen Heiligen vom Dach der Welt«. In dieser Biographie (deutsch bei Otto Wilhelm Barth) wird ein Tagesablauf des großen Lamas so beschrieben:

> In Pälsang Butris Haus genoß Drugpa Künleg vom Morgen bis zum Mittag das Essen und trank starken Dschang; vom Mittag bis zum Einbruch der Nacht spielte er entweder Laute oder Flöte und sang dazu; vom Sonnenuntergang bis Mitternacht machte er Liebe mit Pälsang Butri, und von Mitternacht bis zum Morgen saß er und übte

die Sicht der Mahamudra (die Verwirklichung des ursprünglichen Wesens des Bewußtseins der Einheit von »Klarheit« und »Leere«).

Hans-Dieter Leuenberger (135), mein persönlicher »Tarot-Guru«, merkt zu diesem Zitat an:

> Für manche, deren Denken und Empfinden vielleicht noch stark vom Konventionellen her geprägt ist – und daran ist kein Makel zu erblicken, denn wir alle sind zunächst einmal das Produkt einer uns aufoktroyierten Erziehung –, mag dieser Text auf den ersten Blick vielleicht etwas befremdlich wirken, denn er widerspricht ziemlich allem, was wir im Westen als ein religiöses Leben betrachten. Aber bei näherem Zusehen bringt dieser Text in der Lebensweise, die er beschreibt, die wirkliche Freiheit zum Ausdruck. Die Freiheit nämlich, die ein sicheres Kennzeichen des esoterischen Lebensweges ist.

Und ein amerikanischer Psychotherapeut, der seit vielen Jahren mein therapeutisches Vorbild ist, Sheldon B. Kopp (131, 132), merkt zu diesem Problemkomplex an:

> Christus selbst verlangt die Mißachtung aller Schranken, wenn er dem Unentschlossenen, der sich an irdische Pflichten gebunden glaubt, sagt: »Laß die Toten die Toten begraben«; ebenso, wenn er dem an seinem Besitz Hängenden rät: »Verkaufe alles, was du hast, und folge mir nach«.
> *Vergeßt die Regeln!* Vergeßt Alltagswissen und Moral, wenn ihr geheilt, erlöst, befreit werden wollt! Augustinus sagt: »Liebe Gott, und tu, was du willst!« Luther mahnt die Menschen seiner Zeit: »Sündiget wacker!«

Das bedeutet im Klartext, daß all jene Psychologen und Psychotherapeuten, die ihre hochneurotischen und depressiven Patienten nach den Kriterien unserer kapitalistischen Gesellschaft zu »normalen«, d. h. angepaßten Menschen machen, eine zweifache Todsünde begehen: Sie versündigen sich an ihren Patienten, weil sie durch ihre »Therapie« verhindern, daß diese zu autonomen, selbstbewußten Individuen werden, die gelernt haben, *ihr Leben auf ihre einmalige Weise zu leben.* Und sie versündigen sich an der Ethik ihres Berufes, die impliziert, daß die Bedürfnisse des Individuums immer vor jenen der Gesellschaft rangieren!

Deshalb können, nach meiner Meinung, aus einer »Psychologie des erfüllten Lebens« nur folgende Ratschläge resultieren:

1. Lernen Sie zunächst, sich selbst zu akzeptieren – so, wie Sie sind!
2. Akzeptieren Sie andere, wie Sie sind, und nehmen Sie ein für allemal davon Abstand, andere umzuerziehen; fordern Sie, als Gegenleistung, deren Akzeption Ihrer Persönlichkeit.
3. Wenn Sie eine »Macke« haben, deretwegen Sie ständig bei Ihren Mitmenschen anecken, dann versuchen Sie, diese Untugend durch ein Verhaltenstraining mittels eines individuell konstruierten Ich-Ideals loszuwerden.
4. Versuchen Sie ernsthaft davon abzukommen, Ihr eigenes Verhalten und das aller anderen an artifiziellen »Normalzuständen« auszurichten und zu messen; z. B. am »loyalen Staatsbürger«, dessen erste Pflicht die »Ruhe« ist und der sich schweigend jeder »law and order«-Mentalität unterwirft.
5. Wir sind nicht wiedergeboren worden, um uns den Forderungen einer weltlichen oder kirchlichen Machtinstitution anzupassen. Hingegen besteht unsere *einzige* Aufgabe in der gegenwärtigen Inkarnation in der Selbstentfaltung! Dies hat der westliche Sufi-Meister SIR RICHARD BURTON so ausgedrückt:

Selbstentfaltung, unter Rücksichtnahme auf andere, ist der alleinige und ausreichende Zweck des menschlichen Lebens.

Literaturverzeichnis

1. ALT, Franz: Das C. G. Jung Lesebuch. Walter Verlag, Olten/Freiburg 1984.
2. ARGYLE, Michael: Körpersprache und Kommunikation. Junfermann Verlag, Paderborn 1979.
3. ARNOLD, Paul: Das Totenbuch der Maya. Droemer-Knaur Verlag, München 1984.
4. BARBER, Lynn: Mehr Spaß mit Männern. Ullstein Verlag, Frankfurt/Berlin/Wien 1974.
5. BATESON, Gregory: Ökologie des Geistes. Suhrkamp Verlag, Frankfurt a. M. 1981.
6. BERNE, Eric: Spiele der Erwachsenen. Rowohlt Verlag, Reinbek 1967.
7. –: Spielarten und Spielregeln der Liebe. Rowohlt Verlag, Reinbek 1974.
8. –: Was sagen Sie, nachdem Sie »Guten Tag« gesagt haben? Kindler Verlag, München 1975.
9. BIERACH, Alfred: Selbsthilfe durch Selbsthypnose. Econ Verlag, Düsseldorf/Wien 1976.
10. BIRKENBIHL, Michael: Führungsbrevier 2000. Bratt Institut, Karlsruhe-Goch 1982.
11. BIRKENBIHL, Vera F.: Der persönliche Erfolg. Moderne Verlagsgesellschaft, München 1991.
12. BIRNBAUM, Raoul: Der heilende Buddha. Scherz Verlag, Bern/München/Wien 1982.
13. BLAKESLEE, Thomas R.: Das rechte Gehirn. Aurum Verlag, Freiburg 1982.
14. BOECKEL, Johannes F.: Meditationspraxis. Goldmann Verlag, München 1984.
15. BUBER, Martin: Ich und Du. Lambert Schneider Verlag, Heidelberg 1979.
16. BUTTLAR, Johannes von: Unsichtbare Kräfte. Droemer-Knaur Verlag, München 1984.
17. CAPRA, Fritjof: Wendezeit. Scherz Verlag, Bern/München/Wien 1983.
18. –: Das Tao der Physik. Scherz Verlag, Bern/München/Wien 1984.
19. CARNEGIE, Dale: Sorge dich nicht – lebe! Scherz Verlag, Bern/München/Wien 1983.
20. CARRINGTON, Patricia: Das große Buch der Meditation. Scherz Verlag, Bern/München/Wien 1982.
21. CASTANEDA, Carlos: Reise nach Ixtlan. S. Fischer Verlag, Frankfurt a. M. 1976.
22. COLEGRAVE, Sukie: Yin und Yang. S. Fischer Verlag, Frankfurt a. M. 1984.

23. Comfort, Alex: Freude am Sex. Ullstein Verlag, Frankfurt/Berlin/Wien 1972.
24. Davis, Maxine: Die sexuelle Aufgabe der Frau. Günther Verlag, Stuttgart 1968.
25. Drucker, Peter F.: Erfolgreiches Management in Krisenzeiten. Heyne Verlag, München 1984.
26. Dürckheim, Graf Karlfried: Hara. Scherz Verlag, Bern/München/Wien 1975.
27. Dyer, Wayne W.: Führen Sie in Ihrem Leben selbst Regie. Moderne Verlagsgesellschaft, München 1989.
28. Engel, Herbert H. G.: Der Sphärenwanderer. Ansata Verlag, Interlaken 1981.
29. Erikson, Erik H.: Kindheit und Gesellschaft. Klett Verlag, Stuttgart 1971.
30. Fast, Julius: Typisch Frau! Typisch Mann! Rowohlt Verlag, Reinbek 1973.
31. Feldenkrais, Moshe: Der aufrechte Gang. Insel Verlag, Frankfurt a. M. 1968.
32. Fensterheim, Herbert, und Baer, Jean: Leben ohne Angst. Moasik Verlag, München 1980.
33. Ferguson, Marilyn: Die sanfte Verschwörung. Sphinx Verlag, Basel 1983.
34. Fiedler, Fred E., Chemers, und Mahar: Der Weg zum Führungserfolg. C. E. Poeschel Verlag, Stuttgart 1979.
35. Freese, Arthur S.: Wie Hypnose helfen kann. Bauer Verlag, Freiburg 1978.
36. Funk, Rainer: Mut zum Menschen. Deutsche Verlagsanstalt, Stuttgart 1978.
37. Garfield, Patricia: Kreativ träumen. Ansata Verlag, Interlaken, Schweiz 1983.
38. Geyer, Horst: Über die Dummheit. VMA-Verlag, Wiesbaden 1984.
39. Ghasali, Al: Das Elixier der Glückseligkeit. Diederichs Verlag, Düsseldorf/Köln 1982.
40. Glasenapp, Helmut von: Die nichtchristlichen Religionen. S. Fischer Verlag, Frankfurt a. M. 1957.
41. –: Der Pfad der Erleuchtung. Diederichs Verlag, Düsseldorf/Köln 1983.
42. Govinda, Lama A: Grundlagen tibetischer Mystik. Scherz Verlag, Bern/München/Wien 1982.
43. Hacker, Friedrich: Freiheit, die sie meinen. Hoffmann & Campe, Hamburg 1978.
44. Harris, Thomas A.: Ich bin o. k., du bist o. k. Rowohlt Verlag, Reinbek 1973.
45. Henning, Margaret, und Jardim, Anne: Frau und Karriere. Rowohlt Verlag, Reinbek 1978.

46. HILLEBRANDT, Alfred: Upanishaden. Diederichs Verlag, Düsseldorf/Köln 1977.
47. HUBER, Günther K. M., und KLAUSNITZER, Josef E.: Erfolg im Beruf durch autogenes Training. München 1973.
48. JANTSCH, Erich: Die Selbstorganisation des Universums. Hanser Verlag, München/Wien 1979.
49. IQBAL, Muhammed: Botschaft des Ostens. Horst Erdmann Verlag, Tübingen/Basel 1977.
50. JUNGK, Robert: Menschenbeben. Bertelsmann Verlag, München/Gütersloh/Wien 1984.
51. KASSORLA, Irene: Nette Frauen tun es – und ich sage Ihnen wie! Hestia Verlag, Bayreuth 1982.
52. KOLB, Ingrid: Das Kreuz mit der Liebe. Stern-Buch, Hamburg 1980.
53. KRISHNAMURTI, Jiddu: Gespräche über das Sein. Scherz Verlag, Bern/München/Wien 1982.
54. LILLY, John C.: Das Zentrum des Zyklons. S. Fischer Verlag, Frankfurt a. M. 1983.
55. LINDEMANN, Hannes: Überleben im Streß. Autogenes Training. Bertelsmann Verlag, München/Gütersloh/Wien 1974.
56. LOWE, Gordon R.: Erkenne dich und die andern. S. Fischer Verlag, Frankfurt a. M. 1974.
57. LOWEN, Alexander: Körperausdruck und Persönlichkeit, Kösel Verlag, München 1981.
58. –: Liebe und Orgasmus. Goldmann Verlag, München 1984.
59. –: Lust. Kösel Verlag, München 1979.
60. MACCOBY, Michael: Gewinnen um jeden Preis. Rowohlt Verlag, Reinbek 1977.
61. MANDINO, Og: Das Geheimnis des Erfolges. Norman Rentrop Verlag, Bonn-Bad Godesberg 1982.
62. MASLOW, Abraham H.: Psychologie des Seins. Kindler Verlag, München 1973.
63. –: Motivation und Persönlichkeit. Walter Verlag, Olten/Freiburg 1977.
64. MCCLELLAND, David: Macht als Motiv. Klett Verlag, Stuttgart 1978.
65. MEININGER, Jut: Transaktionsanalyse. Moderne Industrie Verlag, München 1978.
66. MILLER, Alice: Am Anfang war Erziehung. Suhrkamp Verlag, Frankfurt a. M. 1981.
67. –: Du sollst nicht merken. Suhrkamp Verlag, Frankfurt a. M. 1983.
68. MILLET, Kate: Sexus und Herrschaft. Deutscher Taschenbuch Verlag, München/Wien/Basel 1971.
69. MONROE, Robert A.: Der Mann mit den zwei Leben. Ansata Verlag, Interlaken 1983.
70. MORGAN, Elaine: Der Mythos vom schwachen Geschlecht. Econ Verlag, Düsseldorf/Wien 1972.

71. MORAWA, Hans: Mut zur Utopie. Econ Verlag, Düsseldorf/Wien 1979.
72. MORRIS, Desmond: Liebe geht durch die Haut. Droemer-Knaur Verlag, München/Zürich 1972.
73. MURPHY, Joseph: Das Wunder Ihres Geistes. Ariston Verlag, Genf 1964.
74. MUSASHI, Miyamoto: Das Buch der fünf Ringe. Econ Verlag, Düsseldorf/Wien 1983.
75. NAISBITT, John: Megatrends. Hestia Verlag, Bayreuth 1984.
76. NETHERTON, Morris, und SHIFFRIN, Nancy: Bericht vom Leben vor dem Leben. Scherz Verlag, Bern/München/Wien 1979.
77. NEUMANN, Karl Eugen: Dhammapadam. München 1984.
78. OSMOND, Humphry, AGEL, Jerome, und OSMUNDSEN, John A.: Verständnis für die Welt anderer. Econ Verlag, Düsseldorf/Wien 1975.
79. OSTRANDER, Sheila, und SCHRÖDER, Lynn: PSI-Training. Scherz Verlag, Bern/München/Wien 1982.
80. OUSPENSKY, P. D.: Der vierte Weg. Sphinx Verlag, Basel 1983.
81. PALOS, Stephan: Atem und Meditation. Scherz Verlag, Bern/München/Wien 1980.
82. PEALE, Norman Vincent: Aufforderung zum Glücklichsein. Ariston Verlag, Genf 1984.
83. PETERS, Thomas J., und WATERMAN, Robert H.: Auf der Suche nach Spitzenleistungen. Moderne Verlagsgesellschaft, München 1990.
84. POPPER, Karl, und ECCLES, John C.: Das Ich und sein Gehirn. Piper Verlag, München/Zürich 1981.
86. RAINER, Jerome und Julia: Liebe in der Ehe. Herbig Verlag, Berlin/München/Wien 1967.
87. RATTNER, Josef: Psychologie der zwischenmenschlichen Beziehungen. Walter Verlag, Olten/Freiburg 1969.
88. REICH, Wilhelm: Charakteranalyse. S. Fischer Verlag, Frankfurt a. M. 1973.
89. RICHTER, Horst-Eberhard: Eltern, Kind und Neurose. Rowohlt Verlag, Reinbek 1972.
90. –: Lernziel Solidarität. Rowohlt Verlag, Reinbek 1974.
91. –: Patient Familie. Rowohlt Verlag, Reinbek 1972.
92. ROBERTS, Jane: Die Natur der Psyche. Ariston Verlag, Genf 1981.
93. –: Gespräche mit Seth. Ariston Verlag, Genf 1980.
94. ROSENBERG, Alfons: Durchbruch zur Zukunft. Turm Verlag, Bietigheim/Württ. 1971.
95. ROSSI, Eduard: Neue Grundlagen für den Sprech- und Gesangsunterricht. Ernst Reinhardt Verlag, München/Basel 1965.
96. RYZL, Milan: ASW-Training. Ariston Verlag, Genf 1975.
97. –: Der Tod und was danach kommt. Ariston Verlag 1981.
98. SCHÄR, Hans: Religion und Seele in der Psychologie C. G. Jungs. Walter Verlag, Olten/Freiburg.

99. SCHEFLEN, Albert E.: Körpersprache und soziale Ordnung. Stuttgart 1976.

100. SCHIMMEL, Annemarie: Rumi. Diederichs Verlag, Düsseldorf/Köln 1982.

101. SCHLAPP, Manfred: Steckbrief der Hinterwelt. Delp Verlag, München 1971

102. SCHMITZ, Karl: Was ist, was kann, was nützt Hypnose? Kindler Verlag, München 1964.

103. SHAH, Idries: Das Geheimnis der Derwische. Herder Verlag, Freiburg/ Basel/Wien 1982.

104. –: Die Sufis. Diederichs Verlag, Köln/Düsseldorf 1976.

105. SILVA, Raymond: Magie in der Medizin. Ariston Verlag, Genf 1975.

106. SIMMEL, Oskar, und STÄHLIN, Rudolf (Hrsg.): Christliche Religion. S. Fischer Verlag, Frankfurt a. M. 1957.

107. SPERBER, Manès: Alfred Adler. Ullstein Verlag, Frankfurt/Berlin/Wien 1983.

108. SPIESBERGER, Karl: Das Mantra-Buch. R. Schikowsky Verlag, Berlin 1977.

109. STODDART, William: Das Sufitum. In: Wissende, Verschwiegene, Eingeweihte. Herder Verlag, München 1981.

110. STREUER, Marianne: Zauberformel Gedankenkraft. Ariston Verlag, Genf 1982.

111. STROHM, Holger: Friedlich in die Katastrophe. Zweitausendundeins, Frankfurt a. M. 1981.

112. SUZUKI, D. T.: Der westliche und der östliche Weg. Ullstein Verlag, Frankfurt/Berlin/Wien 1982.

113. SZCZESNY, Gerhard: Vom Unheil der totalen Demokratie. List Verlag, München 1983.

114. TAYLOR, Gordon R.: Im Garten der Lüste. S. Fischer Verlag, Frankfurt a. M. 1970.

115. TEILHARD DE CHARDIN, Pierre: Der Mensch im Kosmos. Beck Verlag, München 1981.

116. TEPPERWEIN, Kurt: Die hohe Schule der Hypnose. Ariston Verlag, Genf 1982.

117. THOMAS, Klaus: Praxis der Selbsthypnose und des autogenen Trainings. Thieme Verlag, Stuttgart 1969.

118. TREVELYAN, George: Eine Vision des Wassermannzeitalters. Goldmann Verlag, München 1984.

119. WADE, Carlson: Orientalische Geheimnisse für Gesundheit und langes Leben. Bauer Verlag, Freiburg 1973.

120. WAELTI, Ernst R.: Der dritte Kreis des Wissens. Ansata Verlag, Interlaken 1983.

121. WALLNÖFER, Heinrich: Seele ohne Angst. Hoffmann & Campe, Hamburg 1969.

122. WANNEMACHER, Walter: Die zweite Weltwirtschaftskrise. Deutsche Verlagsanstalt, Stuttgart 1983.

123. WATTS, Alan: Der Lauf des Wassers. Suhrkamp Verlag, Frankfurt a. M. 1983.

124. –: Die Illusion des Ich. Kösel Verlag, München 1980.

125. –: Im Einklang mit der Natur. Kösel Verlag, München 1981.

126. WITZLEBEN, Uta von: Firdausi. Diederichs Verlag, Düsseldorf/Köln 1984.

127. WUFFLI, Heinz R.: Herbst des Unternehmertums. Artemis Verlag, Zürich/München 1982.

128. ZIMMER, Heinrich: Der Weg zum Selbst. Diederichs Verlag, Düsseldorf/Köln 1981.

129. ZURFLUH, Werner: Quellen der Nacht. Ansata Verlag, Interlaken 1983.

130. ZWEIG, Stefan: Die Augen des ewigen Bruders. Leipzig.

131. KOPP, Sheldon B.: Kopfunter hängend sehe ich alles anders. Diederichs 4. Aufl. 1986.

132. KOPP, Sheldon B.: Der Taschendieb und der Heilige. Diederichs 1985.

133. CHARON, Jean E.: Der Geist der Materie. Paul Zsolnay 1979.

134. DOWMAN, Keith: Der heilige Narr. Otto Wilhelm Barth 1982.

135. LEUENBERGER, Hans-Dieter: Schule des Tarot I–III. Hermann Bauer 1984.

136. PAPUS: Die Kabbala. Fourier, Wiesbaden (keine Jahresangabe).

137. ROPP, Robert S. de: Das Meisterspiel. Knaur 1978.

138. RUSSELL, Peter: Die erwachende Erde. Heyne 1987.

Wir danken dem Sphinx Verlag, Basel, für die freundliche Genehmigung des Abdrucks der in diesem Buch zitierten Textstellen aus Marilyn Fergusons »Die sanfte Verschwörung«, erschienen im Sphinx Verlag 1983.

Orell Füssli

Marie-Louise Neubeiser

Management-Coaching

Der neue Weg zum Manager von morgen

Sportler und Manager müssen denselben Anforderungen gerecht werden. Management-Coaching zeigt die Parallelen zwischen Sport und Wissenschaft und ist der neue Erfolgsweg für den Manager der Zukunft.
224 Seiten, gebunden,
Fr./DM 48,–

Albert J. Bernstein
Sydney Craft Rozen

Das Dinosaurier-Syndrom

Vom Umgang mit sich und anderen schwierigen Kollegen

Wer kennt nicht solche Situationen: man begegnet seinen Mitmenschen manchmal aus heiterem Himmel aggressiv und blafft sie an. Mit kühlem Kopf jedoch ginge alles viel besser. – Die Autoren zeigen mit viel Witz und psychologischem Gespür, wie man im Berufsleben mit diesem Syndrom zurechtkommt.
270 Seiten, gebunden,
Fr./DM 48,–